J'ai essayé de décrire certains traits de ce à quoi ressemble la vie morale, sans rien dire de ce à quoi elle doit ressembler. Nos pratiques sont exploratoires, et c'est en vérité seulement par leur exploration que nous en venons à une vision complète de ce que nous pensions, de ce que nous voulions dire.

Cora Diamond, *L'esprit réaliste*

Cinéthique

DANS LA MÊME COLLECTION

Richard MORAN, *Autorité et aliénation. Essai sur la connaissance de soi*, 2013.

Roberto FREGA, *Les sources sociales de la normativité*, 2013.

Piergiorgio DONATELLI, *Manières d'être humain. Une autre philosophie morale*, 2014.

Estelle FERRARESE, *Éthique et politique de l'espace public. Jürgen Habermas et la discussion*, 2015.

Soumaya MESTIRI, *Décoloniser le féminisme. Une approche transculturelle*, 2016.

Patrick PHARO, *La belle vie dorée sur tranche*, 2017.

DU MÊME AUTEUR

Les jeux philosophiques de la trilogie Matrix, Vrin, 2011.

La philosophie d'après le cinéma. Une lecture de La projection du monde *de Stanley Cavell*, Presses universitaires de Rennes, 2014.

Enseigner la philosophie avec le cinéma, (dir.), Les Contemporains favoris, 2015.

HUGO CLÉMOT

Cinéthique

Ouvrage publié avec le concours
du Centre national du livre

La vie morale

VRIN

Directrice de collection :
Sandra Laugier

Imprimé en France
ISSN 2272-3781
ISBN 978-2-7116-2824-7
www.vrin.fr

Comme moi, tu connais les codes. Ils sont dans tous les westerns, les films policiers, les mélodrames que nous regardions à la télé quand on était enfants. Alors je ne vois pas pourquoi tu ignorerais la morale qui t'a été enseignée, comme à moi, par les intrigues les plus populaires. »

Paul Dédalus à Jean-Pierre Kovalki dans le film d'Arnaud Desplechin, *Trois souvenirs de ma jeunesse : Nos Arcadies*, 2015

INTRODUCTION

Le projet d'une cinéthique

Le tournant « cinéthique » contemporain des études cinématographiques anglo-saxonnes devrait, s'il n'est pas simplement ignoré, susciter le soupçon des philosophes et des cinéphiles à la française. En effet, utiliser l'expression « cinéthique » pour parler, non pas d'un groupe et d'une revue de cinéma militant célèbres, mais de l'éthique d'après le cinéma ou de la morale des films conduit à s'exposer à plusieurs reproches. Du point de vue des cinéphiles, d'abord, la morale d'un film est, comme l'histoire, un mal parfois nécessaire quand on veut intéresser le grand public, mais dont il faudrait néanmoins apprendre à se passer afin de se concentrer sur les seules dimensions proprement « cinématographiques » de l'œuvre, à savoir ses caractéristiques formelles, à commencer par son « pur » aspect visuel [1]. Du point de vue des philosophes, ensuite, les films peuvent éventuellement constituer de bons exemples scolaires, mais ils ne sauraient en aucune façon proposer de bonnes théories philosophiques, quel que soit le champ spécialisé de la philosophie auquel on songe, y compris celui de la philosophie morale, dans la mesure où, pense-t-on fréquemment, on ne saurait articuler autrement que par écrit de pures argumentations conceptuelles.

Ce livre ne prétend pas démontrer que la morale des films est la seule chose qui compte pour les évaluer, ni que les œuvres cinématographiques soutiennent des théories morales rivales des grandes doctrines philosophiques, ni même qu'il y a quelque chose comme une morale d'un film au sens d'une leçon qu'un film serait

1. Sur la difficulté de prendre la morale des films au sérieux dans le cadre de « l'approche esthétique des films » dominante, voir J.-M. Leveratto, « Rêves de nains. Le corps, le *care* et les cadres de l'expérience cinématographique », *Recherches sémiotiques*, vol. 30, n° 1-2-3, 2010, p. 38.

censé administrer[1]. Il entend néanmoins montrer que cinéphiles et philosophes auraient quelque chose à apprendre des films, ou plutôt que négliger ce que les films peuvent révéler quant à la vie morale ordinaire serait se priver d'une occasion d'enrichir l'expérience que l'on peut en faire et des pensées nouvelles que l'on peut concevoir grâce à eux. Plus encore, partant de la crainte que la philosophie morale traditionnelle ne confine pas moins au scepticisme que la philosophie du cinéma dominante, en ne perdant pas moins de vue l'importance de son objet, à savoir pourquoi certains actes ou certains films comptent pour nous, ce livre voudrait décrire les pouvoirs de *réanimation* morale du cinéma, c'est-à-dire les façons dont les films peuvent nous rappeler le sens et l'importance de certaines idées tellement évidentes que nous ne pouvons pas ne pas les connaître, ce qui ne nous empêche pas de les ignorer la plupart du temps. En effet, en faisant que nous concentrions notre attention sur des histoires qui montrent différentes manières d'être humain, le cinéma nous offre l'occasion de penser de façon ininterrompue à des idées que les êtres humains ne peuvent pas s'empêcher d'avoir, mais qui tendent néanmoins à leur échapper.

Ce que la cinéthique n'est pas condamnée à être

Afin de préciser ce qu'une pensée éthique d'après le cinéma pourrait être, on peut partir d'un ouvrage récent d'un contributeur reconnu du champ de la philosophie du cinéma : *Morality and the Movies*[2] de Dan Shaw, l'éditeur de la revue *Film and Philosophy*. Comme l'indique l'auteur, l'ouvrage est d'abord conçu comme un manuel pour accompagner les cours d'introduction à la philosophie morale. À suivre Shaw, l'éthique philosophique aurait deux tâches, à savoir justifier les critères universels du jugement moral et appliquer

1. Pour une perspective interdisciplinaire stimulante sur la question, voir L. Jullier et J.-M. Leveratto, *La Leçon de vie dans le cinéma hollywoodien*, Paris, Vrin, 2008 et L. Jullier (dir.), *Recherches sémiotiques*, dossier « L'éthique du *care* », *op. cit.*, p. 3-116.

2. D. Shaw, *Morality and the Movies. Reading Ethics through Film*, New York, Continuum, 2012.

ces critères à des problèmes moraux concrets. L'intérêt éthique des films serait double : rendre plus concrètes les notions abstraites des théories morales et les questions d'éthique contemporaines en s'appuyant sur la dimension allégorique du récit filmique et en particulier sur l'incarnation par le héros de l'idéal de chaque théorie. Par exemple, l'histoire vraie de Paul Rusesabagina dans *Hôtel Rwanda* (Terry George, 2004) serait celle d'un homme de bonne volonté au sens kantien du terme, tandis que le film *L'Œuvre de Dieu, la part du Diable* (*The Cider House Rules*, Lasse Hallström, 1999) offrirait une présentation vivante des raisons des partisans du droit à l'avortement comme de leurs opposants.

Sans condamner un ouvrage aux vertus didactiques certaines[1], je pense néanmoins que le cinéma a davantage à offrir à la réflexion morale et que, pour cette raison, les films qui peuvent effectivement contribuer aux enquêtes philosophiques ne sont pas si rares que Shaw le dit dans sa conclusion[2]. Cela suppose de revenir sur la définition de la pensée éthique.

Ce que la philosophie morale n'est pas condamnée à être

Pour mesurer la distance qui sépare ce livre de l'ouvrage de Shaw, on peut partir du personnage de Rick Blaine qu'incarne Humphrey Bogart dans *Casablanca* (Michael Curtiz, 1942). Usant d'un jugement déterminant, Shaw soutient que sa trajectoire illustrerait le passage de l'égoïsme à l'utilitarisme. Mais en suivant une suggestion de William Rothman à propos de la performance de Bogart dans *Le Port de l'angoisse (To Have or Have Not*, Howard Hawks, 1944), on pourrait soutenir que si ces personnages comptent pour nous, c'est parce que nous accompagnons leur découverte progressive de ce qu'ils ne se connaissent pas eux-mêmes. En effet, ces personnages cherchent à se tromper eux-mêmes sur leur propre

1. Sur les vertus du cinéma pour l'enseignement de la philosophie, je me permets de renvoyer à H. Clémot (dir.), *Enseigner la philosophie avec le cinéma*, Marœuil, Les Contemporains favoris, 2015.

2. D. Shaw, *Morality and the Movies, op. cit.*, p. 191.

nature en jouant un personnage qui ne leur correspond pas, celui de l'homme satisfait de lui-même. L'insuffisance, la médiocrité morale initiale de ces personnages tient moins en effet à l'adoption d'une théorie morale ou politique erronée qu'à leur complaisance[1], c'est-à-dire leur tendance à considérer qu'ils sont irréprochables, que leur attitude égoïste et cynique est d'autant plus justifiée qu'elle est conforme à ce que la plupart des gens pensent et font. Lorsqu'ils décident enfin de reconnaître leur désir et de refuser le conformisme, ils prennent conscience de cette insuffisance morale et sont ainsi incités, et nous incitent en même temps, à devenir plus humains. Le changement moral consiste moins en un accroissement quantitatif au sens où le personnage de Rick échangerait une théorie de l'intérêt personnel mal compris pour une théorie utilitariste de l'intérêt personnel bien compris, c'est-à-dire qui inclut l'intérêt public, qu'en un saut qualitatif, une authentique transformation, qui mérite le nom de conversion. Avant d'être une théorie de la loi morale universelle, l'éthique exigerait donc toujours déjà de moi que j'abandonne mon moi actuel au profit du moi meilleur que je pourrais être si je ne m'empêchais pas de le devenir à mon insu.

Si cette lecture a quelque pertinence, alors il se pourrait que les films aient quelques choses à nous apprendre sur l'éthique et que la philosophie morale n'ait pas seulement, ni même nécessairement pour tâche de fonder des critères universels du jugement moral qui nous permettent de résoudre les problèmes éthiques contemporains.

La philosophie morale comme aventure

En fait, outre le caractère réducteur, inadéquat, voire insupportable, d'une telle conception[2], on pourrait lui reprocher son entêtement à refuser de reconnaître la vérité d'un scepticisme que des siècles de philosophie morale n'ont pas réussi à réfuter

1. Voir S. Laugier, « Présentation. L'autre voie de la philosophie morale », dans *La voix et la vertu. Variétés du perfectionnisme moral*, S. Laugier (dir.), Paris, P.U.F., 2010, p. 6.

2. Voir S. Laugier (dir.), *Éthique, littérature, vie humaine*, Paris, P.U.F., 2006.

et son manque de sensibilité, une sensibilité pourtant nécessaire à la saisie de ce qu'il faut bien appeler, n'en déplaise au sceptique, la vie morale ordinaire. Le projet cinéthique que j'expose dans ce livre conçoit au contraire l'éthique comme une aventure humaine au sens où Henry James dit de l'aventure que « c'est un nom que nous donnons, avec à-propos, à tout passage, toute situation qui a ajouté le goût tranchant de l'incertitude à un sens aiguisé de la vie[1]. »

Pour comprendre comment on peut en venir à définir la morale ainsi, il est souhaitable de s'intéresser à une philosophie radicale, c'est-à-dire qui identifie les problèmes philosophiques à leurs racines conceptuelles : celle de Ludwig Wittgenstein. Dans sa *Conférence sur l'éthique*[2], on sait qu'il commence par distinguer deux définitions de l'éthique, celle de Moore dans les *Principia Ethica*[3], qui la conçoit comme l'enquête générale sur ce qui est bon et celle qu'il lui oppose en substituant au terme « bon » différentes expressions à peu près synonymes, à savoir l'enquête générale sur ce qui a de la valeur, sur ce qui a de l'importance, sur le sens de la vie, sur ce qui fait que la vie mérite d'être vécue, ou encore sur la bonne façon de vivre. Wittgenstein distingue alors deux usages des termes et expressions « bon », « de valeur », « réellement important », etc. : un usage trivial, car relatif au but, à la téléologie ou encore au critère présupposé, comme dans la phrase « C'est un bon pianiste » et un usage éthique, car absolu, c'est-à-dire qui ne dépend pas d'une téléologie ou d'un critère présupposé, comme dans la phrase « Tu *devrais* vouloir mieux te comporter ». Le problème est qu'en l'absence d'une téléologie ou d'un critère de valeur absolue, ce jugement qui prétend avoir une valeur absolue ne peut avoir de sens puisque nous serions incapables de l'analyser en mentionnant des faits, téléologies ou critères, qui pourraient le justifier. Cela conduit

1. H. James, *The Art of the Novel*, New York, 1934 ; *La création littéraire*, trad. fr. M.F. Cachin, Paris, Denoël-Gauthier, 1980, p. 307.

2. Wittgenstein, « Conférence sur l'éthique » (1929), dans *Philosophica* III, édition bilingue, trad. fr. É. Rigal, Mauvezin, TER, 2001, p. 10-19.

3. G. E. Moore, *Principia Ethica* (1903), trad. fr. M. Gouverneur et R. Ogien, Paris, P.U.F., 1998.

Wittgenstein à énoncer une conclusion qui semble définitivement condamner la philosophie morale : « L'Éthique, si elle est quelque chose, est quelque chose de surnaturel et nos mots n'exprimeront jamais que des faits [naturels[1]] ».

Les philosophes positivistes, comme A. J. Ayer[2], considéreront que cela justifie *a priori* que l'on tienne les jugements éthiques pour l'expression de préférences émotionnelles subjectives, ouvrant ainsi la voie à plusieurs années de domination du non-cognitivisme. Mais on peut lire, dans la *Conférence* de Wittgenstein, une autre approche des phénomènes moraux[3], une démarche que suit Wittgenstein lui-même quand il cherche un exemple typique du « bien absolu », de « valeur absolue » dans une expérience personnelle ou plutôt dans trois expériences personnelles qu'il analyse successivement : l'expérience de s'étonner de l'existence du monde, de se sentir absolument en sécurité et de se sentir coupable. Or, si l'étude de ces expériences met rapidement en évidence le fait que cet usage des termes « s'étonner », « existence » ou « sécurité » est extraordinaire dans la mesure où il ne s'oppose à aucune autre possibilité, de sorte que cela transforme les propositions qui les contiennent en des espèces de tautologies, c'est-à-dire des non-sens, il n'en reste pas moins que Wittgenstein s'efforce bien de poursuivre une analyse qui consiste notamment à identifier les métaphores, analogies et allégories susceptibles de décrire ces expériences, même si c'est pour finalement reconnaître que, puisqu'une métaphore, pour avoir un sens, doit pouvoir être paraphrasée d'une manière qui permette de décrire les faits directement, le langage allégorique de l'éthique et de la religion est donc dépourvu de sens :

> L'Éthique [...] ne peut être une science. Ce qu'elle dit n'ajoute rien, en quelque sens que ce soit, à notre savoir. Mais elle porte témoignage d'un penchant de l'esprit humain que, pour ma part,

1. Wittgenstein, *Conférence sur l'éthique*, *op. cit.*, p. 4.

2. A. J. Ayer, *Langage, vérité et logique*, trad. fr. J. Ohana, Paris, Flammarion, 1956 (1936).

3. Voir P. Donatelli, *Manières d'être humain. Une autre philosophie morale*, Paris, Vrin, 2014.

> je ne puis m'empêcher de respecter profondément et que je ne ridiculiserais à aucun prix[1].

La dernière phrase de ce paragraphe pourrait passer pour un simple appel à la tolérance religieuse si on l'interprétait ainsi : « Même si les croyances de ces gens sont absurdes, en tant qu'elles sont humaines, elles méritent notre respect. » Mais on peut aussi la concevoir comme voulant dire que nous ne pouvons pas ne pas faire l'expérience qui donne naissance à cette tendance et que cette expérience est extrêmement instructive : l'expérience de la contingence de l'existence, de la fragilité humaine ou de la culpabilité peut en effet être l'occasion de remettre en cause les téléologies et critères que nous présupposons d'ordinaire quand nous usons d'expressions comme « bon (footballeur) », (objet) « de valeur », quelqu'un de « réellement important », etc., et de vider ainsi ces usages de leur sens et de leur importance, les renvoyant à leur « trivialité », c'est-à-dire au fait que nous en faisons souvent usage sans penser à ce que nous voulons dire par leur intermédiaire, ou plutôt qu'en faire usage, c'est s'empêcher de penser. Quand on s'aperçoit que c'est l'ensemble de notre langage qui repose sur l'usage de clichés, c'est-à-dire sur des accords dans l'emploi des mots qui ne résistent pas longtemps à l'exigence sceptique de certitude, on est tenté de vouloir aller au-delà du monde commun et du langage en cherchant à donner un sens absolu à des expressions comme « Tu *devrais* vouloir mieux te comporter », « La vie doit avoir mieux à nous offrir », « On peut être heureux », « C'était écrit », etc. Cette façon de lire la phrase de Wittgenstein permet de comprendre qu'il ait pu écrire un peu plus haut que le fait que les expressions éthiques et religieuses soient dénuées de sens est leur essence « [c]ar tout ce que je voulais faire avec elles était justement *d'aller au-delà* du monde et cela veut dire au-delà du langage signifiant[2] ».

1. Wittgenstein, *Conférence sur l'éthique*, *op. cit.*, p. 19.
2. *Ibid.* [trad. modifiée].

Cela permet surtout de comprendre que (1) si les expressions éthiques et religieuses sont dénuées de sens, les propositions factuelles ne sont pas, quant à elles, immunisées contre les doutes sceptiques qui naissent des expériences pratiques à l'origine de ces expressions éthiques et religieuses, que (2) si les images, au sens des métaphores, analogies et allégories qui animent ces expressions, sont dépourvues de valeur de vérité, elles n'en ont pas moins une importance du fait du rôle qu'elles peuvent jouer dans nos vies et que (3) chercher à décrire ces images, c'est-à-dire en particulier à raconter leurs histoires, n'est pas une tâche indigne de la philosophie morale, et même, au contraire, une façon de réintroduire la complexité et la vitalité de la vie morale que les analyses des philosophes tendent trop souvent à simplifier et à figer, une tâche que (4) l'institution sociale qui consiste à raconter des histoires à l'aide d'images animées semble particulièrement bien préparée à assumer.

Quant aux points (2) et (3), ils retrouvent une analogie proposée par Cora Diamond lorsqu'elle écrit que

> [t]out comme on peut faire des mathématiques en prouvant, mais aussi en traçant quelque chose et en disant, « regardez ceci », la pensée éthique procède par arguments et aussi autrement (par exemple) par des histoires et des images. L'idée que nous n'avons pas de pensée à moins que nous ne puissions réécrire notre point de vue sous la forme d'une argumentation d'une forme reconnue est l'effet d'une mythologie de ce qui est accompli par les arguments [1].

Que les arguments puissent suffire à motiver un changement moral est en effet une idée dont le cas du personnage de Rick dans *Casablanca* permet de douter; que la conduite des gens et donc la pensée qui cherche à ressaisir leur *ethos* dépendent au moins aussi fortement d'images et d'histoires est quelque chose d'attesté, ne serait-ce que par ce qu'on pourrait appeler l'artialisation cinématographique des conduites contemporaines, c'est-à-dire le

1. C. Diamond, *L'esprit réaliste. Wittgenstein, la philosophie et l'esprit*, trad. fr. E. Halais et J-Y. Mondon, Paris, P.U.F., 2004 (1991), p. 12.

rôle déterminant des films dans la construction sociale des façons humaines de se conduire, y compris des « techniques du corps », puisque l'on sait que Mauss eut la révélation de cette réalité quand il comprit que « les modes de marche américaine, grâce au cinéma, arrivaient chez nous [1] ».

La découverte du perfectionnisme moral

Quant au point (4), on ne saurait probablement trouver meilleur modèle de l'aventure en quoi l'enquête cinéthique menée dans ce livre voudrait consister que la découverte que fît Stanley Cavell lorsqu'il essaya de retrouver son expérience cinématographique passée en cherchant à trouver les raisons du plaisir pris et de l'importance accordée à une série de films hollywoodiens classiques appartenant à un genre cinématographique qu'il a baptisé du nom de comédies du remariage : *New York-Miami* (*It Happened One Night*, 1934) de Frank Capra, *Cette sacrée vérité* (*The Awful Truth*, 1937) de Leo McCarey, *Indiscrétions* (*The Philadelphia Story*, 1940) et *Madame porte la culotte* (*Adam's Rib*, 1949) de George Cukor, *Un cœur pris au piège* (*The Lady Eve*, 1941) de Preston Sturges, *La Dame du vendredi* (*His Girl Friday*, 1940) et *L'impossible Monsieur Bébé* (*Bringing Up Baby*, 1938) de Howard Hawks. Les lectures conduites dans son deuxième livre sur le cinéma, *À la recherche du bonheur* [2], l'ont en effet amené à identifier des ressemblances frappantes entre ces sept films, parmi lesquelles on trouve le fait qu'ils montrent des couples entretenir une conversation animée au cours de laquelle est posée, de façon radicale, la question de savoir comment vivre ensemble, c'est-à-dire aussi s'il faut le faire, s'il vaut toujours, parfois ou jamais la peine de consacrer sa vie à l'autre. Réfléchissant quelque temps plus tard aux ressources que la philosophie morale pourrait fournir à ces couples ou aux spectateurs

1. M. Mauss, *Sociologie et anthropologie*, Paris, P.U.F., 1966, p. 368.

2. S. Cavell, *À la recherche du bonheur. Hollywood et la comédie du remariage*, trad. fr. C. Fournier et S. Laugier, Paris, Vrin, 2017 (1981). Le premier livre de Cavell sur le cinéma est *La Projection du monde. Réflexions sur l'ontologie du cinéma* (*PM*, ensuite), trad. fr. C. Fournier, Paris, Belin, 1999 (1971-1979).

qui se sentiraient concernés par la question, Cavell s'aperçut qu'elles étaient bien rares, si l'on s'en tient en tout cas aux deux courants principaux de la pédagogie philosophique professionnelle, à savoir l'utilitarisme et le kantisme. En effet, les couples de ces films ne conçoivent pas le remariage comme le résultat d'un calcul où le plaisir d'être ensemble l'emporterait tout compte fait sur la peine d'être seul ou avec un(e) autre, ni comme relevant d'un devoir – très imparfait – de se marier quand on en a la possibilité. Leurs conversations n'évoquent jamais ces principes, mais ne cessent en revanche de poser « la question de savoir qui ils veulent être et ce qu'ils veulent être ensemble et dans quel genre de monde ils veulent vivre, en gros s'ils sont fidèles à eux-mêmes en se cherchant l'un l'autre [1] ».

Que les théories morales classiques n'offrent pas les ressources conceptuelles pour penser une question aussi caractéristique de la vie de couple ordinaire montre assez la nécessité pour les philosophes d'échapper à « une cécité philosophique [2] » aveugle à son propre aveuglement et de s'ouvrir à d'autres formes d'expression de la pensée éthique. C'est ce que fit Cavell en découvrant chez Emerson des outils d'analyse et en réalisant que les questions que se posent ces couples sont exactement celles que son perfectionnisme moral nous demande de nous poser. Le lecteur de cette introduction aura d'ailleurs peut-être compris que la question de la fidélité à soi et à son désir était déjà celle que j'ai tenue pour déterminante dans les films non moins classiques que sont *Casablanca* et *Le Port de l'angoisse*, de sorte que le perfectionnisme moral désigne moins une doctrine philosophique particulière que l'on pourrait définir à l'aide de conditions nécessaires et suffisantes, qu'un type d'interrogation, ou plutôt d'exigence que l'on peut retrouver non seulement dans des philosophies différentes, mais aussi dans d'autres formes d'expression de la pensée éthique comme le théâtre, la poésie, le

1. Voir S. Cavell, A. Klevan, « What Becomes of Thinking on Film ? » (Stanley Cavell in conversation with Andrew Klevan), *Film as Philosophy. Essays on Cinema After Wittgenstein and Cavell*, R. Read et J. Goodenough (dir.), New York, Palgrave Macmillan, 2005, p. 201-202.

2. C. Diamond, « Passer à côté de l'aventure », *L'esprit réaliste*, *op. cit.*, p. 428.

roman ou encore le cinéma. Outre une bonne partie de la littérature américaine du XIXe siècle et des films hollywoodiens classiques, William Rothman en fait même une tendance de la culture américaine qui réapparaîtrait régulièrement, avant d'être réprimée : la politique du *New Deal* dans les années 1930, le rock, le mouvement pour les droits civiques, le pacifisme et la contre-culture des années 1950-60, les mouvements féministes et pour les droits des homosexuels depuis les années 1970 et jusqu'à l'élection de Barack Obama en seraient des formes expressives populaires et politiques[1].

Pour résumer les découvertes faites à son propos au cours de cette introduction, on pourrait dire que le perfectionnisme n'est pas un culte de la performance individuelle, mais au contraire la quête d'une plus grande lucidité sur ses insuffisances en vue de devenir plus humain, c'est-à-dire de trouver le moyen de vivre une vie plus humaine. On pourrait dire aussi que le perfectionnement dont il s'agit n'est pas un accroissement quantitatif, mais un saut qualitatif où il me faut abandonner mon moi actuel et lui substituer un moi meilleur que je pourrais être si je n'étais pas le principal obstacle à ce progrès. On pourrait dire enfin, mais provisoirement, que le perfectionnisme est également un appel à la liberté et au respect de l'humanité chez les autres qui seuls peuvent rendre possible une conversation par laquelle nous puissions nous améliorer mutuellement en nous posant la question de savoir ce que nous voulons être ensemble et dans quel genre de monde nous voulons vivre. Mais si les pages qui précèdent veulent dire quelque chose, alors on comprendra que ces éléments de définition ne peuvent être que lacunaires et décevants tant le concept de perfectionnisme moral me semble avoir été conçu par Cavell pour rendre compte du caractère aventureux, au sens indiqué plus haut, de la philosophie morale et au-delà de l'expérience humaine. En effet, si, en l'absence de fondement ultime de la morale, nous sommes condamnés à agir dans l'incertitude sans en perdre le goût de vivre, alors nous n'avons d'autre choix que de nous inventer au fur et à mesure que nous menons nos existences en restant à jamais

1. Voir W. Rothman, *Must We Kill The Thing We Love? Emersonian Perfectionism and the Films of Alfred Hitchcock*, Columbia University Press, 2014, p. 28.

insatisfaits de nous-mêmes, pour toujours exposés aux reproches que nous devrions être les premiers à nous faire, considérant ce que nous pourrions être, mais que nous ne sommes pas encore.

Recouvrer l'expérience morale perdue

Cependant, en l'absence de repères fixes, de téléologies ou de critères moraux certains, ma perception de ma position présente et de la direction que je dois prendre semble impuissante à m'informer, au point de ne plus savoir si c'est moi qui avance ou le monde qui recule. Autrement dit, la prise de conscience simultanée de la nécessité d'une transformation de soi et de l'absence de certitudes morales est en même temps l'expérience d'une perte, non pas seulement des « valeurs » ou des repères moraux, mais surtout de l'expérience morale elle-même. À défaut d'images déterminées, on peut penser cette idée à partir de l'allégorie qu'emploie Emerson au début de son essai « Expérience » :

> Nous nous éveillons pour nous trouver sur une marche ; il y a des marches au-dessous de nous, que, semble-t-il, nous avons gravies ; il y a des marches au-dessus de nous, nombreuses, qui montent à perte de vue [1].

Quand nous prenons conscience de notre condition morale, nous ne savons pas où nous sommes, nous ne nous y « retrouvons [2] » pas, c'est-à-dire que nous sommes perdus. Cette prise de conscience d'une perte originelle est pénible, et la position dans l'escalier d'Emerson n'est pas meilleure que celle de Descartes au début de la deuxième *Méditation*, « tombé dans une eau très profonde [3] » et qui ne sait s'il doit se laisser couler pour prendre appui sur le fond ou

1. R. W. Emerson, « Expérience » (1844), dans S. Cavell, *Qu'est-ce que la philosophie américaine ?*, trad. fr. C. Fournier, Paris, Galllimard, 2009, p. 504.

2. « Un problème philosophique est de la forme : "Je ne m'y retrouve pas." », L. Wittgenstein, *Recherches philosophiques* (*RP* ensuite), trad. fr. F. Dastur *et alii*, Paris, Gallimard, 2004 (1953), § 123, p. 87.

3. Descartes, *Méditations métaphysiques* (1641), *Œuvres et Lettres*, « Bibliothèque de la Pléiade », Paris, Gallimard, 1966, p. 274.

nager pour retrouver la surface. Comme l'esclave-rêveur lucide de la fin de la première *Méditation* qui, « jouissa[nt] dans le sommeil d'une liberté imaginaire, lorsqu'il commence à soupçonner que sa liberté n'est qu'un songe, craint d'être réveillé, et conspire avec ces illusions agréables pour en être plus longuement abusé [1] », nous préférons nous en remettre aux illusions rassurantes de la philosophie morale classique qui nous permettent de nous trouver assez aisément irréprochables, plutôt que d'être fidèles à notre expérience, qui est d'abord celle de la perte :

> Toute notre vie, le sommeil s'attarde sur nos paupières, ainsi que la nuit plane, tout le jour, dans les branches du sapin. Toutes choses flottent et luisent. C'est moins notre vie qui est menacée, que notre perception. Nous glissons, pareils à des spectres, à travers la nature et nous n'arriverions pas à reconnaître notre place [2].

Alors que la découverte de notre place dans la nature supposerait que nous reconnaissions au préalable que nous sommes perdus, nous préférons nous aveugler en optant pour le conformisme, par manque de confiance en nous-mêmes.

La confiance en soi n'est pas ici un slogan de développement personnel, comme dans les trop nombreuses « versions dégradées ou parodiques [3] » du perfectionnisme, mais le nom donné au désir et au courage de s'approprier son expérience, c'est-à-dire de ne pas renoncer à sa perception, de sorte qu'il n'est pas exagéré de reformuler l'exigence perfectionniste ainsi : il faut recouvrer l'expérience morale, en entendant le terme « recouvrer » au double sens où l'on peut dire de quelqu'un qu'il a recouvré une fonction de son organisme et en particulier l'un des cinq sens, comme la vue, et où on l'emploie pour désigner le fait de recevoir le paiement d'une somme dont on est créancier, le recouvrement dont il s'agit

1. *Ibid.*, p. 272.

2. R. W. Emerson, « Expérience », *op. cit.*, p. 504-505.

3. S. Cavell, « Conditions nobles et ignobles », dans S. Cavell, *Qu'est-ce que la philosophie américaine ?*, *op. cit.*, p. 232.

ici désignant le fait de retrouver ce qui compte, ce qui importe dans nos vies.

Recouvrer l'expérience morale avec le cinéma

Mais dire que recouvrer notre expérience est le moyen de redécouvrir ce qui a de la valeur, de l'importance, etc., et qui est pour nous perdu, c'est supposer que, plutôt que de soumettre l'expérience que nous faisons d'un objet ou d'une œuvre à nos concepts, nous devons nous laisser instruire par elle, comme Cavell a su se laisser instruire par l'expérience qu'il a pu faire des comédies du remariage, à savoir non pas à la façon passive des empiristes classiques, mais selon le cercle vertueux de l'apprentissage qui veut qu'une expérience sera d'autant plus instructive qu'elle sera d'autant plus instruite, c'est-à-dire résultant d'une instruction, elle-même fondée sur d'autres expériences instructives, etc. Décrire et clarifier l'expérience de l'œuvre la plus ordinaire : Cavell appelle cela, dans l'introduction à son livre sur les comédies du remariage, « contrôler son expérience [1] », expression par laquelle il veut dire qu'il s'agit, à l'instar de ce que recommande Kant, de consulter son expérience pour la soumettre à l'examen, tel le juge en fonction qui force les témoins à répondre à ses questions [2], mais surtout de

> *s'arrêter* pour un instant, se détacher de ce qui était votre souci à cet instant-là et dégager votre expérience de ses sentiers battus, prévisibles, pour qu'elle se trouve, qu'elle trouve sa propre voie : une sorte de garde-à-vous mental [3].

On comprend que le contrôle de l'expérience supposera de se méfier suffisamment des biais qui pourraient nous faire manquer ce qu'elle pourrait nous apprendre pour qu'elle nous conduise en effet là où nous ne pensions pas que nous pourrions aller. Il est

1. S. Cavell, *À la recherche du bonheur*, *op. cit.*, p. 38.
2. Kant, *Critique de la raison pure* (1787), Préface de la 2 e édition, trad. fr. A. J.-L. Delamarre et F. Marty à partir de la traduction de J. Barni, Paris, Gallimard, 1995, p. 43-44.
3. S. Cavell, *À la recherche du bonheur*, *op. cit.*, p. 39.

possible qu'une référence kantienne puisse éclairer ce passage, mais il se pourrait aussi que l'une de ses sources soit à chercher chez Rousseau, on pense à ce texte de l'*Émile*[1] où l'enfance est vue comme une bénédiction dans la mesure où elle incite les adultes à porter assistance au jeune être humain, ce qui permet que « l'éducation de la nature » soit complétée par « l'éducation des hommes », qui vise elle-même à accompagner et rendre possible « l'éducation des choses » qui est également nécessaire pour que le disciple soit « bien élevé », c'est-à-dire qu'il soit celui qui « va seul à son but et vit conséquemment ». En effet, la « morale de cette pratique », à en croire Cavell, serait qu'« il faut éduquer votre expérience suffisamment pour qu'elle soit digne de confiance ». Autrement dit, le but et la condition de l'éducation pour Rousseau comme pour Emerson et Thoreau, que Cavell cite en héritiers américains de Kant, est la confiance en soi, c'est-à-dire l'autorité sur son expérience, autrement dit « le droit de vous intéresser à votre propre expérience[2] ».

Les lectures d'œuvres, littéraires ou cinématographiques, pratiquées par Stanley Cavell depuis *Dire et Vouloir Dire*[3] et *La Projection du monde* sont des tentatives de recouvrer l'expérience morale en cherchant à contrôler son expérience en ce sens, c'est-à-dire non seulement à laisser à l'œuvre le soin de lui apprendre à la considérer, mais aussi à se laisser lire par elle pour en apprendre davantage sur lui-même. Mis à part les textes de critique de Robert Warshow à propos desquels Cavell a pu écrire que « [l]e tact et la portée de tels exercices délivrent la promesse et donnent des exemples d'un raffinement de la vie intellectuelle dont l'éclat, en tant qu'idée et que réussite, ne s'est pas estompé[4] », les lectures

1. Rousseau, « Émile ou de l'éducation » (1762), dans *Œuvres complètes*, IV, « Bibliothèque de la Pléiade », Paris, Gallimard, p. 246-247.

2. *Ibid.*, p. 19.

3. S. Cavell, *Dire et Vouloir Dire*, trad. fr. C. Fournier et S. Laugier, Paris, Cerf, 2009 (1969).

4. S. Cavell, « After half a century », *in* R. Warshow, *The Immediate Experience. Movies, Comics, Theater and Other Aspects of Popular Culture*, Cambridge, Ma., Harvard University Press, 2001, p. 297-298.

cavelliennes constituent, les premiers échantillons d'une pensée éthique d'après le cinéma qui soit consciente d'elle-même et qui ait confiance en ses pouvoirs de transformation. Elles offrent le modèle de la pratique cinéthique que mon livre appelle de ses vœux et à laquelle il aimerait contribuer par d'autres tentatives pour décrire ce que des lectures de films particuliers qui importent pour leur spectateur pourraient révéler de ce qui compte pour lui d'un point de vue moral.

Étapes d'un parcours cinéthique

Mais quel intérêt cinématographique et philosophique peut-il y avoir à publier des lectures de films qui ne conduisent qu'à retrouver des expériences privées et des idées que l'on pourrait plus économiquement et rigoureusement trouver définies dans des textes philosophiques ? L'objection est double. Elle rappelle d'abord un reproche fait à Stanley Cavell à la parution de *La Projection du monde* et que la première phrase de la préface d'un livre sous-titré *Réflexions sur l'ontologie du cinéma*, « Des souvenirs de cinéma se superposent fil à fil aux souvenirs de ma vie », ne pouvait, semble-t-il, que susciter à l'époque. Mais elle renvoie aussi au débat contemporain autour de la question de savoir si l'on peut dire d'un film qu'il fait de la philosophie. Les philosophes analytiques du cinéma s'accordent pour penser que cette question soulève ce que Paisley Livingston a appelé le « problème de la paraphrase », un dilemme auquel le partisan de la thèse « audacieuse » (*bold thesis*) selon laquelle on pourrait philosopher avec le cinéma ne saurait, selon lui, échapper. Le premier chapitre soutient d'abord que la pratique courageuse de Stanley Cavell, qui a très tôt cherché à philosopher d'après le cinéma, a permis de mettre en évidence l'existence et l'importance de pensées des films qui proposent d'authentiques analyses conceptuelles cinématographiques, ce que l'on peut appeler des « idées de cinéma ». J'essaie d'y montrer, à l'aide d'exemples cinématographiques et littéraires, que le problème de la paraphrase est mal posé parce qu'il dépend d'une conception réductrice et timorée de l'analyse philosophique, qui n'est pas sans rappeler l'image étroite que l'on se fait souvent d'un problème éthique et l'idée que la pensée éthique ne saurait procéder que par arguments. Ce chapitre expose aussi succinctement les raisons wittgensteiniennes qui justifient la démarche cavellienne dans *La Projection du monde*, en les reliant à la démarche autobiographique du dernier livre du philosophe américain, *Si j'avais su*[1], et à une idée du film *Eternal Sunshine of the Spotless Mind* (M. Gondry, C. Kaufman, 2004). J'espère ainsi mettre en évidence que les démarches philosophique et autobiographique de Cavell s'enracinent dans l'exigence perfectionniste émersonienne de transformation de soi.

Penser le cinéma comme un moyen de révéler des dimensions méconnues du monde et des différentes formes que peut prendre la vie n'a rien d'original du point de vue de l'histoire des théories du cinéma, comme n'a rien d'original non plus, du point de vue de l'histoire de la pensée, le fait d'assigner à la philosophie la tâche de nous faire prendre conscience d'idées que nous ne pouvons pas ne pas avoir dans la mesure où elles rendent possibles un certain nombre de nos activités les plus importantes. Le deuxième chapitre cherche ainsi à situer la démarche de Stanley Cavell et de ceux qui entendent s'inscrire dans ses pas, par rapport aux pensées d'autres penseurs dont il semble, à tort ou à raison, proche et en offrant plusieurs exemples d'idées de cinéma, tels qu'on peut les trouver chez Arnaud Desplechin, Jean Vigo, Nicholas Ray ou Robert Bresson.

La proximité thématique du cinéma d'Éric Rohmer avec les préoccupations morales de Stanley Cavell conduit à prolonger cette réflexion dans un troisième chapitre, en vue de montrer comment l'idée wittgensteinienne que « nos recherches doivent être retournées sur l'axe de nos besoins réels[2] » ne concerne pas seulement les investigations philosophiques, mais aussi les études

1. S. Cavell, *Si j'avais su. Mémoires* (*SJAS*, ensuite), trad. fr. J.-L. Laugier et S. Laugier, Paris, Cerf, 2014 (2010).

2. *RP*, § 108, p. 83 [trad. modifiée]. Voir *infra*, chap. I, p. 49-61.

littéraires et cinématographiques, dans la mesure où l'attention aux révélations de l'ordinaire chez Shakespeare, dans *Le Conte d'hiver*, ou chez Rohmer, dans *Conte d'hiver* (1992), *La femme de l'aviateur* (1981), ou *Conte de printemps* (1990), peut permettre de modifier radicalement la perspective que l'on peut avoir sur l'œuvre d'auteurs aussi classiques.

C'est d'ailleurs ce que l'histoire des études cinématographiques montre assez, puisqu'on a vu qu'après *La Projection du monde*, Stanley Cavell a exercé la pratique de lecture de films dans plusieurs livres, dont le plus connu, *À la recherche du bonheur* [1], a renouvelé la compréhension de films ou d'auteurs aussi classiques que Frank Capra, George Cukor, Preston Sturges ou Howard Hawks. Je propose ici une lecture de l'un de ces films, *L'impossible Monsieur Bébé* (*Bringing Up Baby*, Howard Hawks, 1938), un film qui a compté pour moi à un moment où j'évitais de me poser la question soulevée par le titre, ce dont je ne me rendis compte qu'au terme de cet effort pour trouver les raisons du plaisir et de l'intérêt pris à voir et revoir ce film une bonne dizaine de fois. Ma lecture de *L'impossible Monsieur Bébé* cherche notamment à montrer que ce film déploie des pensées sur le langage et la morale qui devraient intéresser les philosophes, dans la mesure où il affronte directement un problème sceptique, sous l'aspect du problème des règles, auquel la philosophie du langage et la philosophie morale contemporaines ne semblent pas pouvoir échapper, et lui trouve même une issue à l'aide d'idées que l'on peut trouver à la fois chez Wittgenstein, Emerson et Cavell, comme celles de compréhension pratique, de forme de vie, de confiance en soi, d'éducation et de mariage.

Encouragé par les découvertes précédentes et soucieux de prendre la mesure des pouvoirs thérapeutiques de la lecture de films, je propose, dans le cinquième et dernier chapitre, de rendre compte de mon expérience de spectateur du film *Detachment* (Tony Kaye, 2011), qui parle d'un professeur de lettres remplaçant, enseignant dans un lycée public où sont envoyés les élèves dont on ne veut

1. S. Cavell, *À la recherche du bonheur*, *op. cit.*

pas ailleurs. Découvert alors que j'étais à la recherche de films à propos d'enseignants, une quête déclenchée par un sentiment de perte de l'importance d'exercer ce métier et par l'impression de ne plus être tout à fait présent pour les élèves, c'est-à-dire de passer à côté de l'aventure en quoi devrait toujours consister l'éducation, j'ai cherché à « contrôler mon expérience » en racontant le film, c'est-à-dire en identifiant ce qui y est important et les raisons qui rendent compte de cette importance. Il pose en effet l'énigme de l'apparent détachement d'un professeur vis-à-vis de la violence qui imprègne son milieu professionnel, une énigme qui n'est pas sans évoquer, au-delà de Camus et de Barthes, deux auteurs auxquels le film fait allusion, certains passages du *Tractatus logico-philosophicus*[1] que Wittgenstein consacre à ce qu'il appelle « le problème de la vie ». L'exercice qui consiste à lire ces textes pour lire ce film enrichit non seulement la compréhension que nous avons de chacun d'eux, mais vise surtout à me permettre de me lire moi-même à travers ma lecture du film, en espérant dire ainsi quelque chose d'assez précis pour que d'autres puissent s'en servir d'objet de comparaison, voire y reconnaître en partie leurs difficultés. Cette lecture de film entend montrer qu'il s'agit là d'une forme expressive disponible pour recouvrer l'expérience morale, notamment quand il s'agit d'une souffrance si vive, à propos d'une question de société si polémique, qu'elle empêche les patients, élèves, parents ou professeurs, de trouver les moyens de l'exprimer et d'espérer être écoutés.

1. Wittgenstein, *Tractatus Logico-Philosophicus* (*TLP* ensuite), trad. fr. G. Grangé, Paris, Gallimard, 1993 (1922).

CHAPITRE PREMIER

STANLEY CAVELL ET LE CINÉMA COMME NOUVEAU DÉPART POUR LA PHILOSOPHIE MORALE

Le problème de la paraphrase et la philosophie d'après le cinéma

Un film peut-il faire de la philosophie ? Le « problème de la paraphrase »

Les philosophes anglo-saxons du cinéma tendent à distinguer et adopter deux approches philosophiques du cinéma qui ne sont pas nécessairement complémentaires : la « philosophie du cinéma » (*philosophy of film*), c'est-à-dire l'activité qui consiste à philosopher sur le cinéma, d'une part, et la « philosophie avec (ou d'après) le cinéma » (*philosophy through film* ou encore *film-philosophy*), c'est-à-dire la tentative de penser philosophiquement avec le cinéma, d'autre part. Si la philosophie du cinéma désigne ce domaine de la philosophie de l'art qui s'intéresse aux questions conceptuelles que pose le cinéma dans la perspective de la réflexion esthétique classique, la philosophie avec le cinéma présuppose que ce sont les films qui sont censés proposer une philosophie ou faire de la philosophie. Or, nombreux sont les philosophes qui doutent qu'il soit correct de dire d'un film qu'il fait de la philosophie.

On considère souvent qu'un film comme *Matrix* (*The Matrix*, 1999) de Lana et Lilly Wachowski peut éventuellement fournir une bonne illustration de certaines théories philosophiques, mais ne saurait faire mieux que de la mauvaise philosophie. Les films serviraient ainsi la philosophie lorsqu'ils proposent des exemples, des contre-exemples, des expériences de pensée, des exposés d'argumentation plus concrets, plus vivants et plus émouvants que les textes philosophiques classiques. Dans cette perspective, un film comme *Matrix* est conçu comme une bonne introduction à un certain nombre de problèmes et de textes de la philosophie, mais, faute de pouvoir être entièrement fidèle aux textes qu'il permet d'introduire ou parce qu'il ne répond pas de façon convaincante aux problèmes philosophiques qu'il soulève, les interprètes considèrent en général qu'il ne saurait jamais faire de la bonne philosophie.

Paisley Livingston a même fourni un argument qui cherche à démontrer *a priori* qu'aucun film ne pourra jamais faire de philosophie au sens fort où il serait capable de fournir une contribution philosophique inédite en se servant exclusivement de moyens spécifiquement cinématographiques [1]. En effet, l'idée « audacieuse » (*bold thesis* [2]) qu'un film pourrait faire de la philosophie se heurte selon lui à un dilemme insurmontable, le « problème de la paraphrase [3] » : soit la prétendue contribution philosophique peut être paraphrasée, mais on ne voit pas quel intérêt, autre que pédagogique, il peut y avoir à préférer regarder le film plutôt que de lire le texte qui en résulte, soit cette contribution est trop dépendante des moyens spécifiquement cinématographiques de sa production pour être paraphrasée, mais on ne sait plus alors comment s'assurer de son caractère philosophique. Ce « problème de la paraphrase » est vite devenu incontournable pour tous les débats relatifs à la possibilité de trouver de la philosophie dans les films.

La philosophie d'après le cinéma : une thèse « téméraire » de Stanley Cavell ?

En contexte analytique, les deux partisans principaux de la « thèse audacieuse » selon laquelle le cinéma pourrait contribuer de façon originale à la philosophie en ne se servant que de moyens exclusivement cinématographiques, Stephen Mulhall [4] et Robert

1. P. Livingston, « Theses on Cinema as Philosophy », *The Journal of Aesthetics and Art Criticism*. vol. 64, n° 1, hiver 2006, p. 11-18.

2. *Ibid.*, p. 11.

3. *Ibid.*, p. 12.

4. S. Mulhall, *On Film*, 3 e éd., Oxon-New York, Routledge, 2016.

Sinnerbrink [1], revendiquent, chacun à leur manière, l'héritage de Stanley Cavell sur cette question.

Dès *La Projection du monde*, Cavell a en effet eu l'audace de soutenir la thèse selon laquelle on doit reconnaître qu'un déplacement de l'esprit philosophique a eu lieu qui s'est opéré de la philosophie vers le cinéma. Il ne s'agit pas seulement de reconnaître, comme Noël Carroll dès 1982, que le cinéma est devenu « un héritage culturel commun, un répertoire de références partagées appelé à jouer le rôle que la Bible, Aristote ou Shakespeare ont joué dans le passé [2]. » Il s'agit d'admettre que l'esprit de la philosophie, au sens où l'on parle de l'esprit d'une activité ou d'une institution, c'est-à-dire de ses buts et de ses règles constitutives, anime le cinéma, au point que l'on puisse concevoir le cinéma comme l'un « des chapitres de l'histoire ou du déroulement de la philosophie [3] », en termes hégéliens « l'esprit du temps » philosophique, l'un des modes de présence contemporains de la philosophie. La thèse soutenue par Cavell est donc plus radicale que la « thèse audacieuse » selon Livingston : s'il est audacieux de penser qu'on peut philosopher avec le cinéma, il doit être extrêmement téméraire de prétendre pratiquer une philosophie d'après le cinéma.

Cavell a moins soutenu cette thèse à l'aide d'un argument *a priori* qui aurait cherché à résoudre le problème de la paraphrase avant de se lancer dans l'étude philosophique de films, que par sa pratique de la lecture philosophique de films dans différents ouvrages et textes connus et reconnus [4]. Plus que d'une inclination

1. R. Sinnerbrink, *New Philosophies of Film. Thinking Images*, New York-Londres, Continuum, 2011.

2. N. Carroll, « The Future of Allusion : Hollywood in the Seventies (and Beyond) » (1982), *Interpreting the Moving Image*, New York, Cambridge University press, 1998, p. 262.

3. S. Cavell, *Philosophie le jour d'après demain* (*PJAD*, ensuite), trad. fr. N. Ferron, Paris, Fayard, 2011 (2005), p. 20.

4. Outre *La Projection du monde* et *À la recherche du bonheur*, il faut au moins compter *La Protestation des larmes, le mélodrame de la femme inconnue*, trad. fr. P. Soulat, Paris, Capricci, 2012 (1996), *Le cinéma nous rend-il meilleurs ?*, textes rassemblés par É. Domenach, Paris, Bayard, 2010 (2003) et *Philosophie des salles obscures*, trad. fr. N. Ferron, M. Girel et E. Domenach, Paris, Flammarion, 2011 (2004).

ou d'un caprice, cette tendance « à recueillir la théorie seulement après avoir goûté les fruits de la pratique[1] » vient de sa volonté de ne pas passer à côté de son expérience, c'est-à-dire de se laisser activement instruire par elle, en étant suffisamment attentif pour qu'elle puisse le surprendre. Réfléchir philosophiquement sur ce que les films peuvent nous apprendre supposait en effet de se préparer à l'éventualité d'un bouleversement de nos conceptions de la philosophie, ce qui réclamait notamment la reconnaissance de ce que nous ne savons pas bien ce qu'est la philosophie, ni même ce que les films nous disent.

La différence d'approches de la question par Livingston et Cavell est donc radicale : dans un cas, on part de l'essence du cinéma et de la philosophie pour en déduire ce que les films peuvent faire ; dans l'autre, on part des films et de l'expérience que nous en faisons pour découvrir, par l'analyse d'éléments singuliers, ce que l'essence du cinéma et de la philosophie peuvent être, étant convaincu qu'on ne peut savoir *a priori* ni ce que peut un film, ni ce que peut la philosophie.

Deleuze, Cavell et la « lecture lente » de films individuels

Considérées de ce point de vue, il est frappant de constater la proximité entre la philosophie analytique du cinéma et la philosophie du cinéma de Gilles Deleuze, qui domine de façon écrasante la réflexion française sur le cinéma. Si les raisons pour lesquelles Cavell ne s'y retrouve pas dans la lecture de Deleuze sont vraisemblablement nombreuses, l'une d'elles tient bien en effet au statut que l'un et l'autre accordent à la « lecture » de film. Chez Deleuze, les analyses de films sont surtout là pour illustrer le cadre conceptuel que *Cinéma 1* et *2* ont posé[2] et il importe peu qu'elles

1. *PJAD*, p. 78.

2. John Mullarkey reproche ainsi à Deleuze de n'employer des exemples de films que comme « des substituts pour des concepts » (*stand-ins for concepts*). Voir J. Mullarkey, *Refractions of Reality. Philosophy and the Moving Image*, Basingstoke, Palgrave Macmillan, 2009, p. 108.

soient de Deleuze lui-même ou empruntées à d'autres [1]. Confronté à la question de savoir ce qu'il pense des deux livres de Deleuze, Cavell a pu remarquer qu'il n'était pas parvenu à en tirer une lecture féconde, un fait qu'il associait notamment à la pratique de Deleuze, dont les thèses théoriques ne seraient pas assez « motivées par le dévoilement obstiné du fonctionnement (*workings*) de quelques films individuels [2] ». En effet, si, pour Cavell, la question de savoir ce que peut philosophiquement un film ne saurait être tranchée *a priori*, il n'y a pas non plus de méthode évidente pour approcher un film sinon celle d'une « lecture lente [3] » qui vise à se laisser surprendre par le texte. Cavell cherche moins à produire une classification savante qu'à se laisser lire par le film, comme l'analysé en psychanalyse doit accepter de découvrir sur lui-même ce qu'il sait toujours déjà sans réussir à se l'avouer. Autrement dit, le critique qui se réfugie derrière les catégories préétablies que lui fournissent notamment l'histoire ou l'analyse formelle ne risque pas seulement de ne pas faire de découvertes philosophiques enrichissantes sur le film et sur lui, mais il court aussi le risque de ne pas être attentif aux biais personnels qui pourraient l'empêcher d'y voir le plus important, ce qui compte vraiment. Au contraire, Cavell se cherche lui-même en même temps qu'il cherche le sens dans le film, convaincu que la connaissance d'un film ou de ce qui est humain est inséparable d'un effort de connaissance de soi. Plutôt que de chercher du sens dans les origines de l'œuvre, dans son contexte historique, culturel ou national, Cavell « insiste sur les significations qui sont *découvertes* au cours de ce moment d'engagement avec le texte et avec l'autre (par le dialogue, au cours de l'enseignement [4]) ». Autrement dit, et

1. Sur les sources de Gilles Deleuze, voir la rapide mise au point de Pierre Montebello dans *Deleuze, philosophie et cinéma*, Paris, Vrin, 2008, note 1, p. 10.

2. S. Cavell, « Foreword : On Eyal's Peretz's *Becoming Visionary* », *Becoming Visionary. Brian De Palma's Cinematic Education of the Senses*, Stanford, Stanford University Press, 2007, p. XII.

3. S. Cavell, *Philosophie des salles obscures*, *op. cit.*, p. 34.

4. Voir A. Klevan, « Notes on Stanley Cavell and Philosophical Film Criticism », *in* H. Carel, G. Tuck (dir.), *New Takes in Film-Philosophy*, Basingstoke, Palgrave Macmillan, 2011, p. 50.

pour reprendre une triple distinction proposée par Andrew Klevan, qui est aussi l'auteur de la citation précédente, Cavell ne conçoit pas seulement les liens de la philosophie et du cinéma comme étant définis par la façon dont les idées philosophiques d'un auteur, comme Bergson, peuvent illuminer un film, un genre, voire l'histoire du cinéma (*Film and Philosophy*), ni seulement par le fait que certains films font de la philosophie, découvrent et donnent une forme dramatique aux problèmes philosophiques eux-mêmes (*Film as philosophy*), à la manière dont les films de Welles illustreraient selon Deleuze le problème de la vérité chez Nietzsche [1], mais surtout par une façon d'aborder les films qui se caractérise par le fait d'accepter de s'y perdre, en tout cas de s'y arrêter et d'avoir à y revenir pour finalement s'y retrouver à la façon dont Socrate arrête ses interlocuteurs pour leur demander de réfléchir à ce qu'ils tendraient à dire et dans quel contexte.

Plutôt que de s'empêcher de penser d'après le cinéma pour des raisons *a priori*, il semble finalement plus courageux de s'instruire de ce que les films ont à nous apprendre en ayant toujours le souci de ne pas en dire plus que nous n'en savons, mais aussi de ne pas en dire moins que ce dont nous faisons l'expérience.

« *Les fruits de la pratique* » : *les idées de cinéma et les mythes*

Suivant une suggestion de Vincent Descombes, j'appelle les pensées des films des « idées de cinéma [2] ». Cette appellation suppose de revenir sur l'un des sens que peut prendre l'analyse en philosophie. Analyser une idée, c'est remplacer une expression

1. G. Deleuze, *Cinéma 2. L'image-temps*, Paris, Minuit, 1985, p. 179-192.

2. On peut en effet forger cette expression au sens où Vincent Descombes, dans *Proust. Philosophie du roman* (Paris, Minuit, 1987), propose de parler d'une « idée de roman » (p. 90) pour désigner ce que devient une idée quelconque « lorsque l'écrivain a trouvé le moyen de l'« analyser », c'est-à-dire de la changer en scénario schématique » (*ibid.*), l'analyse dont il s'agit ici visant, comme en philosophie, à « remplacer une expression ayant un degré déterminé de complexité par d'autres expressions qui, prises ensemble de la manière convenable, en sont un équivalent plus explicite ou plus intelligible » (p. 81).

complexe par des expressions que l'on agence dans un certain ordre en vue de trouver un équivalent plus intelligible et donc de retrouver l'importance et le sens de l'idée, c'est-à-dire son expérience. Mais le philosophe n'est pas le seul à pouvoir procéder à des analyses conçues en ce sens : l'écrivain peut lui aussi analyser une idée en la changeant en « un scénario schématique [1] » que l'on peut alors concevoir comme une paraphrase littéraire de l'idée. L'idée de scénario schématique conduit à penser que le cinéaste peut lui-même procéder à une telle analyse qui s'appuiera en outre sur toutes les autres dimensions de son art, c'est-à-dire sur les possibilités des différents médias qui composent le médium [2] cinématographique, et dont le résultat pourra porter le nom d'« idée de cinéma ». Une idée de cinéma est donc une idée changée en scénario schématique, mais aussi en plan, en séquence, voire en film. Par exemple, *L'Atalante* (1934) de Jean Vigo est un film plein de telles idées pour qui sait y être attentif : dans ce film, en effet, remarque Cavell dans *La Projection du monde*,

> nous prenons conscience, avec plus de précision et plus de force qu'auparavant, [...] de l'effarement et de la réserve d'un mari qui s'aperçoit qu'il n'a pas été un mari ; nous prenons conscience, avec plus de certitude, de ce qu'un homme ne fait la conquête d'une belle jeune fille que lorsqu'il fait la conquête de son imagination, c'est-à-dire que lorsqu'il peut partager son imagination avec elle, et que, s'il y réussit, peu importe même qu'il soit laid et plus tout jeune ; nous nous rendons compte – pour la première ou la cinquantième fois, il n'y a pas de différence – que la responsabilité que l'on a envers son désir est de le reconnaître, et de reconnaître son objet, c'est-à-dire de reconnaître l'être-séparé de son objet d'avec vous [3].

1. *Ibid.*, p. 90.

2. Par « médium », j'entends à la suite de Cavell un moyen d'expression où l'expression est conçue au sens large comme une façon « d'atteindre quelqu'un, de faire sens ». Voir S. Cavell, *PM*, p. 62 et mon commentaire dans *La Philosophie d'après le cinéma, Une lecture de* La Projection du monde *de Stanley Cavell*, Rennes, PUR, 2014, p. 97-98.

3. *PM*, p. 230-231.

L'image du mari recherchant son amour sous l'eau est ainsi l'un des résultats de l'opération par laquelle le film déploie une analyse de la pensée selon laquelle la responsabilité que l'on a envers son désir est de reconnaître l'être-séparé de l'objet du désir, cette analyse consistant à remplacer son expression complexe par des expressions cinématographiques agencées dans un certain ordre, en vue de trouver un équivalent plus intelligible et donc de retrouver l'importance et le sens de l'idée initiale, c'est-à-dire l'expérience de cette pensée.

Parmi les idées que le cinéma peut parvenir à exprimer, certaines ont une importance irréductible à leur contenu, au point que leur expression cinématographique ne saurait être verbalement paraphrasée sans risquer de les priver du pouvoir qu'elles ont sur nous, à moins de trouver les mots qu'il faut pour retrouver l'expérience qu'on leur a associée. Les « idées de cinéma » que Cavell cherche dans *L'Atalante* et ailleurs ont un pouvoir qui ne leur vient pas de leur vérité, mais de l'emprise qu'elles ont sur nous. Ce sont des images au sens où l'on a pu parler de l'image augustinienne du langage, c'est-à-dire une « idée préconçue qui prend possession de nous [1] » lorsque nous réfléchissons à un problème, sans que nous en ayons nécessairement conscience. Nous pouvons les tenir, à la suite de Cavell, pour des mythes dont le pouvoir, parce qu'il est aussi « inexplicable que celui d'une phrase musicale ou de la poésie [2] », mérite d'être reconnu par le philosophe à la recherche de son expérience morale perdue.

Robert Pippin a récemment proposé une distinction qu'on peut tenir pour une reformulation de ce concept de mythe. Justifiant son intérêt philosophique pour les films noirs, il essaie de montrer que ces films nous permettent de prendre conscience de la différence importante qui existe entre ce que nous croyons penser de l'action humaine et ce que nous en pensons réellement [3]. De façon générale,

1. Wittgenstein, *Remarques sur les couleurs*, trad. fr. G. Granel, Mauvezin, T.E.R., 1984, III, § 230, p. 59.

2. *PM*, p. 231.

3. Voir R. Pippin, *Fatalism in American Film Noir. Some Cinematic Philosophy*. Charlottesville-Londres, University of Virginia Press, 2012, p. 18-19.

les « idées de cinéma » qui ont une valeur mythique sont donc des contributions importantes à la philosophie dans la mesure où elles peuvent nous apprendre quelque chose sur des dimensions de notre expérience qui nous échappent, car nous ne réalisons pas quels rôles peuvent jouer certaines images sur nos façons de penser et d'agir. Pour recouvrer l'expérience, il semble en effet nécessaire de découvrir les mythes qui nous travaillent et nous détournent de la vie en nous enfermant dans une fausse conception de l'existence qui nous rend insensibles à notre expérience, mais aussi ceux qui nous animent, qui nous font agir et désirer, et auxquels nous nous devons d'être fidèles [1].

La difficulté pour le philosophe qui cherche à identifier ces idées de cinéma est qu'elles ne semblent pas pouvoir être aisément paraphrasées sans dommage pour leur valeur instructive puisque le pouvoir qu'elles exercent sur nous et qu'elles nous révèlent ainsi semble inséparable de leur mode de présentation, de leur médium. Cependant, plutôt que de condamner *a priori* les efforts du philosophe, cette difficulté peut constituer un défi et un rappel de l'exigence elle-même philosophique d'avoir à trouver de nouvelles façons de faire et d'écrire de la philosophie, des modes de discours et d'écriture philosophiques capables de retrouver le pouvoir des pensées que nous ne nous savons pas avoir, car, comme l'écrit Cavell dans un article qu'on peut tenir pour programmatique,

> toutes les façons de composer ne permettent pas de nous dire quelque chose que nous ne pouvons pas ne pas savoir et qui pourtant reste éclairante [...] [e]t toutes les façons de s'adresser à un lecteur ne permettent pas de le laisser comme il est, de le laisser en paix, mais transformé [2].

Trouver un mode d'écriture qui permette de transformer le lecteur par le seul rappel de ce qu'il ne saurait ignorer est le but partagé par

1. Pour approfondir, voir É. Domenach, « La "vérité" du fantasme et la voie du mythe », dans *Stanley Cavell, le cinéma et le scepticisme*, Paris, P.U.F., 2011, p. 136-142.

2. S. Cavell, « Existentialism and Analytical Philosophy », *Daedalus*, vol. 93, n° 3, 1964, p. 964-965 [Ma traduction].

Kierkegaard et Wittgenstein selon Cavell et ce qui rend compte de leur commun besoin de décrire ce qu'ils font dans le *Post-Scriptum* [1] ou les *Recherches philosophiques* comme relevant respectivement d'une « composition mimico-pathético-dialectique » et de la « grammaire » philosophique. Puisqu'il est indéniable qu'il s'agit d'un effet que l'on peut souvent attendre de l'art et si Kierkegaard et Wittgenstein méritent bien d'être tenus pour des philosophes, il n'est pas absurde de chercher à découvrir des façons d'écrire de la philosophie qui retrouvent le pouvoir d'expression de ces idées artistiques et, en particulier, des idées de cinéma.

Dans la présentation de son dilemme, Livingston a donc raison d'envisager que la contribution du cinéma à la philosophie soit trop dépendante des moyens « spécifiquement cinématographiques » (si tant est que cette expression ait un sens) de sa production pour être entièrement paraphrasée à l'aide d'arguments, mais il a tort de penser que la philosophie ne consiste qu'en arguments et que les idées de cinéma ne puissent pas être décrites du tout, en tout cas pas suffisamment pour qu'on leur reconnaisse une pertinence philosophique.

Deux conceptions de l'analyse philosophique : Aristobulus Ursiclos vs. Helena Campbell dans Le Rayon vert *de Jules Verne et d'Éric Rohmer*

S'opposent en fait ici deux conceptions de l'analyse philosophique. Dans la conception majoritaire aujourd'hui en philosophie analytique, qui est celle de Paisley Livingston, analyser une idée, c'est, en gros, la décomposer en ses éléments. L'analyse conceptuelle est ainsi souvent conçue comme la recherche des éléments qui doivent nécessairement intervenir dans la définition du concept qu'on examine. De même que le scientifique pratique l'analyse chimique lorsqu'il parvient à définir l'eau comme le composé de deux atomes d'hydrogène et d'un atome d'oxygène, la

1. S. Kierkegaard, *Post-scriptum aux Miettes philosophiques*, trad. fr. P. Petit, Paris, Gallimard, 1949.

tâche du philosophe serait ainsi de découvrir les éléments nécessaires et suffisants à la composition du concept analysé. Par exemple, à la question de savoir ce que sont le sourire et les pleurs, il faudrait pouvoir donner une réponse aussi précise que la définition avancée par le personnage d'Aristobulus Ursiclos dans *Le Rayon vert* (1882) de Jules Verne :

> Qu'est-ce que le sourire ? une expression volontaire et particulière des muscles du visage, à laquelle les phénomènes de la respiration sont à peu près étrangers, tandis que les pleurs [...] [n]e sont tout simplement qu'une humeur, qui lubrifie le globe de l'œil, un composé de chlorure de sodium, de phosphate de chaux et de chlorate de soude [1] !

Mais si l'on considère que les concepts s'inscrivent toujours dans un réseau plus vaste, qu'ils sont toujours liés à d'autres concepts, on peut aussi concevoir l'analyse conceptuelle comme la recherche des connexions, des liens qui existent entre les différents concepts et les exemples et images qui accompagnent leur usage. Si les concepts sont les outils dont nous usons pour penser et agir, la clarification conceptuelle doit ainsi passer par le patient rappel de leur mode d'emploi dans le langage, de leur « grammaire » au sens philosophique de Wittgenstein, qui implique non seulement l'idée que le sens du mot dépendra de sa position dans une phrase, du rôle de cette phrase dans un discours, du sens du discours dans un langage lui-même dépendant d'une forme de vie, de la situation de cette forme de vie dans un monde, mais aussi l'idée qu'« un monde a du sens dans le contexte d'un mot [2] ». Autrement dit, dans la pratique d'un philosophe comme Stanley Cavell, analyser une idée, c'est donc non seulement remplacer une expression complexe par des expressions que l'on agence dans un certain ordre en vue de retrouver le sens de l'idée, mais c'est aussi estimer son importance en tâchant d'apprendre quelque chose de l'expérience que l'on fait

1. Jules Verne, *Le Rayon vert*, Paris, Le livre de poche, 2011 (1882), p. 263.
2. S. Cavell, *Sens de Walden* (1972), trad. fr. B. Rival et O. Berrada, Paris, Théâtre typographique, 2007, p. 119.

en usant de ce mot. Si dans les deux cas, on cherche bien à rendre plus claire son expérience, on aura tendance, dans le premier, à disqualifier comme absurde, dénué de sens, ce qui ne peut pas être décomposé en conditions nécessaires et suffisantes, ce qui ne peut pas être réduit à ce que l'on sait déjà, tandis que, dans le second cas, convaincu que « c'est la chose que nous ne savons pas qui peut nous sauver[1] », on préférera une vraie obscurité à une fausse clarté puisque la plus vive clarté est celle que l'on obtient après s'être débattu dans l'obscurité, plutôt que la fausse clarté que l'on ne maintient que parce que l'on évite soigneusement de plonger dans certains aspects ténébreux d'un problème.

Pour illustrer cette opposition, le roman *Le Rayon vert* (1882) de Jules Verne offre un autre passage éclairant où l'héroïne, Miss Campbell, décrit une statue de la Vierge découverte dans une vieille chapelle :

> — Ainsi que la Vierge à la Chaise et la Madone de Saint-Sixte, les seules vierges de Raphaël qui ne baissent pas leurs paupières, celle-ci regarde, et il semble que ses yeux sourient !
> Cette remarque fut très à propos faite par Miss Campbell, mais elle eut pour résultat d'amener sur les lèvres d'Aristobulus Ursiclos une moue assez ironique.
> — Où avez-vous pris, Miss Campbell, dit-il, que des yeux puissent jamais sourire ? [...] C'est une faute communément répandue, reprit Aristobulus Ursiclos, comme s'il eût professé *ex cathedra*, que de parler du sourire des yeux. Ces organes de la vue sont précisément dénués de toute expression, ainsi que nous l'apprend l'oculistique[2].

Que la remarque d'Helena soit décrite par Jules Verne comme « très à propos » indique déjà la difficulté visée, celle de trouver une expression équivalente et pertinente de l'idée de sculpture ici exprimée. Cette difficulté est en outre soulignée par la critique du ridicule Aristobulus Ursiclos, qui consiste à dire, en gros, que

1. S. Cavell, « L'évitement de l'amour ("Le Roi Lear") », *Dire et Vouloir Dire*, *op. cit.*, p. 485.

2. Jules Verne, *Le Rayon vert*, *op. cit.*, p. 173-174.

puisqu'un sourire est une propriété parasitaire de la bouche, il est absurde de parler d'yeux qui sourient : ce serait une impossibilité logique, un non-sens. Pourtant, en combinant ainsi les expressions de « sourire » et d'« yeux » et en retrouvant un usage assez ordinaire, d'ailleurs employé plus haut par Jules Verne lui-même lors de la description du charmant Olivier Sinclair (« le sourire de son regard [...] était de nature à charmer[1] »), Helena se fait comprendre et parvient à donner une expression à l'expérience des autres spectateurs. Mieux encore, en ne renonçant pas à employer une expression dont le sens ne lui est pas nécessairement clair, elle incite le philosophe à être plus attentif aux possibilités des phénomènes qui sont visées par nos concepts de regard, d'yeux, de sourire et plus généralement d'expression et à réaliser, par exemple, que notre concept d'œil ne fonctionne pas seulement comme un nom d'organe, de même qu'en identifiant un registre « perfectionniste » de la vie morale, Stanley Cavell refuse le confort qui consiste à prêcher sur n'importe quel sujet de l'intérieur d'un système, pour préférer la fécondité et l'inconfort de celui qui veut rester ouvert à la vitalité et à la diversité des possibilités des phénomènes qui tombent sous notre concept de morale[2].

Il n'est d'ailleurs pas anodin que l'auteur qui a permis à Cavell de prendre conscience de l'existence d'un registre de la vie morale ignoré des philosophes professionnels ait, lui aussi, consacré plusieurs lignes aux pouvoirs expressifs de l'œil :

> L'œil peut menacer comme un fusil chargé et qui vous met en joue, il peut insulter comme un sifflement ou un coup de pied, et sous une autre impression, par des regards de tendresse, il peut faire bondir le cœur de joie. [...] Les yeux sont hardis comme des lions – errant, courant, sautant çà et là, près et loin. Ils parlent toutes les langues. Ils n'attendent pas de présentation ; ils ne sont pas Anglais ; ils ne demandent aucune permission d'âge ni de rang ; ils ne respectent ni

1. *Ibid.*, p. 123.

2. Cela rend vaine et presque aussi ridicule que la remarque d'Ursiclos la critique qui consiste à reprocher à Cavell de ne pas proposer une définition précise et close du perfectionnisme moral.

> la pauvreté, ni la richesse, ni le savoir, ni la vertu, ni le sexe, mais s'introduisent de force, et reviennent, et vous percent de part en part, en un moment. Quel flot de vie et de pensée se décharge par eux d'une âme dans une autre ! Le regard est un pouvoir magique naturel. La communion mystérieuse qui s'établit à travers une pièce entre deux étrangers éveille toutes les puissances de l'étonnement. La communion par le regard est en grande partie indépendante du contrôle du vouloir. C'est le symbole matériel d'une identité de nature [1].

En attirant notre attention sur le fait que le regard n'est pas autant soumis aux conventions sociales que le geste, un tel passage nous permet paradoxalement de nous rappeler que ce que nous faisons de nos yeux regarde aussi la morale, même s'il y a dans les yeux quelque chose qui résiste au conformisme et trahit l'infidélité à soi. Il attire aussi notre attention sur l'étrangeté de la relation entre le corps et l'esprit, ou plutôt sur le fait qu'il est étrange que nous tendions à les séparer. Il nous rappelle également que « la magie naturelle » d'un regard fait partie des choses qui comptent et des raisons pour lesquelles le monde et la vie que nous y menons comptent pour nous, que c'est un plaisir de se laisser inonder par la vie et la pensée qui passent d'une âme en une autre par leur intermédiaire et une expérience susceptible de nous rassurer sur notre commune identité d'êtres vivants et pensants.

La libre adaptation cinématographique qu'Éric Rohmer a faite du *Rayon vert* de Jules Verne nous offre une scène dont on peut penser qu'elle est analogue au passage sur le « sourire des yeux ». Alors que les vacances ratées de Delphine (Marie Rivière) se terminent et qu'elle se décide enfin à se laisser approcher par un homme qui lui sourit, elle lui explique que sa fidélité à elle-même et à son désir l'a conduite à vivre seule, faute d'avoir rencontré jusqu'ici un homme capable de porter un regard suffisamment « large » sur elle :

> Le regard qu'un homme peut avoir sur moi, je sais quand c'est peu de chose, quand il a vu une chose superficielle et qu'il voudrait que

1. R. W. Emerson, « La Tenue » [*Behavior*, 1860], dans *La Conduite de la vie*, trad. fr. M. Dugard, Paris, Archives Karéline, 2009 (1912), p. 161-162.

je la lui donne et moi je trouve ça trop petit de moi. C'est rare le regard d'un homme qui soit très large sur moi et que j'ai envie moi aussi d'aller vers lui et de lui donner.

Un Aristobulus Ursiclos contemporain se plaindrait sûrement de l'imprécision conceptuelle du discours ici tenu en n'y voyant rien d'autre qu'une distinction mal formulée entre un regard concupiscent et un regard qui ne l'est pas. Ce serait pourtant manquer l'essentiel et passer à côté à la fois de l'expérience vécue que cette expression de « regard très large » cherche à désigner, mais aussi du plaisir pris à suivre ce film. Quand Emerson parle un peu plus loin dans son essai des yeux comme des « fenêtres de la maison [1] » de l'esprit, il ne nous rappelle pas seulement un passage fameux de la deuxième *Méditation* de Descartes, mais aussi que ce plaisir peut en effet également être éprouvé au cinéma, les pouvoirs expressifs des films et des genres cinématographiques pouvant étonnamment bien être décrits à l'aide des termes mobilisés par Emerson pour décrire ceux des yeux.

En résumé, j'espère avoir donné des raisons de penser que la « lecture » des idées de roman ou de cinéma peut s'apparenter à un exercice d'analyse de la grammaire de nos idées et donc à un exercice proprement philosophique. Lorsque ces idées de cinéma sont des mythes dont l'importance est irréductible à leur valeur de vérité éventuelle, cette lecture a le pouvoir de nous apprendre quelque chose sur nous-mêmes. La tâche est néanmoins difficile, dans la mesure où notre attachement à ces mythes peut être fortement, voire nécessairement lié à la forme de présentation que le cinéma leur donne. Que la tâche du philosophe soit en un certain sens désespérée ne doit cependant pas le faire renoncer puisque cela serait donc succomber au scepticisme et renoncer à sa propre expérience. Qu'il ne soit pas absurde de penser que l'on ne puisse pas renoncer à sa propre expérience sans renoncer à la philosophie est ce que la suite de ce chapitre va tâcher d'expliquer.

1. *Ibid.*, p. 163 [trad. modifiée].

Cinéma, autobiographie et philosophie

S'il est un philosophe qui aura reconnu très tôt dans son œuvre l'importance et la solidarité de l'expérience vécue, de la philosophie et du cinéma, c'est bien Stanley Cavell. La première phrase de la préface à *La Projection du monde*, « Des souvenirs de cinéma se superposent fil à fil aux souvenirs de ma vie », ne veut pas seulement dire que les souvenirs de cinéma peuvent parfois se mélanger avec les « vrais » souvenirs, « les souvenirs de ma vie », comme si chacun d'entre nous savait très clairement ce qu'il faut entendre par l'expression « ma vie » et comme si nous pouvions répondre sans réflexion aux questions que pose Stanley Cavell dans *Si j'avais su* : « [Q]u'est-ce que l'histoire d'une vie ? Où est le lieu, qu'est-ce qu'une forme d'où l'on puisse la raconter[1] ? ».

Le fil des souvenirs, les ressemblances familiales et le tissu de la vie

À la métaphore du fil des souvenirs, on pourrait associer, entre autres images possibles, notamment celle du motif dans le tapis[2] partagée par Henri James et Ludwig Wittgenstein, l'image dont se sert ce dernier quand il pense la notion d'air de famille à propos de concepts ouverts ou vagues comme ceux de langage ou de jeu, à savoir l'image de la corde qui se cache derrière l'idée que les ressemblances entre les choses que l'on désigne par un concept ouvert « se chevauchent et s'entrecroisent[3]. » Wittgenstein remarque en effet que les jeux auxquels nous jouons avec le langage n'ont, comme les membres d'une même famille, « rien de commun qui justifie que nous employons le même mot pour tous, – mais [...] sont tous *apparentés* les uns aux autres de bien des façons différentes[4] ». Deux membres d'une même famille peuvent bien

1. *SJAS*, p. 216.

2. Voir Wittgenstein, « Un motif (déterminé) dans la tapisserie de la vie », dans *Remarques sur la philosophie de la psychologie* II, trad. fr. G. Granel, Mauvezin, TER, 1998, § 862 ; § 672.

3. *RP*, § 66, p. 64.

4. *RP*, § 65, p. 63.

partager, par exemple, un même nez, mais ne pas avoir la même forme de visage, tandis que le visage du premier peut rappeler celui d'un troisième et un quatrième ne partager avec le troisième et aucun autre, que la couleur de ses yeux. Wittgenstein appelle ce type de ressemblances des ressemblances familiales et dit des membres d'une même famille qu'ils partagent un « air de famille » :

> Je ne saurais mieux caractériser ces ressemblances que par l'expression d'"air de famille" ; car c'est de cette façon-là que les différentes ressemblances existant entre les membres d'une même famille (taille, traits du visage, couleur des yeux, démarche, tempérament, etc.) se chevauchent et s'entrecroisent. – Je dirai donc que les "jeux" forment une famille [1].

Cette image des ressemblances qui peuvent exister entre les divers membres d'une même famille sert à Wittgenstein pour lutter contre l'emprise de l'idée que tous nos concepts seraient aussi précis que celui de triangle. Le concept de triangle est un concept précis en ce sens que chaque figure que nous appelons correctement « triangle » doit posséder une propriété qu'elle partage avec toutes les autres, une caractéristique essentielle, plutôt qu'accidentelle, à savoir le fait d'avoir trois côtés. En nous rappelant que nous pouvons à bon droit identifier différents membres d'une même famille, sans qu'il soit nécessaire pour cela que nous ayons identifié une caractéristique qui leur serait commune à tous, Wittgenstein nous invite à remettre en cause le préjugé « philosophique » selon lequel tous les concepts devraient être des concepts précis en observant de quelle façon nous usons d'ordinaire très correctement de concepts ouverts, plutôt que précis, aussi familiers que celui de jeu. Quand on cesse en effet de vouloir trouver à tout prix entre les jeux, comme entre les différents emplois du langage, une caractéristique essentielle, qui leur serait commune à tous, on découvre qu'à l'instar des membres d'une même famille, il n'existe là non plus « rien de commun qui justifie que nous employons le même mot pour tous, – mais qu'ils sont tous *apparentés* les uns aux autres de bien des façons différentes [2] ». On

1. *RP*, § 67, p. 64.
2. *RP*, § 65, p. 63.

peut donc bien dire d'eux aussi qu'ils partagent entre eux un air de famille et l'étude de leurs ressemblances familiales nous apprend que ce qui les lie est « un réseau complexe de ressemblances qui se chevauchent et s'entrecroisent[1] », comme les fils qui composent une corde peuvent se chevaucher et s'entrecroiser. Cette image de la corde importe dans la mesure où elle signifie notamment, par analogie, que de même que la résistance de la corde sera fonction de la densité et de l'entrecroisement des différents fils qui la constituent, de même l'utilité du concept sera en partie fonction de la densité et de l'entrecroisement des similarités qui relient ses différents emplois.

Avec cette image à l'esprit, on comprend que si les souvenirs de cinéma sont comme des fils entremêlés aux souvenirs de nos vies, alors cela veut dire qu'ils n'en sont pas moins constitutifs et que chercher à décrire les premiers est un moyen de renforcer la présence des seconds, qui sont eux-mêmes susceptibles de les éclairer en retour, ce qui suffit déjà à justifier l'importance des souvenirs pour parler de cinéma. Vouloir parler de cinéma en se passant des souvenirs de sa vie serait en effet comme vouloir parler de sa vie en effaçant de sa mémoire une histoire d'amour passée : ce serait effacer aussi d'autres morceaux importants de sa biographie, comme dans le film *Eternal Sunshine of the Spotless Mind* (M. Gondry, C. Kaufman, 2004[2]) où le souvenir qu'avait le personnage de Joel Barish (Jim Carey) de sa poupée *Huckleberry Hound* (Roquet Belles Oreilles) ou de la chanson « *Oh my darling Clementine* » (que lui chantait sa mère quand elle le baignait dans l'évier de la cuisine et qui est la chanson que ne cesse d'entonner le personnage du dessin animé) ont été effacés de sa mémoire, de manière scientifictive selon le procédé mis au point par l'entreprise *Lacuna, Inc.*, en même temps que le souvenir de son ex-petite amie, Clementine Kruczynski (Kate Winslet[3]). À la suite de

1. *RP*, § 66, p. 64.

2. Le film est évoqué dans les *Mémoires* de Cavell. Voir Cavell, *SJAS*, p. 297-298.

3. C. D. C. Reeve, « Two Blue Ruins : Love and Memory in *Eternal Sunshine of the Spotless Mind* », in *Eternal Sunshine of the Spotless Mind*, Chr. Grau (ed.), « Philosophers on Film », London-New York, Routledge, 2009, p. 17.

C. D. C. Reeve, on peut en effet concevoir une relation amoureuse comme un métier à tisser qui lie des vies l'une avec l'autre en un tissu qu'il est difficile de détisser[1], une difficulté qui n'est pas sans rappeler la difficulté de la philosophie elle-même.

Fils conceptuels, nœuds mentaux et philosophie

L'image des fils de souvenirs dont sont faites les cordes conceptuelles dont nous usons pour nous saisir du monde ou des autres, ou encore, ce qui revient au même, auxquelles nous nous rattrapons pour ne pas nous effondrer, permet en effet que l'on qualifie la nature de la difficulté ici visée de « philosophique ». Le problème vient de ce que nos fils conceptuels s'emmêlent facilement et ce d'autant plus que nous avons trop tendance à nous y agripper quand il nous faudrait apprendre à lâcher prise, en ne perdant pas de vue ce dont nous avons réellement besoin. Comme l'écrit Wittgenstein, la philosophie essaie d'apporter une solution à cette difficulté en tant qu'elle « défait dans notre pensée les nœuds que nous y avons introduits de façon insensée ; mais c'est pour cela qu'il lui faut accomplir des mouvements aussi compliqués que le sont ces nœuds[2]. »

Dans les pratiques ordinaires où nous pouvons être confrontés à des nœuds, à savoir la couture, la pêche, l'informatique, etc., quand nous ne tenons pas aux fils ainsi emmêlés ou quand nous disposons d'autres fils qui pourraient venir les remplacer, nous pouvons préférer détruire les nœuds, en les coupant à l'aide d'un instrument tranchant, à la façon dont Alexandre le Grand trancha ou fit trancher le nœud gordien, ou en les brûlant, bref en trouvant une méthode qui permette de les faire disparaître. C'est cette méthode que propose l'entreprise *Lacuna, Inc.* : si nos souvenirs sont comme un ensemble d'images dont le collage constitue le film mental de notre vie, alors on pourrait dire que *Lacuna, Inc.* propose à ses clients de couper certaines séquences au montage, afin de ne plus souffrir de

1. *Ibid.*, p. 18.

2. Wittgenstein, *Remarques philosophiques*, trad. fr. J. Fauve, Paris, Gallimard, 1975, I, § 2, p. 53.

réminiscences, c'est-à-dire de ne plus avoir à regarder ces passages pénibles. Les philosophes ont souvent été tentés de procéder ainsi, qu'il s'agisse de faire table rase du passé en détruisant toutes leurs anciennes opinions, de limiter les prétentions du savoir afin de protéger le domaine de la croyance ou de renoncer à la question « pourquoi » au profit de la question « comment », c'est-à-dire aujourd'hui de « naturaliser » les différents champs de problèmes philosophiques.

Il est pourtant certain qu'il ne suffit pas de détourner les yeux d'un problème pour le faire disparaître et que ce procédé crée lui-même de nouvelles et très sérieuses difficultés. Renoncer à trouver la réponse d'une question qui nous tient à cœur peut même conduire à un état d'esprit mélancolique. Dans *Eternal Sunshine of the Spotless Mind*, c'est évidemment l'expérience que vit Joel au début du film, son blues étant notamment souligné par l'usage de la couleur bleue [1]. Mais c'est aussi l'expérience que vit Clementine, avec ses cheveux couleur « *Blue ruin* », et qui se sent mal dans sa peau, comme une étrangère dans son esprit : « Je suis perdu. J'ai peur. J'ai l'impression d'être en train de disparaître. Ma peau s'en va ! Je vieillis ! Rien n'a plus aucun sens pour moi ! », dit-elle à Patrick, en décrivant ainsi tous les symptômes de la mélancolie repérés par Freud, à savoir

> une humeur dépressive profondément douloureuse, une suppression de l'intérêt pour le monde extérieur, [...] la perte de la capacité d'amour, [...] l'inhibition de toute activité et l'abaissement du sentiment de soi [2].

Condamnée à faire son deuil d'une perte qu'elle a oubliée, elle souffre depuis d'une humeur inaltérable dont elle ne connaît pas la cause [3]. Nous pouvons en induire que, de même que l'effacement

1. Voir G. Toles, « Trying to remember Clementine », *Eternal Sunshine of the Spotless Mind*, Chr. Grau (ed.), *op. cit.*, p. 114.

2. S. Freud, « Deuil et mélancolie » (1915), *Métapsychologie*, trad. fr. J. Altounian, A. Bourguignon, P. Cotet et A. Rauzy, dans *Œuvres complètes. Psychanalyse*, vol. XIII, 1914-1915, Paris, P.U.F., 1988, p. 262.

3. Voir G. Toles, « Trying to remember Clementine », *op. cit.*, p. 116.

des souvenirs d'une relation amoureuse, en tant qu'ils sont nécessairement liés fil à fil avec d'autres souvenirs – parmi les plus importants de notre vie –, produit dans le film un sentiment de perte et d'abattement très douloureux dont rien n'assure qu'on puisse s'en relever, de même vouloir se sortir des problèmes philosophiques en les effaçant artificiellement fait courir le risque d'oublier jusqu'à l'origine du sentiment de vertige ou de perte qui nous fait souffrir.

Ce que la philosophie essaie de faire : le dénouement conceptuel

Résoudre un problème philosophique ne peut donc se faire sans une activité de dénouement conceptuel, qui requiert que le philosophe ait lui-même fait l'expérience des nœuds qu'il entend aider son lecteur à dénouer, qu'il accepte, pour mobiliser une autre métaphore de Wittgenstein, de se « laisser traîner dans la boue [1] » du problème philosophique, c'est-à-dire qu'il « se pénètre [lui]-même si profondément du problème que la réponse du sens commun en devienne insoutenable [2] ». Autrement dit, une activité authentiquement philosophique comprendra nécessairement un rapport au vécu du philosophe, à l'expérience subjective qu'il fait du nœud conceptuel qu'il entend dénouer ou de la « crampe mentale [3] » qu'il cherche à soulager, et la compréhension du problème sera d'autant plus riche que cette expérience sera moins artificielle, c'est-à-dire davantage fondée sur la vie du philosophe [4].

Si les souvenirs permettent en effet de « ne pas court-circuiter les problèmes en philosophie », ils constituent aussi la source indépassable d'un remède ou d'un soulagement authentique éven-

1. Wittgenstein, *Les Cours de Cambridge 1932-1935*, établi par A. Ambrose, bilingue, trad. fr. É. Rigal, Mauvezin, TER, 1992, p. 134-135.

2. *Ibid.*

3. Wittgenstein, « Cahier bleu », dans *Le Cahier bleu et le Cahier brun* (1933-1935), trad. fr. M. Goldberg et J. Sackur, Paris, Gallimard, 1996, p. 35.

4. Outre Wittgenstein, on pourra compter parmi ces philosophes qui fondent l'activité philosophique sur un questionnement autobiographique au moins Kierkegaard et Nietzsche, Thoreau et Emerson, l'Augustin des *Confessions*, Socrate quand il rencontre Diotime, Alicibiade ou d'autres. Voir E. F. Mooney, *Lost Intimacy in American Philosophy : Recovering Personal Philosophy from Thoreau to Cavell*, New York, Continuum, 2009, p. 95-96.

tuel, dans la mesure où ces difficultés conceptuelles ne réclament pas de nous de chercher davantage d'informations, mais de faire un effort pour interroger notre manière de voir, de penser et de nous souvenir, bref de revenir non seulement sur les concepts que nous utilisons pour nous rapporter à notre expérience, mais aussi sur les images, les exemples, les souvenirs qui soutiennent et, parfois, biaisent l'usage que nous faisons de nos concepts. Wittgenstein le dit ainsi : « Le travail du philosophe consiste à amasser des souvenirs dans un but déterminé [1]. » Aussi, lire philosophiquement les *Recherches philosophiques* de Wittgenstein, c'est pratiquer une sorte d'exercice spirituel au moyen duquel on cherche à mieux voir ce que nous ne voyons pas, mais qui est pourtant sous nos yeux, à reconnaître ce que nous savons déjà, mais qui nous échappe néanmoins, bref à mieux nous rappeler de ce que nous ne pouvons pas manquer de savoir. Dans un article de 1964 intitulé « Existentialism and Analytical Philosophy », Cavell reliait cette idée à celle de « vue synoptique » :

> [L'expression de] « vue synoptique » (*perspicuous representation*) [...] veut dire, en gros, que plutôt que d'accumuler de nouveaux faits ou de capturer l'essence du monde dans des définitions, ou de perfectionner ou de compléter notre langage, ce dont nous avons besoin est d'arranger les faits que nous connaissons déjà ou dont nous pouvons prendre conscience simplement en nous souvenant (*merely by calling to mind*) de quelque chose que nous savons déjà [2].

Si cet exercice de dénouement mérite d'être qualifié de philosophique, c'est parce qu'il s'agit bien d'accomplir « des mouvements aussi compliqués que le sont [l]es nœuds [3] » en détachant ou séparant les fils mémoriaux et conceptuels les uns des autres afin qu'ils retrouvent la place qui est la leur dans nos vies et dans nos esprits.

1. *RP*, § 127, p. 88.
2. S. Cavell, « Existentialism and Analytical Philosophy », art. cit., p. 964.
3. *RP*, I, § 2, *op. cit.*, p. 53.

Cette idée justifie en partie la primauté accordée par Cavell et Wittgenstein à la description sur l'explication et la discussion en philosophie[1] en même temps qu'elle permet de deviner l'importance des changements que la philosophie peut provoquer en un individu. En effet, si la philosophie apparaît dans ces moments de perte, de vacillement de nos certitudes quant à la valeur et à l'importance de nos croyances et de nos désirs, elle peut permettre, quand l'activité de dénouement est bien menée, de nous révéler nos besoins réels que nos certitudes nous cachaient jusque-là. Ou, pour reprendre un leitmotiv wittgensteinien de Cavell : « Nos recherches doivent être retournées sur l'axe de nos besoins réels[2]. »

Cette phrase de Wittgenstein est une énigme qui a tout pour créer une nouvelle crampe mentale dans nos esprits. Instruit par les clarifications de *Si j'avais su*[3], j'aimerais me saisir de ce nœud conceptuel en évoquant de nouveau le film *Eternal Sunshine of the Spotless Mind* (2004) de Michel Gondry et Charlie Kaufman.

Philosophie, vue synoptique et idées de cinéma

Conformément à sa volonté de lire les *Recherches philosophiques* de Wittgenstein comme des confessions de leur auteur, Cavell entend l'expression de « besoins réels » en un sens plus fort que celui qu'un autre lecteur pourrait être tenté de lui donner. En effet, une interprétation usuelle de cette phrase la rapprocherait du projet wittgensteinien de reconduire « les mots de leur usage métaphysique à leur usage quotidien[4] », en entendant par là l'idée qu'il faudrait montrer au philosophe que, contrairement à ce que pourrait laisser croire la correction grammaticale superficielle de ses phrases, l'emploi qu'il fait des termes n'est pas conforme à l'usage ordinaire, ce qui, puisque « [l]'utilisation du mot dans la

1. *SJAS*, p. 288. Voir *RP*, § 109, p. 84 et § 126, p. 88.
2. *RP*, § 108, p. 83 [trad. modifiée].
3. Voir *SJAS*, p. 131-132 ; 528 et 604.
4. *RP*, § 116, p. 85.

pratique est son sens [1] », priverait nécessairement son discours de signification. Plutôt que de chercher à donner à ses concepts « la pureté du cristal [2] », ce dont le philosophe aurait réellement besoin serait de revenir au « sol rugueux [3] » de nos usages ordinaires.

Que Cavell entende cette expression de « besoins réels » en un autre sens et plus directement en rapport avec l'expérience vécue est attesté par les occurrences de l'expression dans *Si j'avais su* [4], et notamment par le passage où il rend compte de son rapport à Freud : « Chez Freud, l'explication était omniprésente et pouvait s'avérer ou ne pas s'avérer convaincante. Ce qui était incontestable était les cas cliniques, la description des symptômes et de leurs articulations [5]… » Comme le contexte de cette parenthèse est le paragraphe où Cavell identifie la tâche de la philosophie qui compte pour lui à la description, plutôt qu'à l'explication ou à la discussion, et explique que le moment où il eut cette pensée « préparait la route pour qu'Austin et ensuite le second Wittgenstein aient pour [lui] une importance décisive, et barra en un sens la route à un recours aux découvertes de Freud [6] », il est légitime de penser que, pour Cavell, l'activité de « description des symptômes et de leurs articulations » n'est pas sans rapport avec notre besoin d'atteindre une représentation synoptique en tant qu'elle « nous procure la compréhension qui consiste à « voir les connexions [7] » ». En effet, si l'intérêt de décrire les articulations entre les symptômes est de permettre de comprendre que, par exemple, mon problème n'est pas que je n'arrive pas à satisfaire un certain désir, mais que mon obsession de ce désir m'empêche de reconnaître mes besoins réels, une reconnaissance qui conditionne la reconnaissance d'autres désirs, et de plus authentiques, alors on pourrait décrire l'intérêt

1. Wittgenstein, *Cahier bleu*, *op. cit.*, p. 127.
2. *RP*, § 108, p. 83.
3. *Ibid.*, § 107, p. 83.
4. Voir *SJAS*, p. 132 ; 548 ; 604.
5. *SJAS*, p. 288.
6. *Ibid.*
7. *RP*, § 122, p. 87.

d'atteindre « *une vue synoptique* de l'emploi de nos mots[1] » ainsi : mon problème n'est pas que l'image que je me fais de l'emploi du mot est inadéquate, mais que mon obsession de cette image (« Une *image* nous tenait captifs[2]. ») m'empêche de reconnaître les besoins réels que nous avons du mot, une reconnaissance qui conditionne la reconnaissance d'autres images de cet emploi, et de plus authentiques.

Pour illustrer ce point et tâcher de mieux comprendre la citation de Wittgenstein qui nous intéresse, on peut essayer de proposer une « vue synoptique » de l'articulation des besoins et des symptômes de Joel dans *Eternal Sunshine of the Spotless Mind*, un film sorti l'année de la fin de la rédaction de *Si j'avais su*. On a tâché de montrer que le film était un héritier contemporain du genre des comédies du remariage[3] et l'idée n'est en effet pas absurde, tant les personnages de Joel et de Clementine peuvent rappeler ceux de David Huxley et de Susan Vance dans *L'impossible Monsieur Bébé*[4], qu'on songe à la maladresse et à l'immaturité de Joel, ou au rôle d'éducatrice de Clementine, entre autres choses. Le problème de Joel, nous dit sa voix au début du film, est qu'il est incapable de regarder une femme inconnue dans les yeux, ce qui aurait pour conséquence de le condamner à une vie morne et sans histoire et de tomber amoureux de chaque femme qui semble s'intéresser à lui. Il aurait donc besoin de rencontrer une femme qui n'ait pas peur de l'aborder d'elle-même et dont l'énergie et la beauté rayonneraient suffisamment pour le sortir des ténèbres de son existence. On peut représenter les choses comme dans la figure ci-dessous :

1. *Ibid.*

2. *Ibid.*, § 115, p. 85.

3. Voir M. J. Meyer, « Reflections on Comic Reconciliations : Ethics, Memory, and Anxious Happy Endings », *Journal of Aesthetics and Art Criticism*, 2008, 66 : 1, p. 77-87.

4. Voir W. Day, « I Don't Know, Just Wait. Remembering Remarriage in *Eternal Sunshine of the Spotless Mind* », in *The Philosophy of Charlie Kaufman*, D. LaRocca (dir.), University Press of Kentucky, 2011, p. 141.

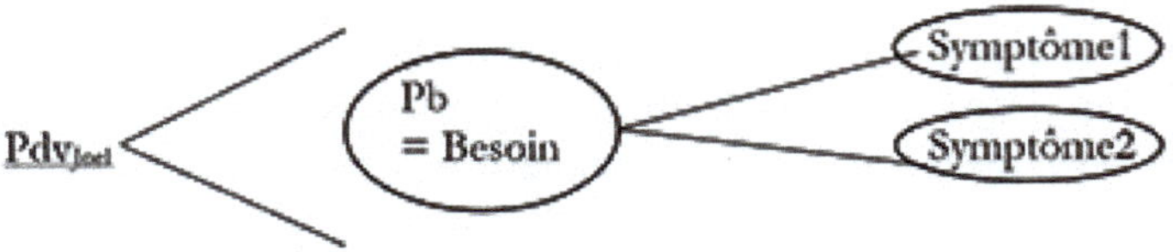

Fig. 1 : Panorama des relations des symptômes et des besoins de Joel du point de vue (Pdv_{Joel}) de Joel au début du film

Or, Clementine va lui donner une leçon en lui offrant l'occasion de grandir lorsque, avant même de s'engager avec lui, elle le prévient qu'il ne doit pas attendre d'elle qu'elle résolve les problèmes que lui seul est en mesure en régler.

Fig. 2 : *Eternal Sunshine of the Spotless Mind* (M. Gondry, 2004). Prod DB © Focus Features

Il reconnaît lui-même avoir été à l'époque incapable d'entendre cet avertissement, ce qui signifie qu'il lui aura fallu passer par le long processus de remémoration que lui a paradoxalement imposé la procédure d'effacement de ses souvenirs pour en comprendre le sens et l'importance. C'est ce progrès dans la connaissance de soi que manifeste sa réponse à la reprise de cet avertissement dans la scène du couloir, à la fin du film :

Fig. 3 : *Eternal Sunshine of the Spotless Mind* (M. Gondry, 2004).
Prod DB © Focus Features

En faisant l'expérience scientifictive qui consiste à se remémorer artificiellement chacun de ses souvenirs de Clementine, Joel va s'apercevoir qu'il prend le problème à l'envers : c'est parce qu'il a une vie morne et sans histoire qu'il tombe amoureux de chaque femme qui semble s'intéresser à lui et est incapable de regarder une femme inconnue dans les yeux. Son besoin réel n'est pas un besoin d'amour, car l'amour de Clementine, dut-il éternellement éclairer et réchauffer son existence, ne suffirait pas à apaiser son malaise, mais une manière de vivre qui fasse disparaître son problème, ce qui suppose également, dans son cas, de se défaire de la présomption fausse selon laquelle sa vie ne commencera que quand il aura trouvé un rayon de soleil éternel. C'est ce que Clementine lui a pourtant dit avant même de s'engager dans une relation avec lui, mais son problème l'avait empêché, jusqu'ici, d'y prêter attention. De même que, pour Aristote, le plaisir authentique ne vient couronner que l'activité réussie, on pourrait dire que l'amour de Clementine ne pourra venir couronner qu'une vie épanouie. Grâce à ses réminiscences, Joel a su faire pivoter ses désirs sur l'axe de ses besoins réels, ce qu'essaie de représenter la figure 4 :

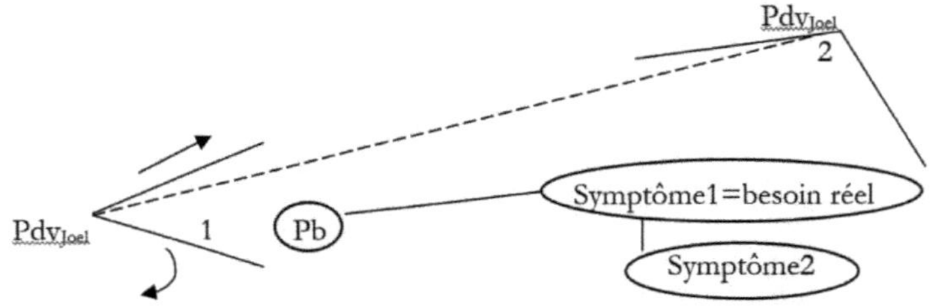

Fig. 4 : Panorama des relations des symptômes et des besoins de Joel du point de vue (Pdv_{Joel}) de Joel à la fin du film

Mais si c'est parce qu'il a une vie morne et sans histoire qu'il tombe amoureux de chaque femme qui semble s'intéresser à lui, pourquoi Joel a-t-il une vie si morne et sans histoire? Pourquoi est-il incapable de regarder une femme inconnue dans les yeux? Et pourquoi pense-t-il que Clementine, une jeune femme qui semble par ailleurs pleine de ressources, serait incapable de s'occuper d'un bébé?

Je voudrais suggérer que l'on peut voir ce film comme la description d'une quête autobiographique menée par le personnage de Joel en vue de faire un travail de deuil vis-à-vis d'attachements qui l'ont jusqu'ici empêché d'orienter réellement son désir vers la vie qu'il lui était donné de vivre avec Clementine. Artificiellement induit par le procédé scientifictif de la firme *Lacuna, Inc.*, le processus de remémoration de leur histoire et, au-delà, de l'histoire personnelle de Joel, l'amène à identifier le mode de formation des nœuds ou complexes qui ont conduit le couple aux problèmes qui ont précipité sa fin. Armé de ce nouveau savoir qu'il inscrit au même niveau de profondeur dans son esprit que le monstre qu'il a découvert au fond de son propre abîme, Joel pense enfin être en mesure de changer, c'est-à-dire de transformer sa manière de voir et de vivre sa vie, suffisamment pour y accueillir l'amour de Clementine et peut-être pour faire une place à un nouvel être et à l'avenir.

Les deux axes de la forme de vie humaine, l'influence souterraine du cinéma sur la philosophie et les vertus philosophiques du panoramique

Ces représentations, panoramas ou vues synoptiques des symptômes et des besoins de Joel présentent trois intérêts. Le premier intérêt est de nous donner une image de la façon dont des recherches peuvent être retournées sur l'axe de besoins réels et de la double précision cavellienne dans *Si j'avais su*, à savoir que ces besoins réels doivent eux-mêmes faire l'objet d'une recherche et que notre besoin se définit bien souvent contre ce qu'Emerson appelle « nos conformismes » ou ce que Wittgenstein entend parfois par conventions, cet axe de nos besoins réels pouvant être conçu doublement comme un axe vertical, biologique qui situe la forme de vie humaine parmi d'autres formes de vie et comme un axe horizontal, « ethnologique ou conventionnel », qui révèle l'importance de ces besoins en les situant dans le contexte de manières de faire et de penser propres à un groupe humain donné [1].

Le deuxième intérêt de cette représentation est de mettre en évidence l'importance d'un projet de recherche qui porterait sur l'influence plus ou moins souterraine du cinéma sur les philosophes du XXe siècle, dont on peut donner un échantillon à partir de Wittgenstein et Cavell. Si l'on accepte de parler de ces représentations synoptiques de la mentalité de Joel comme d'esquisses de paysages mentaux ou intellectuels, alors on sera peut-être sensible au caractère cinématographique du vocabulaire mobilisé par Wittgenstein dans la préface à ses *Recherches philosophiques* : il parle de ses paragraphes comme pouvant constituer « des séquences relativement longues sur un même objet [2] » ou « [passant] (*jump*) brusquement d'un domaine à un autre » comme dans un montage cinématographique ; comme « des esquisses de paysages nées de [...] longs parcours compliqués » d'un peintre ou d'un dessinateur

1. *SJAS*, p. 132.

2. Les citations de ce paragraphe proviennent de Wittgenstein, *RP*, préface, p. 21-22.

de concepts, certes, mais il nous dit aussi que ces tableaux ont dû être triés, comme quand on visionne des *rushs* au montage, et qu'il a fallu « réorganiser ou même retoucher » ceux qui n'avaient pas été écartés, avant de dire de son livre qu'il ne constitue « donc en réalité qu'un album ». Surtout, quand il écrit que « sans cesse les mêmes points, ou presque les mêmes, ont été abordés à nouveau à partir de directions différentes », on ne peut pas ne pas penser, à l'instar de Philipp Schmerheim, qui a attiré notre attention sur ces éléments dans sa thèse sur les films sceptiques [1], à la façon dont la caméra peut filmer un même lieu selon différents points de vue.

Cette dernière remarque conduit au troisième intérêt de cette représentation, à savoir que l'analogie qui se cache peut-être derrière la mystérieuse citation de Wittgenstein est cinématographique, et qu'elle renvoie même, plus précisément, au mouvement qui consiste à faire pivoter (à retourner) la caméra sur son axe, à savoir : le panoramique. Conjugué à un travelling (vertical, horizontal, latéral ou oblique), ce mouvement de caméra permet, comme la « *übersichtliche Darstellung* », de rendre les positions relatives des objets filmés plus sensibles, c'est-à-dire de faire apparaître leurs articulations. Mais si la méthode préconisée par Wittgenstein semble empruntée au cinéma et si la préface paraît présenter les *Recherches philosophiques* comme un film qui nous fait voyager dans des paysages intellectuels, alors il semble bien que le cinéma, surtout quand on réfléchit sur lui en suivant les recommandations de Cavell, c'est-à-dire en cherchant à décrire les impressions que font sur nous les films qui comptent pour nous, ait un fort pouvoir philosophique. C'est évidemment ce que n'a pas manqué d'observer Stanley Cavell depuis longtemps, au point qu'on pourrait dire que des idées de cinéma se superposaient fil à fil à ses idées philosophiques [2], quand il articulait, par exemple, l'idée de « point central en mouvement »

1. Ph. Schmerheim, *Skepticism films : Knowing and doubting the world in contemporary cinema*, PhD thesis, Faculty FGw : Amsterdam School for Cultural Analysis (ASCA), 2013, http://dare.uva.nl/document/2/130582, consulté le 20 mars 2018.

2. « Si jamais je puis avoir raison au sujet d'une idée philosophique, c'est parce que précisément, cette idée n'est pas de moi. » *SJAS*, p. 592

à partir de sa lecture d'Emerson, « en constatant que chaque phrase d'un article de lui pouvait se comporter comme la phrase centrale du paragraphe où elle se trouvait [1] », – ce qui, à mon sens, est un constat que l'on pourrait faire à propos de nombreux textes de Stanley Cavell –, ou quand il remarquait, dans *La Projection du monde*, comment l'utilisation du *flashback* dans un film comme *Hiroshima, mon amour* (A. Resnais, 1959)

> signifi[e] en général ce que n'importe qui devinerait : la présence du passé, le caractère passé du passé. Dans ce film, [les plans flash] représentent des moments dans la conscience d'une femme dont la vie est devenue un effort pour empêcher passé et présent de s'étouffer l'un l'autre, et pour empêcher son présent et le présent du monde de se trahir l'un l'autre [2].

Fig. 5 : *Hiroshima, mon amour* (Alain Resnais, 1959).
Prod DB © Argos Films

L'idée qu'il faut « [e]mpêcher passé et présent de s'étouffer l'un l'autre, et […] empêcher son présent et le présent du monde de se trahir l'un l'autre » n'est pas seulement une idée que Stanley Cavell a trouvée dans un film, avant de la noter dans un livre, et ce n'est pas non plus une idée à laquelle il se rapporte comme à une vérité scientifique ou historique. Cette idée a joué un tout autre rôle

1. *SJAS*, p. 528.
2. *PM*, p. 182.

dans son existence, dans la mesure où « empêcher son présent et le présent du monde de se trahir l'un l'autre » était déjà son effort dans *La Projection du monde*, pour retrouver le juste rapport à ses expériences passées et présentes du cinéma. Elle joue encore ce rôle dans *Si j'avais su*, où Cavell mène à bien ce que Montaigne appelle « la plus grande besogne de toutes », que l'on peut à bon droit identifier avec la tâche de « contrôler son expérience », de ne pas la manquer :

> — Avez-vous su méditer et manier votre vie ? Vous avez fait la plus grande besogne de toutes. » [...] Composer nos mœurs est notre office, non pas composer des livres et gagner, non pas des batailles et provinces, mais l'ordre et tranquillité à notre conduite. Notre grand et glorieux chef-d'œuvre, c'est vivre à propos [1].

Travail de deuil, travail philosophique et expérience cinématographique

La référence à Montaigne et à *Hiroshima, mon amour* nous permet finalement de revenir sur la relation des souvenirs à la philosophie. En effet, si « philosopher, c'est apprendre à mourir [2] », c'est peut-être aussi en ce sens où le « travail de deuil » consiste à défaire les liens qui me relient affectivement à l'objet perdu, ce qui suppose de revenir sur chacun des souvenirs et chacune des attentes qui nous lient encore malgré sa disparition. En effet, si Freud a raison de décrire le deuil comme « la réaction à la perte d'une personne aimée ou d'une abstraction venue à sa place, comme la patrie, la liberté, un idéal, etc [3]. », par laquelle l'individu commence par se révolter contre l'exigence du réel de renoncer au désir de renouer les liens qui nous reliaient à l'objet perdu, alors sa description du processus douloureux au cours duquel il en vient à se libérer de cet attachement pour tourner son désir vers d'autres objets semble

1. Montaigne, *Essais*, III, 13, « De l'expérience », Paris, GF-Flammarion, 1979, p. 320 [orthographe modernisée].
2. Montaigne, *Essais*, I, 20, Paris, GF-Flammarion, 1969, p. 127-142.
3. S. Freud, « Deuil et Mélancolie », *op. cit.*, p. 261-262.

également correcte : « Le détachement ne s'accomplit que dans la mesure où chacun des souvenirs, chacun des espoirs qui relie le désir à l'objet est rappelé et émotionnellement surinvesti [1] ».

Plus que d'un changement de perspective purement visuel ou conceptuel, la quête philosophique d'une vue synoptique est celle d'une transformation douée d'une dimension affective, voire libidinale, qu'il faudrait aussi prendre en compte : on ne renonce pas sans peine aux abstractions conceptuelles et c'est pourquoi Wittgenstein écrit qu'il s'agit bien de faire basculer les recherches philosophiques sur l'axe de nos besoins réels. Chaque souvenir et chaque attente que nous avions associés à ces idées doivent être rappelés et avec eux la charge émotionnelle dont ils sont porteurs, si l'on souhaite sortir de l'état dans lequel peuvent nous mettre les problèmes philosophiques, un état dont les caractéristiques, on l'a vu, ne sont pas sans rappeler la description freudienne du deuil, à savoir la douleur, la perte d'intérêt pour le monde extérieur, la perte du désir et l'abandon de toute activité.

Si cette analogie entre travail du deuil et travail philosophique est correcte, alors on peut tenter de la développer en reliant une observation de Freud et une idée fameuse de la théorie du cinéma. Dans « Deuil et mélancolie », Freud observe en effet que la révolte contre l'exigence de se détacher affectivement de l'objet perdu « peut être si intense qu'on en vienne à se détourner de la réalité, et à maintenir l'objet par une psychose hallucinatoire de désir [2]. » Or, dans un texte célèbre [3], Jean-Louis Baudry a tâché de montrer comment l'on pouvait concevoir une double analogie systématique pour éclairer l'expérience cinématographique par l'expérience des prisonniers dans la Caverne de Platon [4] et l'expérience onirique, à condition de les tenir toutes les trois comme résultant d'un même

1. *Ibid.*, p. 263 [trad. modifiée].

2. *Ibid.* [trad. modifiée].

3. J.-L. Baudry, « Le dispositif : approches métapsychologiques de l'impression de réalité » *Communications*, 1975, vol. 23, n° 1, p. 56-72.

4. Voir Platon, *République*, VII, 514 a-519 c, trad. fr. G. Leroux, Paris, GF-Flammarion, 2002, p. 358-365.

double processus de transformation des pensées inconscientes en images, c'est-à-dire de production de fantasmes, et d'hallucination où le fantasme ainsi constitué est pris pour une perception sensorielle : les ombres de la Caverne, comme le rêve ou le film relèveraient ainsi d'« une psychose hallucinatoire de désir [1] » puisqu'il s'agirait dans chaque cas d'induire un état dans lequel des représentations mentales sont tenues pour des perceptions de la réalité.

En tenant pour acquises les critiques soulevées contre cette identification de l'expérience onirique et de l'expérience cinématographique [2], c'est-à-dire en renonçant aux explications freudiennes ou héritées de Freud, on peut néanmoins défendre le caractère instructif de sa description du tableau clinique du deuil pour rendre compte du rôle que le cinéma peut jouer dans l'adoption d'une vue synoptique qui soit une authentique transformation conceptuelle et affective. Dans la mesure où le film est une projection du monde susceptible de provoquer en nous des expériences cousines du rêve éveillé [3], il offre à celui qui se détourne ainsi de la réalité pour maintenir sa croyance en un objet conceptuel qu'il se sait pourtant avoir perdu, la possibilité d'une rupture lente et progressive en jouant le même rôle que la réalité dans le cas du deuil d'une personne aimée :

> Sur chacun des souvenirs et des situations d'attente pris un à un, qui montrent que la libido est rattachée à l'objet perdu, la réalité apporte son verdict, à savoir que l'objet n'existe plus, et le moi, en quelque

1. S. Freud, « Complément métapsychologique à la doctrine du rêve » (1915), *Métapsychologie*, *op. cit.*, p. 253 [trad. modifiée].

2. Voir les critiques bien connues de Jean-Louis Baudry par Christian Metz dans Chr. Metz, « Le film de fiction et son spectateur », dans *Le signifiant imaginaire. Psychanalyse et cinéma*, Paris, Christian Bourgois, 2002 (1977), p. 121-175 et les critiques de Jean-Louis Baudry et de Christian Metz par Noël Carroll dans *Mystifying Movies : Fads and Fallacies in Contemporary Film Theory*, New York, Columbia University Press, 1988 et de G. Currie dans *Image and Mind. Film, Philosophy, and Cognitive Science*, Cambridge, Cambridge University Press, 1995.

3. Voir Chr. Metz, « Le film de fiction et son spectateur », *op. cit.*, p. 173-174 et M. Wolfenstein, N. Leites, *Movies : A Psychological Study*, New York, Atheneum, 1970, p. 12-13.

> sorte placé devant la question de savoir s'il veut partager ce destin, se laisse déterminer, par la somme des satisfactions narcissiques, à rester en vie, à dénouer sa liaison à l'objet anéanti [1].

En nous permettant de visionner un monde où l'objet conceptuel perdu n'existe pas ou plus, certains films nous placent devant la question de savoir si nous souhaitons en demeurer absents ou si ce monde n'offrirait pas des satisfactions à celui qui accepterait d'y vivre malgré l'absence de l'objet perdu. C'est très exactement la question que le personnage joué par James Stewart est amené à se poser dans le film de Frank Capra, *La Vie est belle* (*It's a Wonderful Life*, 1946), puisqu'au moment de se suicider, il lui est offert d'observer ce que serait le monde sans lui et de se rendre compte de ce qui y est réellement important. À l'instar de ce qui arrive à George Bailey, le cinéma nous offre l'occasion d'observer ce que serait le monde sans certains de nos concepts et nous apprend à nous en détacher en même temps qu'à en retrouver d'autres. Mais cette occasion peut être manquée si nous ne prenons pas garde de « contrôler notre expérience », c'est-à-dire de la laisser nous instruire au moins autant que nous nous efforçons de ne pas la rater.

En continuité avec les idées de cinéma déjà relevées par Stanley Cavell dans *La Projection du monde* et commentées dans *La Philosophie d'après le cinéma* et en creusant le sillon ouvert par ses autres œuvres et textes sur le cinéma, je tente donc de proposer, dans ce qui suit, des échantillons de lectures qui cherchent à montrer comment on peut faire du contrôle de l'expérience cinématographique une occasion de mieux penser.

1. S. Freud, « Deuil et mélancolie », *op. cit.*, p. 274.

CHAPITRE II

LES RÉVÉLATIONS CINÉMATOGRAPHIQUES DE L'ORDINAIRE

Le chapitre précédent a cherché à défendre le projet cinéthique poursuivi dans ce livre, en avançant les raisons de la pratique « cinématographique » de Stanley Cavell, c'est-à-dire de son activité d'écriture philosophique avec, ou d'après, le cinéma. L'expérience cinématographique offre en effet, à celui qui est prêt à exercer la lecture de films, l'occasion d'articuler des idées de cinéma susceptibles de lui rappeler certaines choses sur le monde et sur lui-même qui pourront l'aider à dénouer les nœuds conceptuels qui l'empêchent de penser et d'agir.

Mais Cavell n'est pas le seul penseur du cinéma à accorder aux films un pouvoir de révélation, ni le seul philosophe à faire de l'activité qui consiste à déterminer les idées qui rendent possibles la connaissance et l'action une partie essentielle de la philosophie. En situant brièvement le rôle de sa réflexion sur le cinéma dans sa trajectoire philosophique en même temps qu'en rapprochant sa démarche de celles de penseurs qui lui sont, sur ces points, apparentés, ce chapitre entend montrer l'importance du moment « cinématographique » de la philosophie, rappeler l'existence de deux traditions injustement méconnues en même temps que poursuivre l'effort pour éclairer les modalités et les pouvoirs éthiques de la lecture d'œuvres cinématographiques.

La réanimation du monde par le cinéma chez Cavell et la rédemption de la réalité matérielle chez Kracauer

La réanimation cinématographique du monde

L'un des éléments caractéristiques de la manière dont Cavell a hérité de ce qu'on appelle la « philosophie du langage ordinaire », c'est-à-dire en gros de la philosophie d'Austin et de Wittgenstein, est d'avoir pris, et d'avoir fait prendre, le scepticisme plus au sérieux. Plutôt que de faire du sceptique un personnage de diatribe vis-à-vis duquel le philosophe pourrait trop aisément mettre en valeur son astuce et sa rigueur logique, Cavell conçoit le scepticisme comme une attitude potentiellement universelle dans la mesure où son ancrage est d'abord ordinaire, pratique, plutôt que théorique : le scepticisme est une expérience vécue. Dès 1964, il reconnaissait à Kierkegaard et à Nietzsche, le mérite d'avoir découvert ou redécouvert le fait que la recherche théorique renvoie à une façon de vivre, c'est-à-dire à une attitude révélatrice de la façon dont on se rapporte à cette expérience vécue du scepticisme. Par la suite, il fera fructifier la description nietzschéenne des mobiles du « chercheur de la connaissance » possédé par « l'idéal ascétique », à savoir « la passion destructrice, la peur et le pouvoir déguisés en contrôle de soi, la haine et le désir de possession déguisés en désintéressement[1] », afin de suggérer que ce sont ces mobiles mêmes qui empêchent le chercheur de vivre avec le scepticisme ordinaire, ce qu'exprime le premier paragraphe de *La Généalogie de la morale* qu'Arnaud Desplechin a brillamment mis en images cinématographiques dans une séquence d'*Un Conte de Noël*[2] (2008) où ce texte est lu par l'un des personnages :

> Nous, chercheurs de la connaissance, nous sommes pour nous-mêmes des inconnus, – pour la bonne raison que nous ne nous sommes jamais cherchés… Quelle chance avions-nous de nous *trouver* quelque jour ? On a dit à juste titre : « Où est ton trésor, là aussi est ton cœur » ; *notre* trésor est là où sont les ruches de notre savoir. Abeilles-nées, toujours en quête, collecteurs du miel de l'esprit, une seule chose nous tient vraiment à cœur – « faire provision ». Pour le reste, quant à la vie, aux prétendues « expériences vécues », lequel d'entre nous les prend seulement au sérieux ? lequel en a le temps ? […] Nous restons nécessairement

1. S. Cavell, « Existentialism and Analytical Philosophy », art. cit., p. 962.
2. Voir. É. Domenach, « La nouvelle Arcadie d'Arnaud Desplechin. À propos d'*Un Conte de Noël* », *La Voix et la vertu. Variétés du perfectionnisme moral*, *op. cit.*, p. 297-318.

étrangers à nous-mêmes, nous ne nous comprenons pas, nous *ne pouvons faire autrement* que de nous prendre pour autre chose que ce que nous sommes, pour nous vaut de toute éternité la formule : « Chacun est à soi-même le plus lointain », – à notre propre égard nous ne sommes pas des « chercheurs de la connaissance [1] »...

En une référence implicite à un texte fameux de Francis Bacon [2], Nietzsche entend montrer qu'il ne suffit pas de définir la « vraie philosophie » comme l'habile synthèse des méthodes « empirique » de la fourmi, qui « se contente d'amasser et de consommer ensuite ses provisions » et « dogmatique » de l'araignée, qui « ourdit des toiles dont la matière est extraite de sa propre substance », en vue d'emmagasiner des connaissances, à l'instar de l'abeille qui « garde le milieu » et ne met sa matière en magasin qu'« après l'avoir aussi travaillée et digérée ». Semblables aux abeilles sans conscience d'elles-mêmes manipulées par Jean-Henri Fabre [3], les chercheurs, trop occupés à emmagasiner les connaissances, passent à côté de leur expérience, comme on peut manquer à compter le nombre de coups qui viennent de sonner, faute d'être suffisamment à l'écoute. Pour prétendre connaître quelque chose, il semble pourtant qu'il faudrait déjà se connaître soi-même, et notamment les mobiles qui poussent à cette quête, comme la paille de l'entomologiste contraint l'abeille dans ses mouvements. Avant de « faire provision », il faudrait chercher à situer notre ruche, c'est-à-dire faire l'épreuve de la désorientation sceptique.

Prenant le scepticisme au sérieux en le reliant aux mobiles humains dont il se nourrit, Cavell propose de renverser la primauté généralement accordée au scepticisme dirigé à l'encontre de notre connaissance du monde extérieur sur le scepticisme qui vise notre connaissance de l'esprit des autres, une hiérarchie selon lui solidaire

1. F. Nietzsche, *Généalogie de la morale*, préface, § 1, trad. fr. I. Hildenbrand et J. Gratien, Paris, Folio-Gallimard, 1971 (1887), p. 7-8.

2. F. Bacon, *Novum Organum* (1620), I, 95, trad. fr. J. A. C. Buchon, Paris, 1842, p. 301.

3. J.-H. Fabre, *Souvenirs entomologiques* (1870-1889), t. 1, Paris, Delagrave, 1919, p. 318.

de la tendance à distinguer les choses sans âme des choses douées d'une dimension supplémentaire, en constatant que

> l'état naturel (ou l'état biologiquement premier) de la perception humaine est de percevoir les choses (extérieures), qu'elles soient objets ou personnes, comme animées ; tandis que la vision des objets comme objets (autrement dit, la capacité de les voir objectivement comme non animés) correspondrait, elle, à un état de développement plus sophistiqué [1]...

Pour justifier la priorité logique de la conception qui fait du monde un ensemble de choses animées sur la conception du monde comme objets inanimés, Cavell procède à une analyse de la « grammaire » des notions de doute et de croyance, c'est-à-dire du mode d'emploi de ces termes. Il rappelle que nos critères d'emploi devraient nous inciter à n'utiliser ces termes que dans le contexte d'affirmations faites par les autres. Parler de croire ou de douter d'une proposition serait un usage parasitaire, dérivé de l'usage qui consiste à évaluer la fiabilité d'un locuteur. Dire que l'on doute du témoignage de nos sens ou de ce qu'ils nous disent, c'est donc faire un usage nouveau qui conduit le sceptique à transformer le monde en un interlocuteur qui produirait des affirmations dans une relation d'intimité exclusive. Mais l'espoir d'une telle relation sera nécessairement déçu puisque ce qui pousse le sceptique à rechercher cette intimité absolue avec le monde et les autres est un « idéal de la connaissance [2] » impossible à atteindre du fait de notre indépassable finitude.

Considérant, par ailleurs, que la tragédie shakespearienne étudie la question du scepticisme à propos des autres esprits, Cavell en est donc venu à penser que cette tragédie avait quelque chose à nous dire du scepticisme à propos de notre connaissance du monde extérieur. Frappé par la forte ressemblance des relations entre Othello et Desdémone avec les doutes cartésiens et humiens,

1. S. Cavell, *Les Voix de la raison. Wittgenstein, le scepticisme, la moralité et la tragédie*, trad. fr. S. Laugier et N. Balso, Paris, Seuil, 2012 (1996), p. 632.
2. S. Cavell, *Les Voix de la raison*, *op. cit.*, p. 650.

il a lu le personnage de Desdémone dans la pièce de Shakespeare comme étant l'analogue du monde selon le sceptique, c'est-à-dire une réalité vivante, animée, mais séparée et impossible à connaître. Le sceptique serait ainsi jaloux comme Othello peut se montrer jaloux à l'encontre de Desdémone, c'est-à-dire que la possession qu'il recherche

> ne s'oppose pas à la revendication ou au désir d'autrui ; c'est une possession qui vise à établir entre lui et autrui un lien absolu et inaliénable auquel on ne puisse opposer aucune revendication ni aucun désir, au regard duquel aucune revendication ni aucun désir n'est même concevable. Tout se passe comme si la jalousie d'Othello s'exerçait à l'endroit de l'existence même d'autrui, de son altérité qui fait de lui un être séparé [1].

Si la quête de certitude du sceptique cache bien un désir de surmonter l'extériorité du monde, alors il est éclairant de la comparer à de la jalousie. Mais si l'analogie entre la jalousie tragique et le scepticisme tient, alors cela veut dire que le scepticisme est hanté par la mort. En un premier sens, le sceptique se heurte en effet à un monde qui est mort au sens où le monde ne répondra pas à son exigence d'intimité absolue. Mais c'est que le sceptique a commencé par le « tuer », c'est-à-dire à le priver de ses caractéristiques essentielles, en usant des concepts de connaissance, de croyance et de doute hors des contextes d'emploi où ils prennent leur sens et en faisant ainsi du monde un interlocuteur qu'il ne peut logiquement pas être. En un deuxième sens, toute tentative de parler du monde en dehors des contextes ordinaires conduira à le figer comme une sphère fixe en face d'un spectateur immobile puisque ce sera perdre l'animation reçue du réseau interactif des mots, actes et objets en quoi consiste notre forme de vie et qui, seul, fait du mot que nous prononçons autre chose qu'un simple son. En un troisième sens, en refusant de reconnaître la valeur des critères que nous utilisons quand nous parlons, le sceptique refuse en même temps l'idée que

1. S. Cavell, *Le déni de savoir dans six pièces de Shakespeare*, trad. fr. J.-P. Maquerlot, Paris, Seuil, 1993 (1987), p. 24.

nos critères puissent nous dire ce qui compte au double sens de ce qui nous permet d'identifier quelque chose (ce qui « compte » pour telle chose) et de ce qui a de la valeur pour nous. Or, à suivre Cavell, en ne reconnaissant pas ainsi l'alignement de nos mots et du monde, c'est-à-dire le fait qu'apprendre à parler, c'est découvrir le monde, le sceptique refuse de reconnaître également que cet alignement est une expression de l'accord entre nos intérêts, sentiments, réactions, bref notre sens de l'importance et le monde. Le sceptique vide donc le monde non seulement de ses objets, en refusant nos critères, mais aussi de sa valeur, en refusant l'accord entre notre sens de ce qui importe et le monde[1].

Pour sortir du scepticisme, il faudrait plutôt reconnaître le monde, c'est-à-dire avouer qu'il nous attire et accepter son extériorité, sa vitalité, son indépendance. En ce sens, une telle sortie supposerait de tomber amoureux du monde. Comme l'écrit Stephen Mulhall, quand nous « reconnaissons » le monde,

> plutôt que d'imposer nos préjugés généraux quant à l'essence des choses à un objet donné, nous nous mettons à considérer ce que nos expériences quotidiennes de et avec cet objet [...] peuvent nous apprendre à propos de sa nature spécifique, distincte[2].

S'intéresser à ces expériences quotidiennes, ordinaires des objets, c'est contribuer à la connaissance de la grammaire de nos termes, car connaître les critères de nos emplois d'un terme, c'est savoir avec quels autres critères, pour quels autres termes, nous tendons à les appliquer. Mais connaître ces critères, c'est aussi redécouvrir quels sont l'intérêt et la valeur que nous accordons à l'objet dans l'ensemble de nos sentiments, réactions, actions, c'est-à-dire dans notre forme de vie.

1. S. Cavell développe de façon intéressante l'idée que la réalité nouménale kantienne correspond bien au monde sans vie du sceptique et permet de comprendre l'idée heideggerienne d'une violence délétère de la philosophie qui conçoit la connaissance comme une activité de saisie violente, de domination de la chose. Voir S. Cavell, *Le déni de savoir*, *op. cit.*, p. 25.

2. S. Mulhall, *Stanley Cavell : Philosophy's Recounting of the Ordinary*, Oxford, Oxford University Press, 1999, p. 160.

Reconnaître cet intérêt et cette valeur que nous accordons à l'objet, c'est donc redonner vie à la fois à notre monde et aux vies que nous y menons. En ce sens, la pratique qui consiste à étudier la grammaire de nos termes est pratique de « réanimation », c'est-à-dire de réinscription du mouvement et de la vie en rappelant le contexte interactif dans lequel ces critères s'appliquent, la place spécifique de chaque chose dans notre vie et par là sa nature en même temps que les contours de notre propre forme de vie. Rappeler tout cela, c'est donc reconnaître que le monde nous attire en même temps qu'il est indépendant de nous : c'est bien reconnaître notre amour du monde [1]. À l'instar de la tragédie shakespearienne, le cinéma peut nous aider à œuvrer à cette reconnaissance, à condition de nous livrer à ce que Cavell conçoit comme la « lecture » des œuvres cinématographiques.

La rédemption de la réalité matérielle chez Kracauer

Dans une lecture consacrée aux films d'horreur épidémique [2], j'ai remarqué que ces films pouvaient nous révéler une dimension méconnue de notre concept de société dans la mesure où ils suggèrent que la seule façon d'échapper à la contagion est de placer les individus contagieux en quarantaine, en proscrivant tout contact physique entre individus sains. Or, cela peut nous inciter à nous demander si nous pourrions concevoir une société humaine où il serait interdit de se serrer la main, de s'embrasser, de pratiquer de façon générale ce que Mary Douglas a appelé des rites de « manipulation corporelle [3] ». L'importance ainsi révélée de ces comportements qui sont trop quotidiens et ordinaires pour qu'on les remarque usuellement semble bien participer de ce qui fait le prix, de ce qui compte pour nous dans l'existence humaine. Malgré les apparences, un tel genre cinématographique pourrait donc posséder

1. *Ibid.*, p. 162.

2. Voir H. Clémot, « Une lecture des films d'horreur épidémique », *Tracés. Revue de Sciences humaines*, n° 21, 2011|2, p. 167-184.

3. M. Douglas, *De la souillure. Essais sur les notions de pollution et de tabou*, trad. fr. A. Guérin, Paris, La Découverte, 1992 (1967), p. 235.

lui aussi ce pouvoir de réanimation du monde et de nous-mêmes qui définit en partie le cinéma selon Cavell.

Or, ce leitmotiv de la pensée de Cavell est une idée centrale chez un théoricien classique du cinéma, Siegfried Kracauer, dans son ouvrage majeur, *La Théorie du film* (1960)[1]. Si répondre à la question, récemment posée par un philosophe analytique du cinéma, Malcolm Turvey, de savoir s'il n'existerait pas une tradition « révélationniste[2] », dont relèverait notamment Kracauer, mais aussi des réalisateurs de nationalités et d'écoles cinématographiques très différentes comme Jean Epstein, Dziga Vertov ou Béla Balázs, dépasserait largement le cadre de ce livre, il semble en revanche utile d'évoquer la conception de Kracauer en vue de préciser ce que l'on peut attendre des révélations cinématographiques de l'ordinaire.

Si Kracauer est surtout connu en France pour son ouvrage *De Caligari à Hitler*[3], les philosophes du cinéma s'intéressent davantage à son essai intitulé la *Théorie du film* (1960) dont ils font souvent, avec celle de Bazin, l'autre théorie réaliste classique. Dans l'essai qu'il lui a consacré[4], le philosophe américain Noël Carroll distingue deux arguments principaux pour soutenir la thèse de Kracauer selon laquelle un bon film serait un film fidèle à son essence d'instrument d'enregistrement et de révélation photographique du réel.

Le premier argument est reconstruit de la façon suivante : puisque la photographie est la propriété essentielle du film, un bon film, c'est-à-dire un film qui réalise bien son essence, est donc un film qui s'emploie à faire ce que seuls la photographie et le cinéma peuvent faire, ou ce que les médias photographique et cinématographique font le mieux, à savoir enregistrer et révéler certains sujets pour lesquels ils ont ainsi une « affinité intrinsèque », comme le non-

1. S. Kracauer, *Théorie du film. La rédemption de la réalité matérielle*, trad. fr. D. Blanchard et C. Orsoni, Paris, Flammarion, 2010.

2. M. Turvey, *Doubting Vision. Film and the Revelationist Tradition*, New York, Oxford University Press, 2008.

3. S. Kracauer, *De Caligari à Hitler : Une histoire psychologique du cinéma allemand*, trad. fr. C. B. Levenson, Paris, Flammarion, 1987 (1947).

4. S. Carroll, « Kracauer's *Theory of Film* », *Engaging the Moving Image*, New Haven et Londres, Yale University Press, 2003, p. 281-302.

artificieux (*the unstaged*), le fortuit, l'illimité, l'indéterminé et le flux de la vie (*the flow of life*). Les propriétés du cinéma qui ne lui sont pas essentielles peuvent être tenues pour accidentelles et appelées des propriétés simplement « techniques » : le montage ou le gros plan, par exemple, ne sont donc pas des éléments nécessaires et doivent en tout cas toujours être subordonnés aux fonctions essentielles d'enregistrement et de révélation. Un bon film serait donc bien un film qui vise et réussit à enregistrer et révéler tout ce qui dans le réel ne relève pas de l'artifice, mais au contraire du fortuit, de l'illimité, de l'indéterminé et du flux de la vie en subordonnant toutes ses autres caractéristiques à cette double fonction.

Cet argument présuppose une thèse explicitement énoncée dès la première phrase du développement : « chaque médium a une nature spécifique qui invite à certains modes de communication et en entrave d'autres[1]. » En philosophie du cinéma, on parle d'elle comme de la thèse de la spécificité du médium. Elle a été vigoureusement critiquée par Carroll[2]. Qu'il suffise ici de rapporter la façon dont Rudolf Arnheim, dans un compte-rendu de la *Théorie du film*, a exposé l'ambiguïté de cette idée[3]. Kracauer prétend développer une « esthétique *matérielle*[4] », c'est-à-dire une esthétique qui soutient que le médium devrait guider le travail de l'artiste. Or, puisque le médium du cinéma est la photographie qui est un appareil d'enregistrement du réel, alors le cinéaste devrait viser à enregistrer le réel. Mais l'adjectif « matériel » (*Material*) n'est pas clair : renvoie-t-il à l'idée que le sculpteur, par exemple, doit se laisser guider par la matière (bois, marbre, etc.) qu'il façonne ? Kracauer pense plutôt que, dans le cas du cinéma, il s'agit de la matière au sens du contenu, par opposition à la forme. Par exemple,

1. S. Kracauer, *Théorie du film*, *op. cit.*, p. 29 ; voir encore, p. 40 : « les réalisations propres à un médium particulier sont d'autant plus satisfaisantes au plan esthétique qu'elles mettent en œuvre les propriétés spécifiques de ce médium. »

2. Voir N. Carroll, *La Philosophie des films*, trad. fr. É. Dufour *et alii*, Paris, Vrin, 2015, chap. 2, p. 69-90.

3. R. Arnheim, « Melancholy Unshaped », *Journal of Aesthetics and Art Criticism*, vol. 21, n° 3, printemps 1963, p. 292.

4. S. Kracauer, *Théorie*, *op. cit.*, p. 13.

filmer le vent qui souffle dans les branches serait un contenu proprement cinématographique [1], tandis qu'un discours conceptuel serait à proscrire [2]. Pourtant, les discours conceptuels font partie du réel. On doit donc comprendre que le réalisme défendu par Kracauer n'exige pas du film une fidélité à notre expérience du réel, ni un enregistrement du monde matériel [3], physique, ni même un enregistrement du visible [4], mais une révélation de ce qu'il appelle la vie :

> [L]a réalité qu'évoque un film vraiment cinématographique déborde l'image proprement dite qu'il en donne. Dans la mesure où les plans, ou les combinaisons de plans, dont il est construit sont porteurs de significations multiples, sa visée dépasse le monde matériel. À travers le flux ininterrompu des correspondances psychophysiques qu'il suscite, il laisse apercevoir une réalité que l'on peut à bon droit appeler « la vie ». Mais il s'agit de la vie en tant qu'elle est intimement liée, comme par un cordon ombilical, aux phénomènes matériels desquels émergent ses contenus affectifs et intellectuels [5].

Wittgenstein assignait comme « cause principale des maladies philosophiques – un régime unilatéral : On nourrit sa pensée d'une seule sorte d'exemples [6]. » Il est en effet utile, pour comprendre la théorie d'un philosophe, de saisir quel exemple il a surtout à l'esprit. On peut penser que Kracauer songe souvent à « la beauté du vent qui se meut dans les arbres », cette beauté dont a parlé Griffith dans une interview donnée en 1947 [7]. En effet, l'intérêt de ce genre de séquences cinématographiques, dont relèvent aussi l'éclosion d'une fleur ou le mouvement d'un cheval au galop [8], est de rendre visible l'exercice de pouvoirs causaux invisibles sans lui,

1. L'exemple revient trois fois dans la *Théorie du film*, p. 67 ; 108 et 428.
2. S. Kracauer, *Théorie*, *op. cit.*, p. 376-377.
3. *Ibid.*, p. 345.
4. *Ibid.*, p. 339.
5. *Ibid.*, p. 122.
6. *RP*, § 593, p. 221.
7. Cité par S. Kracauer, *Théorie*, *op. cit.*, p. 108.
8. *Ibid.*, p. 97.

autrement dit l'actualisation de ce qui n'était qu'en puissance. Le fameux « film » de Muybridge illustre en effet l'exercice du pouvoir locomotif du cheval [1]. Or, si vivre, c'est agir en exerçant les pouvoirs caractéristiques de son espèce, alors on peut dire en effet que l'une des caractéristiques singulières du cinéma, c'est de révéler l'essence de la vie, son mouvement et sa nature de flux « sans début ni fin » : « il y a une affinité, évidemment refusée à la photographie, pour le continuum de la vie, ou « flux de la vie », autrement dit, la vie sans début ni fin [2]. »

Pour expliquer les qualités cinématographiques d'un film de Chaplin comme le *Vagabond* (1916), Kracauer ne donne en effet pas un autre exemple :

> Ce qu'il y a de plus impressionnant dans son *Vagabond*, c'est peut-être sa capacité inépuisable de survivre face aux Goliath de ce monde ; la force vitale qu'il incarne rappelle les films qui montrent le développement des plantes, avec leurs séquences accélérées où de tendres pousses forcent leur chemin à travers le sol. On peut ici faire le lien entre les anciens films comiques de Chaplin et certains films néoréalistes : *Les Nuits de Cabiria* et *Umberto D.* rappellent le *Vagabond* dans la mesure où les personnages sont aussi vulnérables qu'invincibles [...]. Tous ces personnages ont l'air de succomber aux puissances qui les écrasent et ils parviennent néanmoins à leur survivre [3].

Capable de révéler ce processus infini et caractéristique de la vie en quoi consiste l'actualisation de ce qui n'est qu'en puissance, le pouvoir du cinéma ne se réduit cependant pas aux phénomènes non-intentionnels. En effet, la technique photo-cinématographique permet aussi d'enregistrer l'exercice des pouvoirs téléologiques et intentionnels caractéristiques de la conduite humaine. Par exemple,

1. Il ne s'agit pas vraiment d'un film, mais de dessins, copiés à partir de photographies, projetés à l'aide d'une lanterne magique. Voir D. Bordwell, K. Thompson, *Film History, An Introduction*, 2ᵉ éd., New York, McGraw Hill Higher Education, 2003 (1994), p. 15.

2. S. Kracauer, *Théorie*, *op. cit.*, p. 123.

3. *Ibid.*, p. 400.

dans *Intolerance* de David W. Griffith, le gros plan sur les mains de Mae Marsh « apporte un élément précieux et spécifique : il nous révèle la façon dont ces mains se comportent sous l'emprise d'un profond désespoir[1]. » Le cinéma est ainsi capable de nous montrer comment un comportement se met à signifier[2]. Ce que vise à révéler le cinéma, « le flux de la vie[3] », dépasse donc les seuls éléments naturels pour « englobe[r] à la fois le flux des situations et des événements matériels et toutes les émotions, valeurs et pensées qu'ils suggèrent[4]. »

Si ce qui précède est correct, alors cela veut dire que le « réalisme » de Kracauer mériterait en effet plutôt le nom de « révélationnisme ». Cela permettrait en outre de mieux comprendre le second argument développé dans le fameux « épilogue » de la *Théorie du film*.

Carroll croit trouver dans l'épilogue un second argument pour justifier la thèse principale de Kracauer. Dans ce dernier chapitre, intitulé « Le film à notre époque », Kracauer cherche à répondre à la question de la fonction et de l'importance du cinéma pour ses contemporains. Carroll reconstruit un argument qu'il appelle l'argument historico-culturel (*historical-cultural argument*)[5]. On peut le résumer ainsi : la science contemporaine, qui procède « de haut en bas » ne voit dans le réel que ce qui correspond à ses abstractions et rend invisibles les qualités des phénomènes matériels pris dans leur concrétude[6]. Or, le cinéma a le pouvoir de nous présenter la diversité des relations que les phénomènes et les événements matériels entretiennent concrètement dans le flux de la vie. Le cinéma peut donc remplir une « tâche salutaire en nous

1. S. Kracauer, *Théorie*, *op. cit.*, p. 89.
2. Voir M. Merleau-Ponty, *Le cinéma et la nouvelle psychologie*, (1945), Paris, Gallimard, 2009.
3. Voir S. Kracauer, *Théorie*, *op. cit.*, p. 389.
4. *Ibid.*, p. 123.
5. N. Carroll, « Kracauer's *Theory of Film* », *op. cit.*, p. 297-298.
6. S. Kracauer, *Théorie*, *op. cit.*, p. 421.

aidant à appréhender et à apprécier les objets matériels[1] » : c'est la « rédemption de la réalité matérielle[2] » qui donne son sous-titre au livre et qui justifie les propositions normatives de Kracauer.

Carroll et Turvey reprochent tous deux à Kracauer d'avoir un discours trop abstrait en général et en particulier quand il s'agit d'illustrer ce qu'il entend par « qualités » d'un objet matériel que le cinéma pourrait et devrait nous révéler. Peut-être peut-on défendre Kracauer en indiquant que le mot « qualité » doit ici s'interpréter dans le sens d'un pouvoir invisible quand il ne s'exerce pas comme le pouvoir dynamique du vent. Nos habitudes mentales ont recouvert les choses d'un voile constitué de concepts uniformes et de fonctions qui font que « bien que les rues, les physionomies, les gares, etc., soient devant nous, elles sont restées jusqu'à maintenant en grande partie invisibles[3]. » Autrement dit, quand un pouvoir ne correspond pas à un concept scientifique ou n'est pas socialement utile, il demeure invisible. En dirigeant notre attention sur ces phénomènes en dehors de tout intérêt pratique, le cinéma permet de révéler de tels pouvoirs : « la beauté du vent qui se meut dans les arbres », la vie qui anime les rues ou les gares, les marques de la vie ou les promesses de bonheur d'un visage.

Que le constat porté contre la science dans la société moderne ne soit ni original, ni très convaincant[4] ou que Kracauer fasse un usage trop relâché du terme de révélation[5] détruit peut-être la validité de la conclusion, mais ne menace pas nécessairement l'idée intéressante selon laquelle le cinéma pourrait nous « révéler » certains aspects sinon méconnus de la réalité. Comme on l'a relevé, il y a comme un jeu d'échos entre *La Théorie du film* et *La Projection du monde*[6]. Peut-être est-il même possible de délivrer Kracauer de sa thèse de

1. *Ibid.*, p. 422.
2. *Ibid.*, p. 423.
3. S. Kracauer, *Théorie*, *op. cit.*, p. 422.
4. Voir N. Carroll, « Kracauer's *Theory of Film* », *op. cit.*, p. 298-299; M. Turvey, *Doubting Vision*, *op. cit.*, p. 73.
5. Voir M. Turvey, *Doubting Vision*, *op. cit.*, p. 72-78.
6. D. N. Rodowick, *The Virtual Life of Film*, Cambridge, Mass., Harvard University Press, 2007, p. 73-79.

la spécificité du médium et de son réalisme « naïf » en donnant un autre sens aux révélations dont il attribue le pouvoir au cinéma.

Rejeter la thèse selon laquelle un bon film serait un film fidèle à son essence d'instrument d'enregistrement et de révélation photographique ne conduit en effet pas nécessairement à rejeter entièrement les arguments de Kracauer. Ainsi, quand on lit Cavell tenir *Le Peintre de la vie moderne*[1] de Baudelaire pour « une anticipation du cinéma » dans son éloge de « la « modernité » qui est « le transitoire, le fugitif, le contingent », la « peinture des mœurs du présent » et en particulier le « caractère de la beauté présente[2] » », on ne peut pas ne pas penser à l'insistance de Kracauer sur l'« affinité intrinsèque » du cinéma pour certains sujets comme le non-artificieux, le fortuit, l'illimité, l'indéterminé et le flux de la vie. L'intérêt du cinéma pour l'actualisation des puissances, le mouvement, c'est-à-dire le changement en général, et la résistance de personnages « aussi vulnérables qu'invincibles » en particulier, sont des images de la force de vie en laquelle croit l'exigence perfectionniste morale.

De la même façon, l'idée que ce que le cinéma viserait à révéler ultimement serait « le flux de la vie », mystérieusement décrit comme ce qui dépasse les seuls éléments naturels pour « englobe[r] à la fois le flux des situations et des événements matériels et toutes les émotions, valeurs et pensées qu'ils suggèrent », pourrait évoquer le fait qu'un mot n'a de sens que dans le contexte d'une forme de vie, c'est-à-dire dans et par le réseau animé de gestes, actions et réactions qui fait de ces mouvements de la bouche, du larynx et de la langue et finalement du corps tout entier un acte de parole.

> Comment pourrait-on décrire la façon dont les hommes agissent ? Comment, sinon en montrant la façon dont les actions des hommes, dans leur diversité, empiètent les unes sur les autres en une sorte de

1. C. Baudelaire, « Le peintre de la vie moderne », dans *Œuvres complètes*, Paris, Robert Laffont, 2004, p. 790-815.

2. *PM*, p. 72-73.

> grouillement. L'arrière-plan par rapport auquel l'action est vue, ce n'est pas ce qu'un individu est en train de faire, c'est cet ensemble grouillant ; c'est lui qui détermine notre jugement, nos concepts et nos réactions [1].

Ce paragraphe fameux de Wittgenstein, dans lequel il insiste sur la dimension à la fois naturelle et culturelle, biologique et sociale de l'arrière-plan dont dépendent à la fois nos usages et leur identification, semble indiquer que le cinéma a bien en effet une aspiration pour la forme de vie, conçue dans sa dimension dynamique et que rend finalement assez bien l'expression de « flux de la vie ». Si cette idée est exacte, alors on peut trouver chez Kracauer une raison supplémentaire de légitimer la pratique cinéthique quand il cite Lewis Mumford :

> le film nous montre un monde d'organismes interpénétrés, s'influençant les uns les autres ; et il nous permet de penser ce monde d'une façon beaucoup plus concrète [2].

De même que Kracauer pense que le cinéma permet de lutter contre la tendance scientifique à dédaigner le cas particulier, de même on peut dire que l'affinité du cinéma pour le changement des objets, des personnes et de la forme de vie permet non seulement d'aller au-delà des abstractions de la philosophie morale, mais en outre de rendre visibles les dimensions de l'expérience morale autrement invisibles, comme « la façon dont [l]es mains se comportent sous l'effet d'un profond désespoir ».

Si l'on entend enfin par révélation, le fait de nous rappeler ce que nous savons mais que nos habitudes mentales nous empêchent de réaliser, alors il se pourrait qu'existe un usage légitime du terme.

1. Wittgenstein, *Remarques sur la philosophie de la psychologie*, II, *op. cit.*, § 629, p. 126.

2. L. Mumford, *Technique et civilisation*, trad. fr. D. Moutonnier, Paris, Seuil, 1950 (1934), p. 295 [trad. modifiée par les traducteurs de Kracauer] ; cité par S. Kracauer, *Théorie*, *op. cit.*, p. 422.

Scepticisme, transcendantal et expérience : Kant, Wittgenstein et le transcendantalisme américain

En soutenant que le cinéma a le pouvoir de révéler les conditions de possibilité des phénomènes conçues comme critères qui donnent leur sens et leur importance à nos mots, à nos concepts et à nos activités, on peut en outre donner un sens post-kantien à la théorie révélationniste de Kracauer.

À suivre Charles Taylor, dans un article célèbre sur les « arguments transcendantaux[1] », les conditions de possibilité découvertes par les arguments transcendantaux seraient en effet des critères de l'emploi d'un concept, c'est-à-dire des circonstances constitutives dans lesquelles l'emploi d'un concept est tenu pour pertinent. Par exemple, si je ne pouvais pas reconnaître mes expériences comme miennes, alors « ce ne pourrait pas être une expérience, ce serait dépourvu du degré minimum de conscience, de prise sur les choses, qu'une expérience doit comporter[2]. » De même que la règle qui définit le mouvement de la reine est « constitutive » du jeu des échecs, au sens où ne pas la respecter ferait *ipso facto* que l'on ne jouerait plus aux échecs, contrairement aux règles « régulatives » qui relèvent de la simple prudence[3], de même parler d'une expérience sans sujet serait parler d'autre chose que d'une expérience. Autrement dit, si une telle chose devait exister, ce ne serait pas ce qu'on appelle une expérience.

Un argument transcendantal peut ainsi être conçu comme « une chaîne d'affirmations apodictiques d'indispensabilité[4] » (de type A > B > C > D) où les étapes qui suivent la première affirmation d'une condition (ou d'un critère) qui limite l'emploi d'un concept ne sont que des descriptions plus riches de conditions limitatives plus difficiles à formuler. Par exemple, dans la première édition de la *Critique de la raison Pure*, Kant commence par soutenir, dans

1. Voir C. Taylor, « La validité des arguments transcendantaux » (1979), dans *La Liberté des modernes*, trad. fr. P. de Lara, Paris, P.U.F., 1997, p. 115-133.

2. *Ibid.*, p. 116.

3. *Ibid.*, p. 156.

4. *Ibid.*, p. 126.

l'Analytique Transcendantale, que l'expérience doit être *de* quelque chose. Mais pour que l'expérience soit de quelque chose, il faut qu'une unité cohérente des représentations corresponde à l'unité de l'objet dont on fait l'expérience. L'unité des représentations est donc une condition de possibilité ou un critère de l'expérience[1]. Mais pour qu'une telle cohérence soit possible, il faut encore que l'on puisse organiser le divers sensible par le jeu de catégories comme celle de causalité. La possibilité d'appliquer les catégories à l'expérience serait donc une autre condition de possibilité ou un autre critère de l'expérience[2].

En passant de l'expérience à la possibilité de lui appliquer les catégories,

> nous dégageons ce qui est impliqué par les conditions limites que nous avons repérées dans notre première formulation sommaire. Nous essayons de montrer qu'il faut soutenir la description plus riche pour pouvoir soutenir la plus sommaire, car la première ne fait que détailler ce qu'ébauche la seconde[3].

En d'autres termes, les arguments transcendantaux cherchent à nous rappeler les critères dont nous usons lorsque nous mobilisons des concepts. En ce sens, ils relèvent de la grammaire philosophique[4] et en ont la difficulté puisqu'il s'agit d'enrichir nos descriptions en étant suffisamment attentifs aux détails pour repérer ressemblances et différences et en évitant de nous laisser ensorceler par les images qui se trouvent dans notre langage et dont nous pouvons devenir captifs. Par exemple, que l'expérience doive avoir un objet et qu'elle doive être cohérente sont peut-être deux critères de notre emploi du terme, mais il n'est pas sûr que la cohérence de l'expérience ne puisse être assurée que par l'emploi de catégories en général et des catégories kantiennes en particulier.

1. Kant, *Critique de la raison pure* (1781), trad. fr. J. Barni, P. Archambault, Paris, GF-Flammarion, 1987, p. 153.

2. *Ibid.*, p. 164.

3. C. Taylor, « La validité… », *op. cit.*, p. 132.

4. C. Taylor soutient par deux fois (p. 117 et 122) que l'on pourrait montrer que certains arguments de Wittgenstein sont des arguments transcendantaux.

Taylor énonce très clairement les causes de la difficulté des arguments transcendantaux :

> [N]ous entrons dans un domaine que la pratique ordinaire de la vie laisse non explicité, un domaine que nous déchiffrons plus que nous l'observons. C'est un domaine pour lequel le discours ordinaire ne dispose pas de formulation, où il est difficile de clarifier les choses. Notre langage doit être inventif pour y parvenir. Il faut parler de choses comme le « Je pense » qui doit accompagner toutes mes représentations, ou de l'orientation haut-bas du champ perceptif. Nous devons innover dans le langage et clarifier les conditions limites de l'expérience, grâce à des formulations qui découvrent une zone normalement hors du champ de notre pensée et de notre attention [1].

Il est remarquable que, de façon parallèle à Taylor et à peu près à la même époque, un autre philosophe héritier de Wittgenstein, à savoir Stanley Cavell, ait redécouvert dans une philosophie peu connue et souvent déconsidérée, le transcendantalisme américain, une conception de la philosophie comme description des conditions de possibilité de l'expérience ordinaire. Dans un texte consacré au problème de l'héritage en philosophie, Christiane Chauviré nous rappelle que c'est en effet à sa proximité avec Kant que le transcendantalisme américain doit son intitulé dans la mesure où les textes d'Emerson et Thoreau « sont imprégnés, à leur manière, d'une épistémologie des conditions de possibilité de l'expérience [2] ». Dans « The Uncanniness of the Ordinary [3] », par exemple, Stanley Cavell rapproche en effet Thoreau et Emerson de la philosophie transcendantale de Kant, mais aussi de Wittgenstein en soutenant que la *Critique de la raison pure*, *Walden* [4] et les *Recherches philosophiques* démontrent tous trois « la nécessité de la satisfaction

1. C. Taylor, « La validité… », *op. cit.*, p. 132.

2. Voir C. Chauviré, « De la difficulté d'hériter en philosophie. Emerson, Cavell et la philosophie en Amérique », *Critique*, n° 491-492, juin-juillet 1992, p. 429.

3. S. Cavell, « The Uncanniness of the Ordinary », *In Quest of the Ordinary*, Chicago, University of Chicago Press, 1987, p. 170.

4. Henry D. Thoreau, *Walden*, trad. fr. B. Matthieussent, Paris, Le mot et le reste, 2010 (1854).

par le monde des conditions humaines de la connaissance[1] », les recherches philosophiques des transcendantalistes et de Wittgenstein relevant toutes d'une sorte de déduction transcendantale des concepts humains[2], en tant qu'elles portent, comme l'écrit Wittgenstein, moins sur les phénomènes que sur leurs « possibilités[3] », c'est-à-dire sur les critères *a priori* qui dirigent nos emplois. Cependant, là où Kant prétend découvrir des « catégories », c'est-à-dire des concepts qui valent de façon universelle et nécessaire, les transcendantalistes et Wittgenstein reconnaissent que cette déduction est requise pour chaque mot particulier de notre langage ordinaire[4]. Malgré cette différence majeure, il s'agit bien dans les trois œuvres d'une réaction continuelle à la menace du scepticisme.

En France, on a reproché aux transcendantalistes américains de confondre le « transcendant » et le « transcendantal ». Dans *L'image-temps*, Deleuze a ainsi pu écrire que

> Contrairement à Kant, les Américains ne distinguent guère le transcendantal et le transcendant : d'où la thèse de Schrader qui prête à Ozu un goût pour « le transcendant », qu'il détecte aussi chez Bresson et même chez Dreyer. Schrader distingue trois « phases du style transcendantal » d'Ozu : le quotidien, le décisif, et la « stase » comme expression du transcendant lui-même[5].

La lecture des textes d'Emerson et de Thoreau nous révèle pourtant que le transcendantal américain ne vise pas une transcendance de nature religieuse conçue comme un ordre différent, externe, au-delà ou surnaturel (un « autre monde »), en cela supérieur à l'ordre de réalité dans lequel on se situe, l'ordre interne, immanent, qui est de ce côté-ci, naturel (notre monde), mais plutôt une sorte de « transcendance interne », une profondeur de ce qui est ici et maintenant, de l'immanent, et pas un ailleurs, un

1. *Ibid.*
2. Voir S. Cavell, « Une Nouvelle Amérique encore inapprochable », dans *Qu'est-ce que la philosophie américaine ?*, trad. fr. S. Laugier, *op. cit.*, p. 114.
3. *RP*, § 90, p. 78.
4. S. Cavell, *Une Nouvelle Amérique encore inapprochable*, *op. cit.*, p. 106.
5. Voir G. Deleuze, *Cinéma 2*, *op. cit.*, note 24, p. 24 ; note 22, p. 355.

arrière-monde. Le transcendantal ne désigne pas un autre monde invisible, car caché derrière celui-ci, mais la « profondeur cachée » dans le monde visible que l'on peut voir si l'on adopte la bonne perspective[1]. Ainsi, la quête du sage n'est-elle pas dirigée vers la transcendance, ce qui appartient à un ordre de réalité différent et supérieur à l'ordinaire, mais vers cet ordinaire qui est nôtre, mais dont l'ordre, l'agencement nous échappe néanmoins : « telle est toujours la différence entre le sage et le non sage : le non-sage s'émerveille de ce qui est extraordinaire, le sage s'émerveille de ce qui est ordinaire[2]. »

Si la proximité du transcendantal émersonien avec le transcendantal kantien conçu comme condition de possibilité des phénomènes est attestée, il ne faudrait cependant pas négliger ce qui les sépare, au sens du terme « *next* » en anglais, à la fois proche et distinct, même et autre. Cela apparaît au niveau des conceptions divergentes de l'expérience et donc des « catégories » dégagées. La liste des catégories d'Emerson figure en exergue de son essai précisément intitulé *Expérience*; c'est la liste des « seigneurs de la vie » (« *the lords of life* ») :

> Les seigneurs de la vie, les seigneurs de la vie, – Je les ai vus passer, sous leur apparence, Pareils et différents, Massifs et sinistres; Usage et Surprise, Surface et Rêve, Succession alerte et Dommage spectral, Tempérament sans sa langue[3].

Mais ces catégories ne sont pas des concepts mieux adaptés pour connaître les phénomènes, des outils mieux conçus pour faire leur travail. Ce sont au contraire des notions aussi faciles et difficiles à saisir que l'ordinaire, aussi proches et séparées de nous et de nos pensées que nos critères. Emerson parle d'« humeurs », Cavell

1. Voir C. Chauviré, *Voir le visible. La seconde philosophie de Wittgenstein*, Paris, P.U.F., 2003.

2. R. W. Emerson, « New England Reformers », *Essays and Lectures*, J. Porte (éd.), New York, The Library of America, 1983, p. 609.

3. R. W. Emerson, « Expérience », dans S. Cavell, *Qu'est-ce que la philosophie américaine ?*, *op. cit.*, p. 504.

propose de les tenir pour des « attitudes [1] » qui se caractériseraient en cela que

> le monde du tempérament ouvert à la surprise est différent de celui du tempérament qui lui est fermé ; l'humeur de celui qui est prêt à être utile au monde, différente de celle de celui qui est prêt à s'y adapter ; le monde de celui qui rêve, différent de celui qui ne rêve pas ; le monde de celui qui est disposé à la succession, différent de celui qui est attaché à la fixité ; et ainsi de suite [2].

La liste n'est en aucune façon exhaustive, mais constituée surtout pour nous inciter à être plus attentifs au particulier, au proche, au quotidien, bref à notre expérience, qui n'est plus conçue comme le processus spontané de se rapporter au monde dont la difficulté viendrait essentiellement de sa valeur de vérité ou d'illusion, mais comme précisément ce qui fait problème, ce qu'il nous est devenu difficile, voire impossible de faire : avoir une expérience, approcher ce monde sans le détruire, ni le nier [3]. Sandra Laugier nous apprend qu'

> Emerson exprime la difficulté d'approcher le monde dans *Expérience* eu égard à l'expérience du deuil, et la généralise en une expérience du monde pris comme un tout sous le signe (la catégorie) de la perte. Le scepticisme se trouve là, dans l'incapacité d'avoir une expérience. Nous sommes moins ignorants que sans expérience [4].

Que la philosophie d'Emerson et de Thoreau remette en question la notion d'expérience et fasse de la quête d'une expérience le projet

1. S. Cavell, *Une Nouvelle Amérique encore inapprochable*, *op. cit.*, p. 125.

2. *Ibid.*, p. 125-126. Cavell fait explicitement référence à la proposition 6.43 du *TLP* (p. 110) : « Le monde de l'homme heureux est un autre monde que celui de l'homme malheureux. »

3. S. Laugier dans « Transcendantalism and the Ordinary », *European Journal of Pragmatism and American Philosophy*, 2009, I, 1, p. 5-6, http://lnx.journalofpragmatism.eu/wp-content/uploads/2009/11/05-laugier.pdf, consulté le 20 mars 2018.

4. *Ibid.*, p. 6.

de la philosophie justifie que l'on trouve, à la suite de Sandra Laugier [1], l'expression de « transcendantalisme » en fait moins adaptée que celle d'« empirisme radical [2] », un empirisme dont la radicalité viendrait de ce que l'expérience n'est plus tenue pour un donné dont on pourra déduire les conditions de possibilité, mais comme ce qui fait toujours déjà problème et qui demeure problématique, même quand on parvient à en dégager les conditions de possibilité, nos critères ordinaires pouvant toujours être envisagés d'une façon qui rende manifeste leur inquiétante étrangeté.

Il y a lieu d'insister ici sur l'importance de cette remarque. Dans sa *Grammaire d'objets*, Vincent Descombes s'efforce comme Charles Taylor de contester le primat accordé par la philosophie moderne à la question épistémologique (à quelles conditions pouvons-nous prétendre connaître quoi que ce soit ?) au détriment de la question logique (que résulte-t-il de ce qui a été dit [3] ?). L'une de ses critiques porte sur l'usage de l'argument transcendantal. Il commence par définir l'opération d'un argument transcendantal comme étant celle par laquelle on remonte du donné à ses conditions de possibilité, c'est-à-dire à ce qui peut servir de conséquent dans une conditionnelle. Par exemple, dans la proposition « vous pouvez aller à pied sec au Mont-Saint-Michel seulement si la mer est basse [4] », la condition de possibilité du projet d'excursion pédestre apparaît après l'expression « seulement si », à savoir « que la mer soit basse ». Mais ce type d'opération semble conduire à un raisonnement circulaire, la capacité initiale étant à la fois point de départ, le conditionné et la condition, puisque l'existence de la condition de possibilité du conditionné est elle-même subordonnée à l'existence du conditionné qui devient lui-même condition de sa propre condition de possibilité.

1. Par exemple, dans « Transcendantalisme. Emerson, Thoreau et le transcendantalisme », *Dictionnaire d'éthique et de philosophie morale*, M. Canto-Sperber (éd.), Paris, P.U.F., 2001 (1996), p. 1644.

2. S. Laugier, « Transcendantalism and the Ordinary », art. cit., p. 7.

3. V. Descombes, *Grammaire d'objets en tous genres*, Paris, Minuit, 1983, p. 111.

4. Exemple de Vincent Descombes, *Grammaire d'objets en tous genres*, *op. cit.*, p. 126.

Pour donner un exemple moins trivial, on pourrait construire un argument qui prendrait pour point de départ la proposition « il y a de la connaissance » et en déduirait l'existence des idées innées comme conditions de possibilité et s'exprimerait ainsi : « vous ne pouvez avoir de connaissance que (seulement) s'il y a des idées innées ». Cependant, les idées innées ne sont reconnues exister que parce qu'on a supposé auparavant qu'il y avait de la connaissance : « il n'y a des idées innées que s'il y a de la connaissance [1] ». Il n'est donc pas possible d'être assuré de l'existence de la condition de possibilité, ici qu'il y ait des idées innées, sans produire un argument circulaire, c'est-à-dire sans conclure à l'existence du conditionné, ici qu'il y ait de la connaissance.

Le philosophe qui pratique l'argumentation transcendantale rétorquera que la circularité n'est pas nécessaire dans la mesure où l'argument ne prétend pas prouver l'existence du conditionné, dont on peut avoir admis l'existence pour une raison extérieure à l'argument lui-même, mais seulement celle de la condition de possibilité. Mais Descombes remarque que la question primordiale n'est donc pas celle de savoir comment nous pouvons connaître quelque chose (question épistémologique), mais quelles sont les vérités connues qui servent de point de départ : « il convient donc de les énoncer, de fournir un échantillon de savoir. Aussi la question d'un langage du savoir vient-elle avant l'interrogation épistémologique [2]. »

Mais l'épistémologue, c'est-à-dire ici celui « qui porte l'épistémologie au rang de la *prima philosophia* [3] » pourra rétorquer qu'il ne saurait être question de céder ainsi à un réalisme naïf qui supposerait l'adéquation de nos descriptions aux choses qu'elles décrivent : il faudrait toujours déjà reconnaître que nous n'avons affaire qu'à des phénomènes, autrement dit des apparences, dont il faudrait partir pour essayer d'approcher autant que possible la description des choses. En d'autres termes, « la description

1. Je simplifie le propos de Descombes, *ibid.*, p. 112.
2. *Ibid.*
3. *Ibid.*, p. 114.

des apparences précède logiquement, sinon historiquement, la description des choses [1] ». À cela, Descombes répond en montrant à la suite de Wittgenstein [2] et de Tugendhat [3] qu'il y a là, « en fait, une priorité logique d'une description physique sur une description phénoménologique », avant d'illustrer la dispute philosophique entre l'épistémologue et le logicien à l'aide d'un échange hilarant tiré de la scène v du *Mariage forcé* (1664) de Molière [4].

On pourrait cependant penser que la circularité de l'argument transcendantal désigne précisément la puissance du scepticisme, sa « vérité » qui est que, même une fois rappelés nos critères, c'est-à-dire une fois passée la phase « logique » de la description de ce que nous disons et quand, la question se pose toujours de savoir dans quelle mesure on ne pourrait pas douter de leur validité, non pas au sens où l'on essaierait d'adopter un point de vue angélique [5], une vue de côté (*from sideways on* [6]) sur nos pratiques, mais au sens où l'on pourrait en venir à douter de nos pratiques (et de notre capacité à nous y insérer) *de l'intérieur*; ou encore, au sens où je pourrais en venir à les tenir pour tout à fait étranges et à me tenir pour un étranger jusque parmi mes proches.

Soucieuses d'attirer notre regard sur les possibilités des phénomènes, les *Recherches philosophiques* ne sont pas moins une réaction à la menace du scepticisme que la philosophie de Kant ou d'Emerson. D'une façon qui n'est pas sans rappeler Emerson, on y trouve la formulation suivante de la tâche de la philosophie :

> Ce que nous proposons, ce sont à proprement parler des remarques sur l'histoire naturelle des hommes. Ce ne sont cependant pas

1. V. Descombes, *Grammaire d'objets*, *op. cit.*, p. 114.

2. « "Ceci me semble rouge. – Et comment est le rouge ? – Ainsi." Et ici, on doit indiquer le bon échantillon. » Wittgenstein, *Fiches*, Paris, Gallimard, 2008, § 420, p. 111. Cité par Descombes, *Grammaire d'objets*, *op. cit.*, p. 115.

3. E. Tugendhat, *Conscience de soi et autodétermination*, trad. fr. R. Rochlitz, Paris, Armand Colin, 1997 (1979).

4. Molière, *Le mariage forcé*, 1664.

5. Voir J. Bouveresse, *La Rime et la raison. Science, éthique et esthétique*, Paris, Minuit, 1973, p. 59.

6. Voir J. McDowell, « Non-cognitivisme et règles », trad. fr. J.-P. Narboux, *Archives de philosophie*, t. 64, cahier 3, 2001, p. 467.

> des contributions singulières, mais plutôt des constatations dont personne n'a douté, et qui n'échappent à notre attention que parce que nous les avons constamment sous les yeux [1].

Sandra Laugier a pertinemment rapproché ce passage d'une phrase de Foucault :

> Il y a longtemps qu'on sait que le rôle de la philosophie n'est pas de découvrir ce qui est caché, mais de rendre visible ce qui précisément est visible, c'est-à-dire de faire apparaître ce qui est si proche, ce qui est si immédiat, ce qui est si intimement lié à nous-mêmes qu'à cause de cela nous ne le percevons pas. Alors que le rôle de la science est de faire connaître ce que nous ne voyons pas, le rôle de la philosophie est de faire voir ce que nous voyons [2].

À en croire de bons spécialistes, le philosophe qui pratique la lecture de films à la façon de Stanley Cavell pourrait donc trouver un allié en Foucault [3] et des ressources dans ses textes sur le cinéma qui insistent sur son pouvoir de dégager « ces « micro-procédures » dont nous ne sommes pas conscients et où se décident pourtant certains des changements les plus profonds de notre rapport à nous-mêmes et au monde [4] ». En ce sens, la philosophie et le cinéma conçus dans une perspective wittgensteinienne comme foucaldienne nous donneraient la possibilité de comprendre qu'il n'y a rien au-delà de nos usages particuliers, ordinaires, que nous ne savons pourtant pas bien ce qu'ils sont et qu'il nous faudrait donc chercher à les décrire, ce que l'exercice de la lecture de films pourrait nous aider à faire, sans craindre le vertige qui pourrait naître de la reconnaissance de leur absence de fondement et de « nos limites inséparablement physiques, sensibles et conceptuelles [5] ».

1. *RP*, § 415, p. 182.
2. M. Foucault, « La philosophie analytique de la politique » (1978), *Dits et Écrits*, tome III, Paris, Gallimard, 1994, texte n° 232, p. 534-541.
3. Voir les textes d'Arnold Davidson et Daniele Lorenzini dans *La Voix et la vertu. op. cit.*, p. 449-487.
4. P. Maniglier, D. Zabunyan, *Foucault va au cinéma*, Paris, Bayard, 2011, p. 8.
5. Voir S. Laugier, « Arguments transcendantaux et limites du sens », dans *Langage ordinaire et métaphysique*, J. Benoist et S. Laugier (éd.), Paris, Vrin, 2005, p. 115.

Autrement dit et pour généraliser, en espérant ne pas trop maltraiter le particulier, ni abuser de l'expression de « tournant », on pourrait présenter le parcours philosophique qui mène à Cavell à l'aide du « nuage d'histoire [1] » que voici : scandalisé par le scepticisme, Kant a fait prendre à la philosophie un tournant transcendantal en substituant à la question métaphysique « Que savons-nous ? », la question épistémologique « À quelles conditions pouvons-nous prétendre connaître quoi que ce soit ? » Mais, contestant la prétendue neutralité du langage vis-à-vis de la pensée, des auteurs comme Frege et Russell ont initié un tournant linguistique qui a consisté à remplacer la question épistémologique par la question logique « Que résulte-t-il de ce qui a été dit [2] ? » Cependant, considérant que l'analyse logique conçue comme décomposition de la proposition ou du prédicat en ses éléments est elle-même logiquement seconde par rapport à la description de ce que nous disons quand nous voulons dire quelque chose, Austin et Wittgenstein ont amorcé le tournant « ordinaire » de la philosophie du langage en substituant à la question logique la question grammaticale « Selon quels critères et en quelles circonstances ordinaires pouvons-nous prétendre dire quoi que ce soit ? » Soupçonnant que nos critères ordinaires, malgré ou peut-être plutôt à cause de leur familiarité, sont mal connus de nous et impossibles à justifier absolument, un soupçon renforcé par les doutes qui naissent lorsque l'on reconnaît la difficulté qu'il y a à décrire la moindre expérience ordinaire et qui peuvent nous conduire à refuser d'user du langage pour exprimer ce que nous voulons dire, Cavell a soumis sa pratique philosophique à l'exigence perfectionniste de trouver les mots pour dire son expérience en reconnaissant que la question du scepticisme posait en fait depuis le début la question éthique : « Devons-nous vouloir dire ce que nous disons [3] ? »

1. Voir *PM*, p. 133 [trad. modifiée].

2. V. Descombes, *Grammaire d'objets en tous genres*, *op. cit.*, 1983, p. 111.

3. S. Cavell, « Devons-nous vouloir dire ce que nous disons ? », dans *Dire et Vouloir Dire*, chap. 1, *op. cit.*, p. 73-127.

Les révélations cinématographiques de l'ordinaire

Cet apparent détour par la question du statut transcendantal des révélations que l'on est en droit d'attendre de la philosophie nous permet en fait de relier l'effort kantien pour réfuter ce « scandale pour la philosophie[1] » qu'est le scepticisme et l'idée cavellienne d'un dépassement philosophique de la théorie par le cinéma en partant du perfectionnisme émersonien.

En effet, il semble bien que la situation moderne que décrit Emerson dans *Expérience* et qu'il appelle « la Chute de l'homme » soit encore la nôtre :

> Elle est très malheureuse, mais il est trop tard pour y rien changer, cette découverte que nous avons faite : que nous existons. Cette découverte s'appelle la Chute de l'homme. Depuis lors nous soupçonnons toujours nos instruments. Nous avons appris que nous ne voyions pas directement, mais médiatement, et que nous n'avions aucun moyen de corriger ces lentilles colorées et déformantes que nous sommes, ou de calculer la somme de leurs erreurs. Peut-être ces lentilles-sujets ont-elles un pouvoir créateur. Peut-être n'y a-t-il pas d'objets. Autrefois nous vivions dans ce que nous voyions ; à présent, la rapacité de ce nouveau pouvoir qui menace d'absorber toutes choses nous occupe complètement. La nature, l'art, les personnes, les lettres, les religions – les objets passent l'un après l'autre à la trappe, et Dieu n'est que l'une de ses idées. La nature et la littérature sont des phénomènes subjectifs ; chaque chose bonne ou mauvaise est une ombre que nous projetons[2].

Quand nous prenons conscience de notre condition, nous nous apercevons que nous ne pouvons avoir aucune certitude quant à l'existence du monde extérieur. En effet, nous ne pouvons espérer atteindre le monde que par l'intermédiaire de sens ou de formes de la connaissance dont rien n'assure qu'ils ne trahissent pas, voire ne produisent pas fictivement, la réalité avec laquelle nous pensons

1. Kant, « Préface de la seconde édition », dans *Critique de la raison pure*, *op. cit.*, note 1, p. 53 et le chapitre intitulé « En quoi consiste le scandale du scepticisme ? », dans *PJAD*, p. 145-170.

2. R. W. Emerson, « Expérience », *op. cit.*, p. 522.

entrer en contact à travers eux. La découverte de ce qu'il n'y a pas de connaissance humaine sans médiation est donc la découverte de ce que la condition humaine est marquée par le risque de l'aliénation. Pour le dire autrement, la découverte kantienne du rôle essentiel des conditions subjectives de la connaissance n'aurait paradoxalement fait que renforcer notre scepticisme en accroissant le risque que nos connaissances soient purement subjectives, c'est-à-dire dérivées seulement du « pouvoir créateur » « des lentilles-sujets ». Rien n'échappe plus alors à l'incertitude : aucun objet naturel, aucune œuvre, aucune personne, aucune religion, aucun dieu qui n'éveille le soupçon qu'il ne s'agit peut-être là que d'« une ombre que nous projetons ». Ce scepticisme n'est donc pas seulement épistémologique : il s'étend à toutes les valeurs, esthétiques comme éthiques.

Dans son livre *Must We Kill The Thing We Love ?*[1], William Rothman attire notre attention sur le fait que ce qu'Emerson appelle « la Chute de l'homme » est ce que Cavell lui-même appelle « la Chute dans le scepticisme[2] », quand il rend compte de la forte et immédiate impression que fit l'invention de la photographie sur ce qu'il appelle l'esprit européen et qui comprend l'esprit américain. Soutenant que dire que la photographie a changé notre façon de voir les choses, c'est presque prendre les choses à l'envers, Cavell affirme en effet que l'impact de la photographie n'aurait pas été aussi important si cet esprit n'avait pas déjà été préparé à y reconnaître « une manifestation de quelque chose qui lui était déjà arrivé[3] », à savoir cette prise de conscience de la distance infranchissable entre l'homme et le monde, ou encore du « retrait du monde, que la philosophie interprète comme une limitation de notre capacité à connaître le monde », voire du « fait que nous sommes morts pour le monde » en quoi consiste cette « chute dans le scepticisme » et qui semble en effet bien décrite par l'analogie d'Emerson, comme

1. W. Rothman, *Must We Kill The Thing We Love ?*, *op. cit.*, p. 274.

2. S. Cavell, « What Photography Calls Thinking », *in* W. Rothman (ed.), *Cavell on Film*, Albany, State University of New York Press, 2005, p. 116.

3. S. Cavell, « What Photography Calls Thinking », *op. cit.*, p. 116. Toutes les citations du paragraphe vont à cette page.

ont cherché à en rendre compte selon Cavell « Descartes et Hume et Kant et Emerson et Nietzsche et Heidegger et Wittgenstein[1] ».

En effet, que nous ayons tendance, quand nous regardons une photographie ou un film, à être convaincus de la réalité de ce que nous voyons tout en sachant qu'il ne s'agit que d'une photographie ou de cinéma met en évidence le peu de fondement de notre croyance en la réalité en nous montrant avec quelle facilité nous pouvons être convaincus sans fondement :

> ce n'est pas seulement une possibilité raisonnable, c'est un fait, qu'ici nos sens normaux se tiennent pour contents de la réalité alors que la réalité n'existe pas – et même, de façon alarmante, *parce qu*'elle n'existe pas, parce que la visionner suffit. [...] La base du drame du cinéma, ou l'angoisse latente que nous procure son visionnement, se trouve dans la démonstration qu'il s'acharne à faire de ce que nous ne savons pas à quoi tient notre conviction de la réalité. Céder ici au désir familier de dire du cinéma qu'il offre en général une « illusion de réalité » servirait à déguiser cette angoisse latente[2]...

Loin de soutenir un réalisme naïf de l'expérience photographique ou cinématographique, Cavell ne prétend donc pas que le cinéma ait permis de résoudre la question du scepticisme, mais soutient au contraire qu'il nous donne l'occasion de faire une expérience hallucinatoire proche de la folie, analogue à la vision du monde du sceptique, ce qui justifie qu'il puisse définir le cinéma comme « une image mouvante du scepticisme[3] » : l'expérience cinématographique « suggère, à l'instar du scepticisme, que je suis capable de folie[4] » puisque le lien avec la réalité s'y

> établit par l'installation dans la condition de celui qui « voit sans être vu », et qu'ainsi le lien n'est établi qu'au prix de l'instauration de notre éloignement et de notre isolement absolus. Et c'est exactement le coût du scepticisme[5].

1. *Ibid.*
2. S. Cavell, *Supplément à La Projection du monde*, *PM*, p. 242.
3. *Ibid.*
4. S. Cavell, « What Photography Calls Thinking », *op. cit.*, p. 118.
5. *PM*, p. 249.

Que le cinéma soit une image mouvante du scepticisme signifie en effet qu'il n'est pas moins que lui hanté par la mort. Le monde qui apparaît à l'écran est en effet un monde qui n'est plus, un monde qui est mort au sens où ce monde ne peut pas répondre aux questions que nous voudrions lui poser. Par exemple, dans *Cœur d'apache* (*The Musketeers of Pig Alley*, David W. Griffith, 1912), une jeune figurante regarde furtivement la caméra. Qu'exprimait son regard ? Qui était-elle ? Qu'est-elle devenue ? Le film résiste à l'exigence d'une connaissance aussi certaine que celle qui anime le sceptique.

Mais le monde du film est mort aussi au sens où il est figé comme la sphère fixe en face d'un spectateur immobile : nous aurons beau nous rapprocher de l'écran, il n'en demeurera pas moins une barrière, il n'en fera pas moins toujours écran entre nous et la partie du monde qui n'apparaît pas. Enfin, la possibilité pour le réalisateur de nous imposer l'identité et l'importance de ce qu'on voit du point de vue de sa subjectivité ne fait que renforcer l'idée que nous ne pouvons pas savoir ce qui est et a vraiment de l'importance puisque ce qui compte semble être entièrement dépendant de la façon dont il applique ses critères.

L'expérience du cinéma est finalement semblable à l'expérience du deuil, à laquelle s'apparente si souvent la vision de vieilles photographies de personnes disparues, quand nous sommes submergés par le sentiment de leur vulnérabilité, elles qui ne savent pas, au moment où est prise la photographie, ce que nous savons devoir leur arriver : leurs réussites, leurs échecs, leurs chances, leurs malheurs, mais aussi et surtout la date de leur mort. Quand nous avons vécu en même temps que ces personnes, revoir les films d'acteurs disparus « est une étrange expérience : ce qui fut une fois notre vie est maintenant au dépôt et nous avons passé notre chemin sans presque le savoir[1] », ce qui fait que l'œuvre cinématographique a quelque chose à voir avec la taxidermie[2]. Mais s'il y a un sens à dire que l'on peut faire son deuil, alors il se pourrait que l'expérience

1. S. Kracauer, *De Caligari à Hitler*, *op. cit.*, p. 26-27.
2. Voir S. Cavell, « What Photography Calls Thinking », *op. cit.*, p. 124.

cinématographique soit aussi l'occasion de faire son deuil de ce qui nous empêche de vivre avec le scepticisme. Dans cette perspective, le deuil qu'il s'agirait de faire serait, pour la conscience moderne, celui d'un rapport naïf au monde et aux autres et d'une présence directe et transparente à soi-même, en même temps que d'une fondation ultime de nos connaissances, dont dépendrait la possibilité d'être absolument rassuré sur sa valeur morale : on a vu que la tragédie du sceptique est qu'il désire ne faire qu'un avec le monde, mais refuse en même temps de reconnaître son existence indépendante et la possibilité toujours ouverte d'une incapacité à appliquer nos critères. Or, en refusant nos critères, c'est-à-dire la façon dont nous employons les mots dans certains contextes selon nos préoccupations, c'est-à-dire l'intérêt et la valeur que nous accordons aux objets et aux personnes, le sceptique vide le monde de ses objets et de son importance. Pour sortir du scepticisme, il faudrait plutôt s'intéresser à nos expériences quotidiennes des objets et des personnes pour reconnaître les critères de nos emplois des termes qui comprennent les réactions différentes que nous entretenons avec des objets et des êtres différents. En effet, reconnaître ces critères, c'est aussi redécouvrir quels sont l'intérêt et la valeur que nous accordons à l'objet et à la personne dans l'ensemble de nos sentiments, réactions et actions en lesquels consiste notre forme de vie. Or, c'est précisément ce que le cinéma a le pouvoir de faire. En effet, la part d'automatisme dans la transcription de l'animation des choses et des êtres permet de « laisser plutôt le monde se produire (*happen*), de laisser ses parties attirer l'attention sur elles selon leur poids naturel[1] » et procéder à une « réanimation » du monde, au double sens de ce qui redonne vie à nos concepts en nous rappelant dans quelles circonstances nous les employons et de ce qui nous rappelle ce à quoi nous portons de l'intérêt et attachons de la valeur.

On comprend alors qu'il y a ici une proximité entre la démarche du philosophe du langage ordinaire qui attire notre attention sur ce que nous disons et faisons quand nous nous rapportons à un

1. *PM*, p. 54.

objet ou à une personne auxquels nous portons de l'intérêt et la possibilité offerte par le médium cinématographique de laisser les choses « attirer l'attention sur elles selon leur poids naturel ». Si le cinéma peut donc être un instrument périlleux dans la mesure où le film est une image mobile du scepticisme, il peut aussi être ce qui sauve puisqu'il offre également la possibilité de reconnaître à la fois notre attirance pour et notre séparation d'avec le monde, bref il nous offre la possibilité de faire notre deuil d'un rapport au monde que nous n'avons en fait jamais connu, faute d'avoir eu la lucidité ou le courage d'affronter l'inquiétante étrangeté de nos vies ordinaires.

Que l'étrangeté de l'ordinaire puisse se révéler lors d'une expérience limite comme celle du deuil est un fait que le cinéma a enregistré depuis longtemps. En effet, l'expérience du deuil n'est pas seulement celle de la perte de l'être cher, mais aussi celle du monde, dans la mesure où l'être aimé en faisait partie et que c'est par les liens qui nous liaient à lui que nous étions liés au monde. Dans un moment très émouvant, la série télévisée *Buffy the vampire slayer* (Joss Whedon, 1997-2003) est parvenue à décrire cette expérience en adoptant une perspective qui n'est pas très éloignée de la philosophie du langage ordinaire pratiquée par Wittgenstein et Cavell. En effet, l'un des personnages de la série, Anya, est un ancien démon devenu humain, qui, sans aucune pudeur, ne cesse de questionner les autres personnages sur la bizarrerie des comportements et des sentiments humains. Elle est un peu l'équivalent fictif de l'exemple, cher à Wittgenstein et à Quine[1], de l'anthropologue qui découvre une tribu. Manquant tout à fait du sens des situations, ses interventions ont en outre un effet comique puissant. Lorsqu'à l'épisode 16 de la saison 5, intitulé « The Body », la mère de Buffy décède brutalement d'une rupture d'anévrisme, le spectateur ne s'intéresse donc pas seulement aux réactions et aux comportements des personnages humains ordinaires, mais aussi à la façon dont Anya va venir perturber leur deuil de ses maladresses.

1. *RP*, § 206, p. 127-128 et Quine, « Is logic a matter of words », *Journal of Philosophy*, 34, 1937, p. 674.

Dans la chambre de cité universitaire où se retrouvent les amis de Buffy avant de se rendre aux obsèques, Anya est en effet fidèle à son rôle d'observatrice bavarde et inquiète des usages humains : avant de rentrer, elle demande à son petit ami, Alex (*Xander*), ce qu'ils doivent faire et ce qu'ils sont supposés faire, sans qu'il lui réponde ; quand Xander et Willow s'embrassent, elle reste à distance de Tara, embarrassée ; quand Willow dit qu'elle craint de pleurer de nouveau, elle remarque à voix haute que Xander a pleuré lui aussi avant de venir et que c'était étrange (*weird*) ; Willow lui répond que c'est en effet quelque chose qui arrive aux êtres humains (« *It's a thing we do* »). Lorsque Xander exprime sa douleur sous la forme d'une colère dirigée contre les médecins qui n'auraient, selon lui, pas bien joué leur rôle, Willow parvient à l'apaiser en lui proposant de se battre l'un contre l'autre. Mais Anya rompt ce moment de paix retrouvé en demandant si l'on ouvrira le cadavre. Horrifiée par ce qu'elle entend et par le comportement d'Anya, Willow lui demande de cesser de poser ce genre de questions, car « cela ne se fait pas » avant de lui intimer l'ordre de se taire (« *It's not OK for you to be asking these things.* »). Serait-ce l'un de ces moments où, selon Wittgenstein, « [l]es explications ont […] un terme [1] » et où, si l'élève continue à poser des questions, alors le maître ne peut plus rien dire pour l'aider à comprendre ? Une telle expérience constitue-t-elle un exemple de ce genre de roc sur lequel « la bêche se tord » ? Il est en tout cas remarquable que ce soit Anya qui réponde le mieux à la question que pose alors Xander à Willow pour savoir comment elle se sent : Anya parle de sa difficulté à comprendre la mort soudaine de la mère de Buffy en la reliant au caractère insupportable de l'idée qu'elle ne pourra plus effectuer des gestes qu'elle-même peut encore accomplir, comme boire un punch, manger un œuf, bâiller ou se brosser les cheveux, sans que personne ne puisse lui expliquer pourquoi. Il est frappant que les exemples d'activités énoncés rappellent le critère avancé par Merleau-Ponty pour sortir du solipsisme :

1. *RP*, § 1, p. 28.

> Mon regard tombe sur un corps vivant en train d'agir, aussitôt les objets qui l'entourent reçoivent une nouvelle couche de signification : ils ne sont plus seulement ce que je pourrais en faire moi-même, ils sont ce que ce comportement va en faire. Autour du corps perçu se creuse un tourbillon où mon monde est attiré et comme aspiré : dans cette mesure, il n'est plus seulement mien, il ne m'est plus seulement présent, il est présent à X, à cette autre conduite qui commence à se dessiner en lui. Déjà l'autre corps n'est plus un simple fragment du monde, mais le lieu d'une certaine élaboration et comme d'une certaine « vue » du monde [1].

La capacité à faire la même chose serait ainsi l'un des critères de la présence au monde d'autres esprits, des « autres pris aussi comme sujets psychophysiques [2] », et de notre capacité à partager une expérience avec eux. L'expérience du deuil pourrait ainsi nous rapprocher du monde en nous rappelant ce partage de l'expérience passée et cette présence de l'autre aujourd'hui évanouie. Cependant, en nous montrant un corps inanimé là où nous voyions un autre nous-mêmes auparavant, la mort a aussi le pouvoir de faire que nous nous interrogions sur ce qui permettait d'animer ce corps des mouvements, des intentions et des sentiments que nous lui connaissions et par là de nous conduire à remettre en cause nos certitudes quant à notre capacité à réellement partager nos expériences, y compris lorsque nous semblions faire la même chose. Autrement dit, l'expérience de la séparation contrainte imposée par la mort peut susciter la pensée que nous avons toujours été séparés et que jamais nous n'avons réellement partagé d'expérience.

Que l'expérience du deuil puisse être vécue comme une expérience de la séparation d'avec le monde est bien mis en évidence dans *Un Conte de Noël*. Le film s'ouvre à peu près en effet sur l'enterrement d'un enfant au cours duquel la voix du père exprime son incapacité à faire cette expérience du deuil de son fils et les mots

1. M. Merleau-Ponty, « Phénoménologie de la perception » (1945), in *Œuvres*, Paris, Gallimard, 2010, p. 1054.

2. *Ibid.*

qu'ils prononcent sont très proches de l'essai d'Emerson intitulé *Expérience* :

> Quand mon fils est mort, il y a maintenant plus de deux ans, il me semble que j'ai perdu une belle propriété – rien de plus. Je ne puis la rapprocher de moi davantage. [...] [C]ette calamité [...] ne me touche pas ; quelque chose dont je me figurais que c'était une partie de moi-même, qui ne pourrait m'être arrachée sans me déchirer, se détache de moi sans laisser de cicatrice. C'était caduc. Ma douleur, c'est que la douleur ne saurait rien m'apprendre, ni me faire avancer d'un seul pas dans la nature réelle [1].

Mais insister sur l'étrangeté d'une expérience que l'on ne parvient pas à faire et sur la déception de ne pas pouvoir atteindre le monde par un moyen dont on pensait qu'il y parviendrait ne sont pas des gestes cinématographiques réservés aux seuls films d'Arnaud Desplechin et des réalisateurs qui connaissent l'œuvre de Stanley Cavell [2].

En effet, il semble que cela soit l'un des pouvoirs du cinéma, et notamment des films non dramatiques, de révéler ainsi l'ordinaire, c'est-à-dire de révéler nos critères et les circonstances dans lesquelles nous employons nos concepts, lesquelles constituent en fin de compte notre forme de vie.

Les révélations cinématographiques selon l'école britannique : Victor Perkins, Andrew Klevan

Il existe sur ce sujet une école britannique qui mérite d'être remarquée. Inaugurée par le travail de Victor Perkins tel qu'il l'expose dans *Film as film* [3], un livre contemporain de *La Projection du monde*, cette tradition s'attache à trouver un certain nombre de révélations d'idées de cinéma au nom d'une conception du cinéma

1. S. Cavell, *Qu'est-ce que la philosophie américaine ?*, *op. cit.*, p. 507.

2. Outre Emmanuel Bourdieu, il faut compter au moins les frères Dardenne, Claire Simon, Jacques Audiard et, bien sûr, Terrence Malick.

3. Victor F. Perkins, *Film as film. Understanding and Judging Movies*, New York, Da Capo Press, 1993 (1972).

et de la critique cinématographique qu'il qualifie de « synthétique », répondant ainsi à « la nature hybride du cinéma, la synthèse de la réalité et de la magie qu'implique le mécanisme basique du cinéma [1] ». Pour Perkins, en effet,

> dans sa conception et dès sa naissance, le cinéma était un curieux mélange : la lanterne magique fut croisée avec le jouet optique, et la progéniture de cette liaison fut couplée (*mated*) avec la caméra. Le cinéma porte depuis ce jour (et pour le futur prévisible) toutes les marques de cette parenté mixte [2].

Affirmer la nature synthétique du cinéma ne permet pas seulement à Perkins de prétendre dépasser, par le dévoilement de son origine mixte, l'opposition ancienne entre les deux tendances antagonistes de la théorie du cinéma, que Kracauer appelle la tendance formative et la tendance réaliste [3] et qui recoupe à peu près le clivage entre partisans du montage et adeptes du plan-séquence : si ces tendances ont pu trouver pour elles autant d'arguments, sans pour autant convaincre tout à fait, c'est qu'elles ont bien identifié certains des pouvoirs du cinéma, mais ont manqué à reconnaître que son essence est le produit de leur composition. Cette conception d'une essence synthétique du cinéma se prolonge en une théorie normative de la critique cinématographique elle-même synthétique. De même que sa conception synthétique de l'essence du cinéma est le produit de la composition des vérités de deux conceptions ontologiques apparemment contradictoires, de même sa conception synthétique de la critique cinématographique l'amène à concilier les vertus de deux approches critiques apparemment opposées, l'« approche littéraire [4] » qui « *réduit* le récit filmique à son énoncé verbal et essaie alors de déterminer la valeur et l'importance de la forme de mots qui en résulte [5] » et l'approche

1. Victor F. Perkins, *Film as film*, *op. cit.*, p. 120.
2. *Ibid.*, p. 42.
3. Voir S. Kracauer, *Théorie du film*, *op. cit.*, p. 65-74.
4. Victor F. Perkins, *Film as film*, *op. cit.*, p. 78.
5. *Ibid.*, p. 79.

> orthodoxe, [qui] ignorant la « réalité » du cinéma dans sa quête pour les effets « cinématographiques » les plus flagrants, ne trouvera aucune signification dans l'image [parce qu'e]lle n'offre pas un concept visualisé, ni ne contribue à un schéma de montage ostentatoire [1].

Après plus d'un siècle de critique cinématographique, il semble que la tendance dominante en théorie cinématographique soit moins celle qui privilégie l'histoire que celle qui se concentre sur le code visuel et que l'on identifie parfois comme du « purisme visuel [2] ». C'est en tout cas contre une telle tendance et la conception « puriste » du cinématographique qui la soutient qu'un réalisateur comme Rohmer a souvent dû se défendre quand on lui reprochait de faire des films bavards et donc peu « cinématographiques » en affirmant, comme dans sa *Lettre à un critique*, que :

> ni le texte (du) commentaire, ni celui des dialogues ne sont mon film : ils sont des choses que je filme, au même titre que les paysages, les visages, les démarches, les gestes. Et si vous dites que la parole est un élément impur, je ne vous suis plus : elle fait partie, tout comme l'image, de cette vie que je filme.
> Ce que je « dis », je ne le dis pas avec des mots. Je ne le dis pas non plus avec des images, n'en déplaise à tous les spectateurs d'un cinéma pur, qui « parlerait » avec ses images comme un sourd-muet le fait avec ses mains. Au fond, je ne dis pas, je montre. Je montre des gens qui agissent et parlent [3].

On devine en quoi consiste la conception « synthétique » de la critique cinématographique prônée par Perkins : puisqu'un film ne se réduit pas à un discours, ni à un visuel, puisqu'il n'est ni son

1. *Ibid.*

2. Voir les efforts de Marc Cerisuelo pour lutter contre ce qu'il appelle le « Tout-Image » dans *Hollywood à l'écran. Les métafilms américains*, Paris, Presses de la Sorbonne nouvelle, 2000, 1re partie, p. 15-97.

3. É. Rohmer, *Le goût de la beauté*, Paris, Cahiers du cinéma, 2004 (1984), p. 126. La dernière phrase fait écho à ce qu'a pu dire Serge Daney : « Le cinéma ce n'est pas l'art des images, c'est l'acte de montrer. » Daney, in *Itinéraire d'un cinéfils*, Pierre-André Boutang et Dominique Rabourdin, DVD, Paris, éditions Montparnasse, 2004 ; cité par Marc Cerisuelo dans *Fondus enchaînés. Essais de poétique du cinéma*, Paris, Seuil, 2012, p. 144.

scénario, ni un pur jeu d'images, mais le produit de la synthèse de ces éléments, une lecture qui se contenterait de se concentrer seulement sur les parties et non sur le tout, courrait le risque de voir une partie du sens, voire le sens entier du plan, de la séquence et donc du film lui échapper :

> Une approche synthétique corrige l'obsession littéraire du critique pour l'importance du récit et l'obsession puriste pour l'emphase visuelle. Au cours de ce processus, il met la fonction normale du réalisateur au centre de notre attention : non pas écrire des histoires, ni construire des figures de peintre, mais développer un matériau donné et l'organiser selon une forme signifiante. Pour comprendre entièrement les significations, plutôt que ces parties de la signification qui sont présentes dans le synopsis verbal ou dans le code visuel, on doit être attentif au contenu entier du plan, de la séquence et du film. La réussite d'un film est fonction de la mesure dans laquelle cette attention complète est récompensée [1].

Cette théorie est introduite par induction à partir de quelques exemples. Ainsi, l'analyse d'une scène du film *Les 55 jours de Pékin* (*55 Days at Pekin*, 1963) de Nicholas Ray, où Charlton Heston est chargé d'informer une jeune fille sans mère que son père est mort, permet-elle à Perkins de montrer comment le réalisateur parvient à nous révéler, à l'aide d'une idée de cinéma, que pour certains hommes la recherche de conflits physiques dans la guerre ou dans d'autres circonstances est une façon d'échapper à des relations humaines qui exigeraient plus de subtilité et d'investissement émotionnel. En effet, le dialogue, la position des acteurs et leur jeu (regards fuyants d'Heston) dirigent notre attention sur les difficultés d'Heston à composer avec les émotions des autres et nous révèlent que, loin de chercher à adoucir le contenu de son annonce par la forme qu'il lui donne, il ne vise qu'à se protéger lui-même d'une réaction de l'orpheline qui pourrait lui échapper ou de quoi que ce soit qui pourrait l'engager [2].

1. Victor F. Perkins, *Film as film*, *op. cit.*, p. 79.
2. *Ibid.*, p. 75.

De même, dans *Johnny Guitar* (N. Ray, 1954), la scène où Emma perd son chapeau alors qu'elle s'élance à la poursuite de l'assassin de son frère montrerait-elle, selon Perkins, que la jeune femme est moins touchée par le décès de son frère, qu'excitée par la chasse à l'homme à laquelle elle participe en montant à cheval et en perdant son chapeau sous l'effet du vent [1]. Ce détail attirerait notre attention sur le fait que notre rapport aux objets peut en dire beaucoup sur notre caractère. Ce sens ne pourrait cependant pas apparaître, s'il n'avait été préparé par ce que la caméra a déjà enregistré de l'action et des façons d'être du personnage, notamment au cours de la première apparition d'Emma où le fait qu'elle ne soit pas loin d'être emportée par la tempête nous donne l'impression qu'elle risque d'être emportée par les pulsions qui s'exercent sur elle. La description de l'équilibre subtil entre enregistrement de l'action et expression symbolique qui permet à cette séquence de faire sens conduit alors Perkins à conclure que

> … nous ne remarquerons ce type d'équilibre que si nous réagissons aux films comme à des formes synthétiques, puisqu'aucun des éléments synthétisés n'a d'importance en lui-même. Les parties n'ont d'intérêt que si nous les relions, et non si nous les isolons [2].

Contre l'approche « littéraire » telle que l'entend Perkins, Cavell insiste lui aussi sur les pouvoirs transformateurs de la transcription cinématographique, la « photogenèse » des choses et des personnes à l'écran qui leur donne un statut mythique irréductible à leur description par des mots, comme sont irréductibles les « mythes », les idées de cinéma qui s'y trouvent exprimés, dans lesquels nous nous reconnaissons souvent d'une façon si puissante que cela rend ridicule et vain le discours « puriste » de ceux qui prétendent savoir que ce n'est pas du cinéma [3].

1. *Ibid.*, p. 77-78.
2. Victor F. Perkins, *Film as film*, *op. cit.*, p. 78.
3. Pour un rappel historique sur la fortune de l'expression, voir M. Cerisuelo, « Ça, c'est du cinéma ! », *Fondus enchaînés*, *op. cit.*, p. 167-180.

Il n'est donc pas étonnant que Cavell retrouve non seulement cette conception « synthétique » du cinéma, mais également des résultats particuliers des analyses de Perkins. Par exemple, on pourrait rapprocher la chute du chapeau d'Emma dans *Johnny Guitar*, censée nous révéler l'importance de notre rapport aux objets, de divers comportements d'autres personnages qui relèvent tout autant de notre expressivité naturelle, du fait que nous sommes condamnés à exprimer nos pensées dans la mesure où nos comportements sont la plupart du temps expressifs malgré nous.

Cette expérience de la condamnation à l'expression est en effet illustrée par Cavell à partir d'une analyse d'une séquence de *L'Extravagant Mr. Deeds* (*Mr. Deeds Goes to Town*, Frank Capra, 1936 [1]). Pour se défendre au tribunal contre l'accusation de folie qu'on a portée contre lui en arguant de ses étranges habitudes, comme jouer du tuba au lit ou donner tout son argent aux gens dans le besoin, Deeds remarque que nous avons tous nos manies, nos habitudes étranges qui trahissent une commune inquiétude humaine, une incapacité partagée à rester tout à fait tranquilles. Citant en exemples les manies qu'il a pu identifier dans la salle d'audience, son propos est appuyé par la caméra qui illustre visuellement le tic décrit en filmant la personne visée en train de le faire, soit qu'elle gribouille, soit qu'elle fronce le nez, soit qu'elle fasse craquer ses articulations, soit qu'elle se gratte l'oreille, ou encore qu'elle se ronge les ongles. Cette révélation de deux caractéristiques de notre condition, notre inquiétude et notre difficulté à contrôler ce que nous exprimons par notre comportement, est aussi une révélation du pouvoir d'enregistrement de la caméra, sorte de « somatogramme [2] », en même temps qu'une découverte de notre peur de l'expressivité, de notre crainte de nous exposer aux autres puisque nous n'aimons pas voir nos manies ainsi dévoilées et que nous avons tendance à réagir comme les personnages, qui masquent systématiquement

1. Voir S. Cavell, « What Photography Calls Thinking », in *Cavell on Film*, *op. cit.*, et *Philosophie des salles obscures*, *op. cit.*, chap. 10 « *L'Extravagant Mr. Deeds* », p. 229-247.

2. S. Cavell, *Philosophie des salles obscures*, *op. cit.*, p. 239.

leur comportement dès que la caméra se porte sur eux dans le film. Cette séquence attire donc au moins notre attention sur le fait que l'agitation du corps est un des comportements expressifs du type de pensées que nous pouvons avoir à un moment donné.

Or, cette révélation n'est pas sans importance dans la mesure où elle participe d'un ensemble plus vaste de découvertes quant à ce que nous sommes capables de nous faire et de faire aux autres au quotidien sans le savoir, toutes révélations qui devraient nous permettre de devenir meilleurs. En ce sens, si Cavell a raison quand il pense avoir découvert dans le cinéma classique hollywoodien un registre de la vie morale qu'il appelle le perfectionnisme moral et qui consiste notamment en un effort pour s'améliorer mutuellement par une conversation amicale entre égaux [1], on peut dire avec lui que

> le laboratoire du cinéma [est] la démocratisation du perfectionnisme, [il nous permet de] reconnaître ce dont nous sommes capables dans les confrontations quotidiennes, répétées, et non dramatiques sur lesquelles le cinéma attire notre attention. Nous voyons alors que les affronts que nous nous infligeons mutuellement, une pensée méchante, inexprimée ou déguisée, un regard dur, une mauvaise interprétation délibérée, une fluctuation de notre loyauté, le rejet d'une intention, une louange ou un blâme aveugle ou désinvolte – les innombrables signes de notre scepticisme à l'égard de la réalité, de la séparation de l'autre – nous font courir le risque de souffrir, ou d'endurer des petites morts tous les jours [2].

À l'instar de la pratique du nouveau roman de Nathalie Sarraute, qui cherche à dépasser les soupçons du lecteur sceptique en lui révélant sous une forme adéquate des tropismes qu'il pourrait reconnaître comme siens [3], les révélations cinématographiques de l'ordinaire peuvent donc avoir une dimension morale dans la mesure où elles nous révèlent ce que tous ces comportements ordinaires, qui

1. Voir le chapitre sur Aristote dans *Philosophie des salles obscures*, *op. cit.*, p. 411-433.

2. S. Cavell, « Ce que le cinéma sait du bien », *Le cinéma nous rend-il meilleurs ?*, *op. cit.*, p. 97-98.

3. Voir, par exemple, N. Sarraute, *Tropismes*, Paris, Denoël, 1939.

pourraient nous échapper, révèlent eux-mêmes de nos mauvaises pensées et de ce que nous sommes constamment tentés de nous infliger les uns aux autres, mais finalement aussi à nous-mêmes.

Héritier de Perkins et de Cavell, Andrew Klevan a montré dans sa thèse, *Disclosure of the Everyday : the undramatic achievements in narrative film* [1], comment une lecture inspirée des deux penseurs peut permettre d'expliquer notre adhésion à des films aussi peu dramatiques que ceux de Bresson, Ozu ou Rohmer. Dans *Journal d'un curé de campagne* (Robert Bresson, 1951), par exemple, le mouvement de caméra récurrent qui consiste en un panoramique se terminant sur le visage du curé met en évidence sa tendance à fuir la moindre situation conflictuelle qui est solidaire de son incapacité à s'affirmer, ces deux traits de son caractère étant à mettre en relation avec les effets immobilisants de la conscience de soi qu'encourage une pratique excessive du journal intime [2].

Dire de *Journal d'un curé de campagne* qu'il s'agit d'un film peu dramatique pourrait étonner : comment nier son caractère mélodramatique étant donnés les événements présents dans le film et traditionnellement associés avec l'idée de drame : le suicide, l'adultère, le chantage, la maladie, la mort ? Mais Klevan remarque que les scènes où les événements dramatiques se produisent ou sont rapportés ne sont pas en elles-mêmes de nature dramatique :

> [l]e film ne propose des scénarios mélodramatiques que pour montrer comment on peut les jouer de façons non excitantes et ennuyeuses. Le film suggère donc qu'un des traits souvent méconnus de certaines crises est qu'elles ne sont pas assez *emphatiques* ; on n'en fait pas l'expérience au niveau auquel on s'attendrait (ou que l'on pourrait espérer, ou dont on pourrait avoir besoin [3]).

Parmi d'autres passages, le paragraphe que consacre Klevan à la scène qui suit le moment où le curé sort de chez le médecin qui

1. A. Klevan, *Disclosure of the Everyday : the undramatic achievements in narrative film*, PhD. Thesis, University of Warwick, 1996, http://wrap.warwick.ac.uk/4099/, consulté le 20 mars 2018 ; publié sous le même titre, Trowbridge, Flicks Books, 2000 [Les références vont à la thèse en ligne].

2. *Ibid.*, p. 101-102.

3. *Ibid.*, p. 112.

vient de lui apprendre qu'il était condamné à mourir d'un cancer de l'estomac illustre bien l'idée que le cinéma a le pouvoir de nous révéler ce que nous savons déjà sans nécessairement en avoir conscience et l'intérêt d'un mode non-dramatique pour nous rendre attentifs à l'ordinaire :

> [l]a traversée de la ligne de tramway par le prêtre montre qu'il est inconscient de l'agitation de la rue, comme en transe. Son désintérêt pour ce qui l'entoure illustre ici la façon dont l'implication émotionnelle dans une crise peut dégénérer, l'imminence de la mort créant l'hébétude du prêtre à l'égard de son environnement. C'est précisément une force de sentiment qui se dissipe. Pas de pleurs, pas d'appels au secours, pas de convulsions incontrôlables, pas d'hallucinations expressionnistes ; au lieu de cela il dit simplement quelques moments plus tard : « J'ai dû simplement froncer les sourcils comme à l'énoncé d'un problème difficile. » Si l'on met à part les comédies pince-sans-rire, peu de films ont le courage de froncer les sourcils devant leurs moments de crise [1].

Fig. 6 : *Journal d'un curé de campagne* (Robert Bresson, 1951).
Prod DB © UGC

Que peu de films résistent à la tentation de susciter des émotions en exploitant des moments de crise explique peut-être ce qui fait la force du *Journal d'un curé de campagne* et la reconnaissance qu'éprouvent pour lui ses spectateurs : ce film nous permet de prendre

1. *Ibid.*, p. 113.

conscience qu'un individu qui ne semble plus prêter attention à son environnement peut ne pas être réellement indifférent, mais sous le choc, dans un état émotionnel critique qui ne trouve pas d'expression évidente. Le film avait d'ailleurs auparavant attiré notre attention sur le danger qu'il peut y avoir à minorer l'importance des événements dramatiques dans nos vies, à l'image de la Comtesse qui est morte pour le monde autour d'elle bien avant de décéder, à force de relativiser l'importance des événements déplorables que les autres lui ont fait subir : comme l'écrit Klevan, son comportement montre « qu'il est dangereux de ne pas reconnaître le caractère dramatique des choses qui comptent dans la vie, de ne pas leur accorder la dose d'emphase dramatique qu'elles méritent [1]. »

Après avoir tenté de justifier l'intérêt pour les philosophes de pratiquer la lecture de films, je vais essayer de mettre en évidence la fécondité de ce type d'approche pour les études cinématographiques en la confrontant à d'autres interprétations d'un des plus grands cinéastes français, disciple d'André Bazin, dont on peut concevoir le cinéma comme révélateur de l'ordinaire et qui a fait l'objet de plusieurs textes de Cavell : Éric Rohmer.

1. A. Klevan, *Disclosure of the Everyday*, *op. cit.*, p. 123.

CHAPITRE III

QUELQUES RÉVÉLATIONS DE LA VIE MORALE ORDINAIRE DANS LE CINÉMA D'ÉRIC ROHMER

Montrer des gens qui agissent et qui parlent, c'est filmer la vie. Cette formule, qui entend résumer le propos d'Éric Rohmer cité dans le chapitre précédent, indique une convergence d'intérêts et de vues entre Cavell et le cinéaste français. Dans ce chapitre, j'aimerais prendre pour exemple l'œuvre rohmérienne afin de montrer comment l'attention aux révélations cinématographiques de l'ordinaire permet de modifier radicalement la perspective que l'on peut avoir sur les films d'un réalisateur classique.

Dans un article de 1992 [1], Sandra Laugier avait proposé de rapprocher l'interprétation cavellienne de la tragédie shakespearienne et du transcendantalisme émersonien de films d'Éric Rohmer comme *Conte d'hiver* (1992), *Le Rayon vert* (1986) ou *La Marquise d'O* (1976), avant que Stanley Cavell lui-même ne consacre plusieurs textes à ces films [2]. Dans ce qui suit, je tâcherai de confronter l'esprit de telles lectures des films de Rohmer à certaines des interprétations que l'on a pu en proposer. Mais cela suppose néanmoins que cet esprit soit rappelé, ce que je propose de faire d'abord à partir de la lecture cavellienne des « contes d'hiver » de Shakespeare et d'Éric Rohmer.

1. S. Laugier, « Emerson et le cinéma », *Critique*, vol. 48, n° 541-542, juin-juillet 1992, p. 493-512.

2. S. Cavell, « On Éric Rohmer's *A Tale of Winter* » (1999) in *Cavell on Film, op. cit.*, p. 287-293 ; le chap. 23 de *Philosophie des salles obscures* intitulé « Shakespeare et Rohmer – Deux Contes d'hiver », *op. cit.*, p. 489-512, « Ce que le cinéma sait du bien » (2000), in *Le cinéma nous rend-il meilleurs ?*, trad. fr. C. Fournier et É. Domenach, Paris, Bayard, 2003, p. 81-118 pour *Le Rayon vert*, mais aussi le chapitre de *Conditions nobles et ignobles* intitulé « La conversation de la justice », dans *Qu'est-ce que la philosophie américaine ?*, *op. cit.*, p. 369-414 qui analyse *La Marquise d'O*.

Stanley Cavell sur les contes d'hiver de Shakespeare et d'Éric Rohmer

Le Conte d'hiver (1610-1611) de Shakespeare se divise en deux parties. La première va des actes I à III et reprend le thème de la jalousie folle qu'on peut trouver dans *Othello*. La seconde, qui comprend les actes IV et V, est essentiellement constituée d'une grande célébration pastorale de la nature, suivi d'un retour de la réalité menacée par la tragédie de la jalousie.

Léonte, roi de Sicile, et Polixène, roi de Bohême, sont amis d'enfance. Polixène vient de passer 9 mois en Sicile et s'apprête à retourner en Bohême. Quand Léonte s'aperçoit qu'Hermione parvient mieux que lui à obtenir de Polixène qu'il prolonge encore un peu son séjour sicilien, la jalousie s'empare de lui : il soupçonne Polixène d'être le père de l'enfant qu'Hermione porte dans son ventre depuis 9 mois, mais aussi de son fils aîné, Mamillius, âgé de 7 ans.

La jalousie le conduit notamment à séparer Hermione de ses enfants, Mamillius, donc, et la petite Perdita une fois née. Mamillius meurt, tandis que la petite Perdita est abandonnée sur les côtes – fictives – de Bohême. Quand Léonte apprend la mort d'Hermione, sa jalousie s'apaise et il prend conscience de sa folie. Il fait alors le vœu de ne jamais se remarier sans l'accord de Paulina, la suivante d'Hermione.

Seize ans après, Perdita revient en Sicile et finit par être identifiée par son père. Paulina invite tous les protagonistes de nouveau réunis à venir chez elle admirer une statue à l'effigie d'Hermione qu'elle prétend animer par la force de sa magie : Hermione descend en effet de son piédestal pour enlacer Léonte, avant de bénir sa fille Perdita qu'elle a enfin retrouvée.

Comment pouvons-nous être émus par la fin du Conte d'hiver ?

La scène finale du réveil ou de la résurrection du *Conte d'hiver* de Shakespeare est l'une des plus clivantes pour la critique spécialisée, opposant ceux qui considèrent que le remplacement de la statue par la vie ne « fonctionne » pas, à ceux qui trouvent que cela « prend » sur le plan théâtral[1]. Cette pièce dans la pièce est l'un de ces moments où Shakespeare nous invite à réfléchir sur les pouvoirs du théâtre, mais aussi, puisque cette scène figure dans le film d'Éric Rohmer, l'un de ces moments où Rohmer nous invite à réfléchir sur les pouvoirs du cinéma. On peut ajouter qu'elle constitue une occasion pour le spectateur du *Conte d'hiver* de s'interroger sur le problème classique de savoir comment nous pouvons être émus par le sort d'un personnage de fiction. Il semble en effet étonnant que nous puissions le faire quand il s'agit d'un individu dont nous savons qu'il n'existe pas : nous avons, par exemple, cessé de nous inquiéter pour le père Noël depuis longtemps… Les spécialistes de littérature et les philosophes ont proposé plusieurs solutions pour résoudre ce que le philosophe anglais Colin Radford a appelé, dans son célèbre article « Comment pouvons-nous être émus par le sort d'Anna Karénine ? », le « paradoxe de la fiction[2] ». Il est cependant une façon d'aborder la difficulté qui mérite d'être rappelée.

Comment pouvons-nous être émus par le sort des autres ?

Il s'agit de relever un présupposé contestable, à savoir l'idée qu'il serait facile de comprendre pourquoi nous sommes émus par le sort des autres. On devient sensible à ce présupposé quand on pratique une philosophie de l'expérience ordinaire. Dans les textes des philosophes, l'ordinaire est d'habitude conçu comme le trivial, l'évident, ce qui va de soi ; mais une philosophie de l'expérience ordinaire propose plutôt de faire de l'ordinaire un problème, ce qui est en même temps extrêmement familier et extrêmement étrange, à l'instar du cinéma lui-même.

Le point de départ d'une telle philosophie sera ainsi de se demander si l'on ne pourrait pas dire du personnage de fiction ce que Wittgenstein disait de la vision, à savoir que s'émouvoir pour des personnages de fiction nous semble mystérieux parce que

1. Voir S. Cavell, « Deux contes d'hiver : Shakespeare et Rohmer », *Le cinéma nous rend-il meilleurs ?*, *op. cit.*, p. 133.

2. C. Radford, « How Can We Be Moved by the Fate of Anna Karenina? » (1975), dans J.-P. Cometti, J. Morizot et R. Pouivet (dir.), *Esthétique contemporaine. Art, représentation et fiction*, trad. fr. R. Pouivet, Paris, Vrin, 2005, p. 327-345.

s'émouvoir pour des personnes réelles ne nous paraît pas assez mystérieux. Il y a ici quelque chose qui a un rapport avec l'idée trompeuse selon laquelle notre expérience du cinéma serait une illusion. En effet, comme le remarque Stanley Cavell dans *La Projection du monde*, le fait que nous puissions croire en la réalité de ce qu'on nous montre au cinéma tout en sachant qu'il ne s'agit que de cinéma est révélateur « de ce que nous ne savons pas à quoi tient notre conviction de la réalité[1] », une révélation inquiétante dont les effets angoissants ne sauraient être annihilés en disant qu'il s'agit d'une illusion de réalité.

À suivre Cavell, les œuvres de fiction en général, et le cinéma en particulier, auraient le pouvoir de nous faire vivre une double expérience sceptique. Ce n'est pas seulement qu'en étant « pris » par le spectacle, nous découvrons que nous ne savons pas vraiment à quoi tient d'ordinaire notre conviction d'être en présence du monde, autrement dit que nous faisons l'expérience de ce que la tradition appelle le scepticisme à propos du monde extérieur. C'est surtout que s'interroger sur la facilité avec laquelle nous pouvons nous émouvoir pour des personnages de fiction, qui n'existent pas, devrait nous conduire à nous demander comment nous pouvons être sûrs d'ordinaire de ne pas nous émouvoir pour des sentiments que les autres ne font que simuler. Autrement dit, l'expérience du spectateur de fiction peut être l'occasion de vivre ce que l'on appelle le scepticisme à propos des autres. En effet, quand on s'interroge pour savoir comment nous pouvons nous émouvoir pour les autres, on s'aperçoit rapidement qu'il est toujours possible que les comportements que nous observons et que nous prenons pour l'expression d'une émotion authentique soient simulés. On répondra peut-être que, la plupart du temps, nous ne pensons pas à cette possibilité. Seulement, cela ne résout pas la difficulté, car il n'est pas rare d'être trompé par les autres et nous avons tendance, plus souvent qu'à notre tour, à traiter les autres comme s'ils n'avaient pas d'émotions, c'est-à-dire comme s'ils simulaient, ce que Cavell appelle notre tendance à la théâtralisation. Pour Cavell, il est en

1. S. Cavell, « Supplément à La projection du monde », dans *PM*, p. 242.

effet fréquent que notre comportement à l'égard d'autrui relève de la « théâtralité[1] », c'est-à-dire du fait de refuser de se révéler à autrui en adoptant vis-à-vis de lui la position du spectateur au théâtre (caché dans l'obscurité, silencieux, immobile) et en faisant de lui un personnage sur une scène de théâtre.

Faire comme si les autres ne pouvaient pas simuler leurs émotions alors que nous savons que cela peut être le cas, c'est donc faire preuve d'une irrationalité au moins aussi grande que celle dénoncée par Radford et son paradoxe de la fiction.

D'où ce résultat étonnant : comprendre la rationalité de nos réactions émotionnelles de spectateurs et comprendre la rationalité de nos réactions émotionnelles ordinaires ne sont pas deux tâches distinctes, mais solidaires. En outre, Cavell soutient que la première compréhension nous offre un moyen d'atteindre la seconde.

La reconnaissance, la théâtralité et l'expérience ordinaire du spectateur

L'une des leçons tirées par Cavell dans ses ouvrages antérieurs à *La Projection du monde* est que s'il y a là une vérité du scepticisme, il y a aussi une erreur qui tient à ce que la présence au monde et aux autres qui est cherchée n'est pas une présence qui pourrait être trouvée par la connaissance. Pour retrouver cette présence au monde perdue, il faudrait au contraire apprendre à se passer de connaissance, c'est-à-dire renoncer à savoir que le monde existe, et simplement l'« accepter[2] » en tant qu'il est séparé de nous, renoncer à savoir que les autres existent, pour mieux s'efforcer de « reconnaître[3] » leur présence en se révélant à eux ».

La reconnaissance ainsi entendue se définit négativement par opposition à ce que Cavell appelle la « théâtralité ». Les modalités de la reconnaissance d'autrui ne sont bien sûr pas données, ni susceptibles de figurer dans un *modus operandi* qu'il suffirait de

1. S. Cavell, « L'évitement de l'amour », dans *Dire et Vouloir Dire*, *op. cit.*, p. 494.
2. *Ibid.*, p. 483.
3. *Ibid.*

reproduire pour s'assurer à chaque fois une rencontre authentique. Il est cependant clair qu'elle ne peut commencer avant que nous ayons arrêté de nous cacher, de nous réfugier dans le silence ou en nous isolant. Le théâtre, en nous imposant un lieu et un temps où ces conditions de notre scepticisme peuvent être vécues consciemment, « nous offre une chance d'arrêter[1] » et de préférer reconnaître le caractère séparé du monde et des autres, c'est-à-dire choisir de vivre et de parler en s'exposant à l'altérité du monde.

Pour simplifier, on peut entendre le terme de « reconnaissance » au sens où l'on reconnaît un enfant naturel à la naissance, c'est-à-dire où l'on s'engage à accomplir un certain nombre d'actes sans être certain de pouvoir tous les effectuer, ni non plus de ne pas avoir à le regretter. Cette acception semble confirmée par la lecture cavellienne du *Conte d'hiver* où la seule façon pour Léonte de surmonter son scepticisme serait, plutôt que de les renier, de reconnaître, au sens légal, ses enfants.

Scepticisme, tragédie shakespearienne et Othello

Les révolutions religieuses et scientifiques du XVIe siècle et du début du XVIIe siècle ont produit une crise de confiance dans la capacité humaine d'atteindre la connaissance, c'est-à-dire une crise sceptique, dont témoigne l'œuvre de Descartes, que l'on tient pour le fondateur de la philosophie moderne. Mais Cavell soutient, on l'a vu, que Shakespeare, avant Descartes, avait lui aussi exprimé cette crise de confiance

> à travers les protagonistes de ses tragédies, des personnages dont le caractère destructeur résulte de ce manque de certitude épistémologique. Mais, à chaque fois, cela concernait quelque chose de différent, une façon différente pour le fondement même de la vie de s'écrouler face à un moment de doute, et de plonger le monde dans un chaos néfaste et sans valeur[2].

1. S. Cavell, « L'évitement de l'amour », dans *Dire et Vouloir Dire*, *op. cit.*, p. 494.

2. S. Cavell, « Shakespeare et Rohmer », dans *Philosophie des salles obscures*, *op. cit.*, p. 493. Voir *supra* chap. II, p. 66-67.

Par exemple, dans sa lecture d'*Othello*, la relation du personnage éponyme à Desdémone est analogue à la relation qu'entretient le sceptique au monde, à savoir une exigence absurde et dangereuse de connaissance intime et exclusive. Cette exigence est en effet absurde puisque provoquée par deux données irréductibles : l'extériorité du monde et l'altérité d'autrui. Elle est en outre dangereuse dans la mesure où ce désir jaloux d'exclusivité et d'intimité absolues [1] est hanté par la mort : plutôt que d'accepter l'extériorité du monde et de reconnaître l'altérité d'autrui, le sceptique préfère les détruire, comme le jaloux préfère détruire l'objet de son désir plutôt que d'en laisser la jouissance à autrui. Incapable de reconnaître la valeur de nos usages et de nos connaissances du fait de l'impossibilité de trouver une certitude absolue qui puisse les fonder, le sceptique vide le monde de ses objets et de sa valeur en refusant nos façons ordinaires de nous rapporter à lui et à autrui, ce que chaque personnage principal des tragédies de Shakespeare fait à sa façon :

> Dans le cas d'Othello, c'est un doute, exprimé comme de la jalousie, sur la fidélité de Desdémone ; dans le cas de Lear, le doute porte sur la question de savoir s'il est aimé [et vient de son désir d'une intimité avec le monde et les autres qui n'impliquerait pas pour lui de réciprocité, de peur d'être impuissant à rendre l'amour qui lui serait ainsi donné [2]] ; dans le cas d'Hamlet, sur la valeur de l'existence humaine, sur la malédiction d'être né, d'être mortel ; dans le cas de Macbeth, sur l'identité ou la nature de sa femme.
>
> Dans *Le Conte d'hiver*, l'envie qu'a Léonte de tuer le monde, ce qui lui appartient du monde, naît de quelque chose qui ressemble à la jalousie dévorante d'Othello, mais qui se rattache plus directement […] à une réaction à la grossesse de sa femme Hermione, qui s'exprime comme un doute pour savoir si ses enfants sont de lui [3]. »

1. S. Cavell, *Le déni de savoir*, *op. cit.*, p. 24.
2. S. Cavell, « L'évitement de l'amour », dans *Dire et Vouloir Dire*, *op. cit.*, p. 450.
3. S. Cavell, « Deux contes d'hiver », dans *Le Cinéma nous rend-il meilleurs ?*, *op. cit.*, p. 124-125.

Pour sortir du scepticisme, il faudrait donc reconnaître le monde, c'est-à-dire avouer qu'il nous attire et accepter son extériorité, sa vitalité, son indépendance. En ce sens, une telle sortie supposerait de tomber de nouveau amoureux du monde, de se remarier avec lui.

La reconnaissance, le remariage et Le Conte d'hiver

Dans ses lectures de *Coriolan*, du *Conte d'hiver*, d'*Hamlet* et d'*Antoine et Cléopâtre*, Cavell croit néanmoins trouver de la part de Shakespeare un effort pour surmonter le scepticisme moderne qui irait dans le sens de la notion de reconnaissance.

En effet, dans *Le Conte d'hiver*, le doute de Léonte quant à sa paternité est le symptôme d'un doute plus radical sur le pouvoir de son identité de résister à la vitalité et à la multiplicité de la nature en tant qu'elles produisent le vertige sceptique de la séparation d'avec l'autre. Le reniement de son fils, Mamillius, et de sa fille, Perdita s'apparente ainsi à un déni de la nature, à un souhait d'un monde sans génération, un refus sceptique qui ressemble à une forme de vengeance contre la vie, dont Hermione subit la violence mortelle.

Cavell emprunte à l'*Anatomie de la critique* de Northrop Frye l'idée que, dans la « Comédie ancienne », le personnage féminin principal doit subir quelque chose comme une mort, avant de bénéficier d'une résurrection [1]. En considérant que le scepticisme à propos du monde extérieur est en réalité solidaire et d'abord dérivé du scepticisme à propos d'autrui, Cavell a proposé de tenir la question de la possibilité du remariage entre époux, une fois la crise de confiance advenue, comme analogue à la question de la possibilité de surmonter le scepticisme. Il interprète donc la scène finale de la résurrection d'Hermione par Léonte comme s'apparentant à une cérémonie de remariage, de recréation entre époux et y trouve l'idée sur laquelle pivotera sa lecture ultérieure des sept comédies classiques hollywoodiennes dans *À la recherche du bonheur*. Le mariage est en effet conçu par Cavell comme

1. Voir S. Cavell, *À la recherche du bonheur*, *op. cit.*, p. 25-26 qui renvoie à Frye, « The Argument of Comedy » (1948), *English Institute Essays*, D.A. Robertson, Jr. (ed.), New York, Columbia University Press, 1949.

l'institution qui lie la culture à la nature en légitimant aux yeux de la société la sexualité et donc en surmontant le refus sceptique de la vitalité naturelle. Le problème du mariage n'est pas simplement celui de savoir comment deux peuvent ne devenir qu'un (ce que le sceptique désire à l'origine), mais comment l'une des deux peut devenir deux renvoyant en même temps l'autre à cette évidence qu'ils n'ont jamais été un, ce qui produit le vertige sceptique de la séparation et qui exige la reconnaissance du besoin de l'autre et de cette séparation :

> ... la cérémonie d'union dans la pièce prend la forme d'une cérémonie de séparation, comme pour signifier que la question de deux qui font un ne constitue que la première moitié du problème, l'autre moitié portant sur le passage de un à deux. La participation de Léonte au processus de parturition signifie la reconnaissance de la séparation : reconnaître qu'au-delà de sa vie il existe une autre vie, qu'Hermione a une vie, qu'elle peut créer une vie au-delà de leurs deux vies, au-delà de la plénitude et du néant. La scène finale du *Conte d'hiver* interprète cette création comme leur création l'un par l'autre [1].

Conte d'hiver *d'Éric Rohmer : la « méditation » rohmérienne sur* Le Conte d'hiver *de Shakespeare*

Le film *Conte d'hiver* (1991) d'Éric Rohmer s'ouvre sur des images d'un couple de jeunes gens en vacances sur une île bretonne qui s'aiment le temps d'un été. Au moment de rentrer de vacances et de se séparer sur le quai de la gare, Félicie donne à Charles son adresse, mais se trompe de ville. Plusieurs années après, nous la retrouvons coiffeuse à Paris, mère d'une petite Élise qui est la fille qu'elle a eue de Charles sans qu'il le sache puisqu'elle n'a plus

1. S. Cavell, « Recounting Gains, Showing Losses (A Reading of *Winter's Tale*) », *DK*, p. 220; *In Quest of the Ordinary*, Chicago, University of Chicago Press, 1987, p. 76–103; « Recompter les gains, montrer les pertes (Lecture du *Conte d'hiver*) », *Le déni de savoir*, *op. cit.*, p. 326 [traduction modifiée]. Ce passage fait l'objet d'un quasi-commentaire dans le dernier film d'Éric Rohmer, *Les Amours d'Astrée et de Céladon* (2007), qui me semble d'une grande proximité avec l'analyse cavellienne du théâtre shakespearien.

jamais eu de nouvelles de lui du fait de son lapsus et confuse quant aux sentiments qu'elle éprouve pour deux hommes, Loïc, un intellectuel très amoureux d'elle, et Maxence, le propriétaire du salon de coiffure où elle travaille. Pressée par la décision de ce dernier de déménager en province, à Nevers, Félicie accepte de partir avec lui, délaissant Loïc. Cependant, à la suite d'une révélation qui lui vient à la cathédrale de Nevers alors qu'elle regarde la crèche, elle décide de rentrer à Paris. Une représentation du *Conte d'hiver* de Shakespeare, à laquelle elle assiste avec Loïc, lui offre une nouvelle révélation et la certitude qu'elle doit désormais se rendre entièrement disponible pour le retour miraculeux de Charles.

Plus qu'une adaptation, le film *Conte d'hiver* de Rohmer serait, selon Cavell, un commentaire, ou plutôt une méditation sur *Le Conte d'hiver* de Shakespeare. Il en veut pour preuve un certain nombre d'éléments dont on peut mentionner les principaux.

En guise de préambule, on peut rappeler la proximité de motifs récurrents des films de Rohmer, en particulier de ses *Contes des quatre saisons* et du *Rayon vert*, avec certaines des préoccupations du *Conte d'hiver* de Shakespeare. Ces films parlent de déplacements entre des lieux ; de mesure du temps ;

> de la nature ou du normal ou du trivial ; de coïncidences, de solitude ou de séparation, de hasard, et de choix ; d'impressions que l'on ne parvient pas à exprimer à l'aide de mots ; ils contiennent tous un moment de révélation qui a un pouvoir de transformation, et une chose fantastique qui *se produit* purement et simplement (un rayon vert du soleil couchant, un coup de vent dans les arbres, une rencontre) ; et de la transcendance qui pénètre le quotidien. Les discussions explicites sur la religion sont omniprésentes, en particulier sur la différence entre vraie et fausse religion, ou entre religion et magie [1].

Quant au film *Conte d'hiver*, la thèse de Cavell est que le personnage de Félicie connaît, comme Léonte, une crise sceptique, qu'elle parvient, elle aussi, à surmonter à l'aide de quelque chose

1. S. Cavell, « On Eric Rohmer's *A Tale of Winter* », *Cavell On Film*, *op. cit.*, p. 288.

qui s'apparente à la foi. L'entêtement que lui reprochent les autres personnages serait l'analogue de la folie meurtrière de Léonte et le retour du père d'Élise l'analogue de la résurrection d'Hermione, l'enjeu pour le film de Rohmer étant le même que pour la pièce de Shakespeare : savoir « si nous sommes "pris" instant par instant, depuis les reconnaissances du père et par le père jusqu'à la joie extatique de la réplique "Je pleure de joie" et à sa répétition par la petite fille[1] ». Le problème, dans les deux cas, est en effet de réussir à croire à des retrouvailles très improbables, voire impossibles.

Dans la dernière version de son texte, Cavell dresse une liste d'une dizaine de points de rencontre entre les deux œuvres. Il remarque la coïncidence entre les deux phrases « Perdita est trouvée[2] » et « Je suis la fille introuvable[3] ». Chez Rohmer, le fait qu'Élise dessine des fleurs, une princesse et un clown semble faire écho à la fête pastorale qui se déroule en Bohême chez Shakespeare et où Perdita est couronnée reine de la fête de la tonte des moutons. La grossesse de Félicie est soulignée lors de la description de son lapsus d'adresse, lorsqu'elle s'en explique à Maxence, au cours d'une promenade dans Nevers, et rappelle l'évocation de la grossesse d'Hermione, au début de la pièce. Les deux visites à Nevers sont d'ailleurs une sorte d'allusion à l'aller-retour entre la Sicile et la Bohême. Il y a dans les deux œuvres une discussion explicite des différences entre la magie ou la superstition et la religion ; Loïc y est le correspondant de Paulina, dans la scène de résurrection magique, ce qui rapproche Félicie d'Hermione et de Perdita, de la mère et de la fille. Il y a également une analogie entre le métier de coiffeuse de Félicie et la tonte des moutons. De plus, Félicie n'est pas à sa place à Nevers, comme Perdita n'est pas à sa place en Bohême.

L'un des points de rencontre les plus importants pour la lecture cavellienne du film est le moment où Félicie demande au père d'Élise s'il trouve qu'elle lui ressemble comme quand Léonte

1. S. Cavell, « Deux contes d'hiver », *Le Cinéma nous rend-il meilleurs ?*, *op. cit.*, p. 133-134.

2. Shakespeare, *Le Conte d'hiver*, trad. fr. Y. Bonnefoy, Paris, Gallimard, 1996, V, III, p. 206.

3. Phrase prononcée par Félicie à Nevers.

demande à son fils « mon veau (*calf*) ? » Cavell y lit un rapport causal analogue : de même que c'est la grossesse d'Hermione qui a plongé Léonte dans sa folie sceptique, de même c'est « la grossesse de Félicie [qui] fait l'objet d'une sorte de folie de sa part[1] ». Cette folie serait exprimée par elle lorsqu'elle parle de son lapsus d'adresse à Maxence et dit d'elle-même « J'ai été conne, conne à lier » au lieu de « folle à lier ». Or, sa « folie » a consisté en cet autre lapsus, celui sur les adresses, donc, qui a eu sur sa vie et celle de Charles des conséquences presque aussi graves que la folie de Léonte sur la sienne : « En effet, il [ce lapsus] a exclu de ce monde la personne que chacun d'eux a aimée et avec qui il a eu un enfant. » Cette « folie » de Félicie prendrait donc la forme, sinon d'une aphasie, du moins d'une difficulté, voire d'une incapacité à s'exprimer qui, selon Cavell

> établit un lien particulier entre le sentiment qu'a Félicie de sa propre condition d'une part et l'inaptitude à s'exprimer de Léonte en proie à la folie, ainsi que l'effondrement d'Othello qui sombre dans l'inconscience et l'incohérence d'autre part. Ces deux derniers cas relèvent pour moi d'un scepticisme ravageur qui exige et désire la destruction du langage, les mots étant devenus insupportables. Le sentiment de son incapacité à s'exprimer correctement témoigne chez Félicie d'une forme un peu atténuée de scepticisme, qui revêt la forme de la méfiance ordinaire à l'égard du monde, une sorte de méfiance à l'égard de l'existence, à l'égard de ce qu'on a à dire de sa propre existence. On pourrait se le représenter comme la nécessité de s'exposer au monde pour pouvoir le connaître – ce qui se traduit par ces affronts, ces moments de folie, ces doutes, ces malentendus, ces silences pleins de défiance, ces replis sur soi, ces réserves qui nous font mourir un peu tout au long de notre passage sur terre. Chacun les subit, chacun les inflige aux autres[2].

Le lapsus sur le quai de la gare serait donc le symptôme d'une « folie » de Félicie bien ordinaire, celle d'une méfiance à l'encontre

1. S. Cavell, « Shakespeare et Rohmer », dans *Philosophie des salles obscures*, *op. cit.*, p. 503.
2. *Ibid.*, p. 507.

de l'existence et de celui dont elle semble pourtant être tombée amoureuse et dont elle se sait, d'après Cavell, être enceinte. Cependant, la question demeure de savoir pourquoi cette méfiance se produit à cet instant et quelle relation elle entretient avec la découverte de la grossesse. Cavell la pose et y répond en ces termes :

> Pourquoi Félicie se méfierait-elle de celui qui lui fait un enfant et à qui elle fait des adieux provisoires, quelle folie ou quelle fureur a pu s'emparer d'elle à un moment donné devant le rôle intrusif et captivant qui est celui de son compagnon lorsqu'il la transforme en mère ? Nous ne le saurons jamais. Elle est la fille introuvable. Qui ne l'est pas [1] ?

On peut comprendre que la méfiance de Félicie ne serait rien d'autre qu'une forme de scepticisme ordinaire, que chacun d'entre nous peut être amené à vivre, quand nous avons à nous exposer au monde et aux autres sans être sûrs d'y parvenir, ni de ne pas avoir à le regretter. Au moment de s'exposer en avouant son amour et son désir d'avoir un enfant de Charles, Félicie renonce et se retire en elle-même, refusant l'expression et la dépendance d'autrui, pour leur préférer le secret et la sécurité de la solitude.

Les textes de Cavell conduisent néanmoins à préciser cette lecture : il se pourrait que la « folie » de Félicie s'explique par une crainte que l'annonce de sa grossesse rende à l'avenir impossible pour elle de savoir si Charles reste avec elle parce qu'il l'aime ou parce qu'elle est la mère de son enfant. Il s'agit là d'une remise en cause radicale des conceptions traditionnelles du mariage comme institution essentiellement consacrée à la natalité. Dans son exigence « folle » d'un amour authentique, Félicie dénonce le conformisme qui voit tant de couples subsister, bien après que la conversation joyeuse et assortie se soit arrêtée, dans l'intérêt supposé des enfants. Il s'agit donc pour elle de séparer la question des enfants de la question du mariage, en considérant qu'un mariage réussi suppose nécessairement la poursuite de cette conversation. Mais ce refus du

1. *Ibid.*

conformisme la plonge dans un scepticisme qui lui fait préférer la solitude imposée par son lapsus au doute d'une relation fondée sur cette question apparemment insoluble : reste-t-il avec moi pour moi ou pour l'enfant ?

Cependant, Félicie surmonte ce scepticisme à l'égard du monde et d'elle-même au cours d'une expérience devant une crèche à la cathédrale de Nevers, expérience qu'elle rapproche de la prière, sans l'identifier strictement et qu'elle accepte d'appeler « méditation » à la suite d'une suggestion de Loïc, une expérience qui relève de la certitude d'exister sans être fondée sur une pensée (elle dit « Je ne pensais pas. Je voyais mes pensées [1] » ce qui en fait, selon Cavell, un anticogito cartésien), mais sur la reconnaissance de son désir (de retrouver Charles, le père absent d'Élise), c'est-à-dire sur le fait de s'exposer au monde en exposant son désir, quoi qu'il en soit de sa satisfaction éventuelle.

On peut interpréter ce que Cavell cherche à dire ici de son expérience du film et donc ce que peut vouloir dire le film ainsi : quand Charles lui a fait le reproche d'être imprudente après qu'ils aient fait l'amour au début du film, quelque chose en elle de son enthousiasme et de sa spontanéité s'est perdu. On pourrait faire l'hypothèse que ce qui arrive alors à Félicie ressemble à l'analyse du trauma que fait le psychanalyste Ferencsi et qu'il appelle le phénomène du clivage : la partie rationnelle de la personne continue de fonctionner parfaitement comme si de rien n'était, mais la partie émotionnelle est refoulée, comme si elle n'éprouvait rien ou plutôt comme si elle ne pouvait plus être sûre de ce qu'elle ressent ni de son pouvoir d'exprimer ses désirs. Cela rend compte du lapsus et des difficultés sentimentales de Félicie, ses sentiments et désirs n'étant alors plus fidèles à ce qu'elle éprouve vraiment, mais issus d'une réaction défensive qui lui cause en réalité plus de tort qu'elle ne la protège réellement. La révélation de la cathédrale consiste justement en cela : un changement de disposition émotionnelle qui est aussi un changement d'attitude ou de perspective sur le

1. É. Rohmer, *Conte d'hiver*, 1992.

monde et ses pensées, suscité par la vue de la crèche. Surmontant son clivage à la pensée du miracle de la nativité, elle retrouve ses désirs authentiques et avec eux la confiance suffisante pour penser leur satisfaction possible : qu'Élise ait un père et elle un mari qui l'aime. Ce moment de révélation ou de vision où Félicie se sent elle-même est, selon Cavell, l'une des grandes préoccupations du cinéma de Rohmer : comment le cinéma peut révéler « le caractère miraculeux du quotidien, la possibilité et la nécessité que nous prenions conscience du miraculeux au quotidien, [qu'il appelle] la "sécularisation du transcendantal [1]" ».

À la question de savoir comment nous pouvons être émus par la fin des deux contes d'hiver de Shakespeare et de Rohmer, c'est-à-dire comment nous pouvons réussir à croire à des retrouvailles très improbables, voire impossibles, on pourra répondre que c'est en retrouvant une âme d'enfant, ce que le film de Rohmer, en laissant à une enfant le dernier mot, semble nous inviter à faire. En effet, il semble bien qu'il s'agisse là d'une exigence proprement infantile que celle de voir coïncider le désir et le réel, exigence

> que le cinéma semble destiné à satisfaire – comme si le travail pénible accompli par tout adulte pour apprendre à ne plus désirer l'impossible nous avait mis en danger d'oublier comment croire au possible. Appelons cela la "suspension involontaire et gratuite de notre crédulité [2]".

Un cinéma sceptique d'Éric Rohmer?

On interprète souvent le cinéma de Rohmer comme un cinéma sceptique. L'ouvrage que Pascal Bonitzer lui a consacré [3] s'ouvre, par exemple, sur l'énoncé du « principe d'incertitude » avancé tant par le narrateur de *Ma Nuit chez Maud*, pour qui « il n'y a pas

1. S. Cavell, « Shakespeare et Rohmer », dans *Philosophie des salles obscures*, *op. cit.*, p. 506.
2. *Ibid.*, p. 511.
3. P. Bonitzer, *Éric Rohmer*, Paris, Cahiers du cinéma-Éditions de l'Étoile, 1999 (1991).

d'histoire » que par Rohmer lui-même, dans l'avant-propos à ses *Six Contes moraux*[1], quand il compare ses héros à Don Quichotte puisqu'ils « se prennent pour des personnages de roman », avant d'ajouter que « peut-être n'y a-t-il pas de roman[2] ». À l'instar du héros de Cervantès, ses « personnages en quête d'histoire[3] » se raconteraient donc des histoires en nous racontant une histoire qui n'existe pas, c'est-à-dire se berceraient d'illusions quant à leur pouvoir sur le monde extérieur et leur connaissance des pensées et des sentiments d'autrui[4]. Bonitzer remarque ainsi que

> [s']il y a en effet dans la narration un « principe d'incertitude », ce qui charge et empoisonne l'incertitude en question, c'est la jalousie. La question *qu'est-ce qu'il (ou elle) faisait là?* ne prend tout son sens que par ce qui la prolonge implicitement : *qu'est-ce qu'il (ou elle) faisait là auprès de cet autre*[5] *?*

avant de conclure provisoirement que

> [l]e problème du doute sous l'angle de la tromperie, dans tous les sens de ce mot, est donc au cœur du cinéma de Rohmer, et donne le ton de ce cinéma : à cheval, en équilibre instable et légèrement comique, entre le vaudeville et la métaphysique[6].

La proximité avec Cavell est ici assez grande : la formule de Bonitzer, « ce qui charge et empoisonne l'incertitude en question, c'est la jalousie », parvient en effet à rendre excellemment, sous une forme ramassée, une idée centrale de Stanley Cavell qu'il a notamment développée en réfléchissant sur *Othello*, un exemple que Bonitzer donne lui aussi juste après. En outre, l'interprète français

1. Pour mémoire, le cycle des *Contes moraux* comprend *La Boulangère de Monceau* (1963), *La Carrière de Suzanne* (1963), *La Collectionneuse* (1967), *Ma nuit chez Maud* (1969), *Le Genou de Claire* (1970), *L'Amour l'après-midi* (1972).

2. É. Rohmer, Avant-propos, *Six Contes moraux*, Paris, Éditions de l'Herne, 1974, p. 10.

3. *Ibid.*, p. 11.

4. P. Bonitzer note par exemple que « le narrateur des *Contes moraux* [...] croit tout contrôler. », P. Bonitzer, *Éric Bohmer*, *op. cit.*, p. 27.

5. *Ibid.*, p. 27.

6. *Ibid.*, p. 29.

retrouve également le qualificatif « transcendantal ». Cependant, l'inversion de priorité logique entre le scepticisme à propos du monde extérieur et le scepticisme à propos des autres esprits qu'il opère finalement, en soutenant que « [l]a tromperie, [...] dans l'œuvre de Rohmer, ne s'exerce pas seulement dans le domaine sentimental ou social, elle concerne au premier chef la perception transcendantale [1] », l'empêche de saisir que les films de Rohmer sont moins fauteurs de scepticisme que révélateurs des ambiguïtés de l'ordinaire et, par là, de ses beautés et de son amabilité.

Rohmer est en cela fidèle à la pensée d'André Bazin, dont il a pu rendre compte dans plusieurs textes et entretiens. Par exemple, aux critiques des *Cahiers du cinéma* qui lui demandaient s'il ferait sienne une définition du cinéma comme « technique qui a pour fin de donner à *mieux* voir, mieux voir ce que l'on a sous les yeux [2] », Rohmer citait Astruc traduisant Orson Welles, « le cinéma c'est la poésie » et commentait ainsi :

> Étant donné que le cinéma est poésie dans le domaine des formes (et des sons), il provoque un élargissement de la perception : il donne à voir (et à entendre). [...] [U]n film ne donne pas à admirer une traduction du monde, mais, par cette traduction, le monde. Le cinéma est un instrument de découverte, même dans ses œuvres de fiction. Parce qu'il est poésie, il révèle et, du fait qu'il révèle, il est poésie [3].

Cette évocation de la poésie par l'un des réalisateurs français qui aura su si bien donner à voir la beauté des formes de la vie moderne en France au cours de la deuxième moitié du XXe siècle fait penser aux références de Cavell à Baudelaire dans *La Projection du monde* et l'idée qu'« un film ne donne pas à admirer une traduction du monde, mais, par cette traduction, le monde » semble équivalente

1. P. Bonitzer, *Éric Rohmer*, *op. cit.*, p. 29.
2. É. Rohmer, « Entretien avec Pascal Bonitzer, Jean-Louis Comolli, Serge Daney et Jean Narboni », *Cahiers du cinéma*, n° 219, avril 1970, p. 51.
3. É. Rohmer, « Entretien avec Pascal Bonitzer... », art. cit., p. 51.

au discours de Cavell lorsqu'il préfère parler de transcription plutôt que de représentation photographique du monde [1].

Refusant ensuite que l'on considère que Bazin ait pensé le cinéma comme permettant un accès transparent à la réalité, comme par une fenêtre, Rohmer revendiquait néanmoins la métaphore de la fenêtre, mais en la comprenant plutôt comme « « ouverture » dans son sens actif : l'acte d'ouvrir et non pas seulement le fait d'être ouvert [2] », Bazin ayant eu pour principal mérite d'avoir fait qu'

> [a]u mépris de l'artiste contemporain pour le monde, [ait] succéd[é] le respect. Car c'est avant tout dans son respect pour le modèle qu'éclate le génie du cinéma. Qu'on le veuille ou non, c'est la nature de la prise de vues photographiques qui le veut. [...] c'est le miracle des premiers films de Lumière. L'impression que nous donnent ces films, c'est de nous faire voir le monde avec des yeux différents et d'admirer l'original. Des gens qui passent dans la rue, des enfants qui jouent, des trains qui roulent : rien que de très banal. C'est cela qui est pour moi le plus important, cet émerveillement premier. Dans la mesure où mes films sont eux-mêmes très élaborés, très construits, cette impression disparaît, mais elle n'en reste pas moins liée au fait commun à tous les films, de jouer par exemple sur l'acteur, sur la présence physique de l'acteur [3].

Les idées de transcription et de révélation du banal, de l'ordinaire et de la présence cinématographique de l'acteur ici avancées sont de nouveau très proches de Cavell. Quant à l'idée qu'il y a une beauté et une amabilité de l'ordinaire, elle est clairement exprimée peu après : « Si je filme une chose, c'est que je la trouve belle [4]... » et « Mon attitude naît non d'une prétention à quoi que ce soit, mais du respect des choses mêmes et du désir légitime de les étreindre, parce que je les aime [5]. »

1. Pour une justification de cette préférence, voir H. Clémot, *La Philosophie d'après le cinéma*, *op. cit.*, p. 50-54.

2. *Ibid.*

3. É. Rohmer, « Entretien avec Pascal Bonitzer... », art. cit., p. 51-52.

4. *Ibid.*, p. 52.

5. *Ibid.*, p. 53. On notera le contraste de l'idée d'« étreinte » avec l'idée kantienne de la connaissance comme domination, saisie violente telle qu'analysée par Cavell

Apparemment hermétique à ce genre d'affirmations, Bonitzer pense que le cinéma de Rohmer est marqué par un double scepticisme dirigé d'abord vers le monde extérieur, puis vers autrui selon la préséance de la forme sur son contenu. À « la forme logique de la narration rohmérienne[1] » qui viserait à mettre en évidence le principe d'incertitude sur lequel seraient fondées l'écriture et l'image, le dit et le vu, correspondrait le contenu « qui anime les personnages de l'histoire, à savoir le désir de possession, la jalousie inquiète[2] », « moteur dramatique du cinéma de Rohmer[3] ». En effet, reprenant un lieu commun cinématographique hérité du « scepticisme de la vision » analysé par Turvey[4], Bonitzer justifie le choix du médium cinématographique par son pouvoir de redoubler l'illusion visuelle :

> Les sens nous trompent, mais tout particulièrement la vision, et le cinéma par l'effet de réalité qu'il produit redouble cette tromperie de l'œil. Le trompe-l'œil, dans l'ordre du spectacle, a pour contenu la jalousie, dans l'ordre du récit. C'est de là, en effet, d'une fausse perception, ou d'une interprétation fausse de l'objet perçu, que part le jaloux : un mouchoir, un simple mouchoir, apparemment ramassé par Desdemona et qui appartient au beau Cassio, précipite Othello dans le délire et le meurtre. Les films de Rohmer, malgré la « transparence » dont on les crédite fréquemment, sont ainsi semés de faux indices, d'ambiguïtés, de faux-semblants. Ce sont, comme le « montage » de Iago, des complots, des machinations[5].

On comprend que si Rohmer a choisi d'être cinéaste plutôt que romancier, ce serait « parce que », comme l'écrit Bonitzer dans les dernières lignes de la conclusion de la première édition du livre,

> le cinéma possède un pouvoir de suggestion, de mystification et d'équivoque que l'écriture n'offre pas. Parce que l'image, c'est-

dans l'introduction au *Déni de savoir*. Voir *supra*, chap. II, p. 68.

1. P. Bonitzer, *Éric Rohmer*, *op. cit.*, p. 27.
2. *Ibid.*
3. *Ibid.*
4. Voir M. Turvey, *Doubting Vision*, *op. cit.*
5. P. Bonitzer, *Éric Rohmer*, *op. cit.*, p. 29.

à-dire « le point de vue de la caméra », constitue à travers son « ambiguïté ontologique » une facticité qui fait d'un film, au-delà du spectacle, un carrefour d'interprétations, un labyrinthe et un jeu logique inédit[1]. »

Rohmer a bien revendiqué son goût du complot[2] et a en effet affirmé s'être intéressé au cinéma à partir du moment où il a compris qu'il pouvait servir à transcrire l'ambiguïté des sentiments :

> Je me suis mis à aimer le cinéma quand je me suis aperçu qu'il pouvait exprimer des sentiments ambigus. Cela, je l'ai découvert sur le visage de Gabin dans *Quai des brumes* [Marcel Carné, 1938], quand il dit à Le Vigan de se taire : « Vous jactez, vous jactez[3] »…

Cependant, il a aussi toujours affirmé ne pas s'être intéressé à la tradition des moralistes, mais plutôt à celle qui donne du contenu aux conversations et une âme aux personnages : « J'aime montrer sur l'écran des êtres pensants, doués d'une psyché[4]. » De même, la tradition artistique qui importe pour lui prend du plaisir à connaître les personnages et à les faire connaître. Parlant des films de Maurice Pialat, à qui il reconnaissait « du talent, et une volonté de coller à la réalité qu['il] approuv[ait] tout à fait », Rohmer a ainsi pu dire qu'« on n'y ressent pas [assez] le plaisir de filmer, de connaître des gens[5] ». Représenter Rohmer en Iago, comploteur animé de ressentiment et qui cherche à montrer, derrière les images de bonheur qu'il propose, non pas « le bonheur et la plénitude amoureuse, mais

1. *Ibid.*, p. 128. Sorti en 1991, le livre de Bonitzer a connu en 1999 une réédition augmentée de deux chapitres assez courts, consacrés respectivement à *Quatre aventures de Reinette et Mirabelle* (Éric Rohmer, 1987) et *Conte d'hiver*. La pagination des deux éditions est la même jusqu'à ces deux derniers chapitres.

2. É. Rohmer, « Le complot, c'est mon côté balzacien. » ; « Le temps de la critique. Entretien avec Éric Rohmer », réalisé en novembre 1983, par Jean Narboni, dans É. Rohmer, *Le goût de la beauté*, *op. cit.*, p. 36.

3. É. Rohmer, *Télérama*, nº 1913, septembre 1986 ; cité par D. Couty et J.-L. Douin dans *Histoires de films français*, Paris, Bordas, 2005, p. 468.

4. *Ibid.*, p. 37.

5. Voir É. Rohmer, « Entretien avec Noël Herpe et Philippe Fauvel » (2009), *Le celluloïd et le marbre*, Paris, Léo Scheer, 2010, p. 164.

le ressentiment[1] » est peut-être permis par l'assertion d'un auteur qui trouve qu'« on ne ment pas assez souvent au cinéma », ce qui a le pouvoir d'invalider, semble-t-il, toute argumentation fondée sur des propos tenus en dehors des films. Cela ne semble cependant pas rendre raison de l'amour que les spectateurs peuvent éprouver pour ces films, de cette impression de vie que donnent ces fictions qui ne cessent pourtant d'attirer notre attention sur leur caractère fictif, ni surtout de la vérité du scepticisme qu'on y trouve révélée en même temps que le moyen de vivre avec lui.

Dans ce qui suit, j'aimerais montrer que les films de Rohmer ne prônent pas le scepticisme, mais dénoncent la jalousie, le désir sceptique de possession du monde et de l'autre, si évident dans le cas des narrateurs des *Contes moraux*. Ils aident en revanche à reconnaître les critères qui nous permettent d'agir dans le monde et de nous entendre avec les autres, y compris dans leur vulnérabilité : ils mettent ainsi en évidence que nous pouvons manquer de les appliquer correctement ou qu'ils peuvent en venir à ne plus pouvoir s'appliquer. Le cinéma de Rohmer est un cinéma de réanimation du monde par la reconnaissance de ce que nos connaissances et nos actions sont aussi vulnérables que nos critères, ces charnières et ces gonds sur lesquels tournent à la fois nos vies et nos doutes.

L'enquête de La Femme de l'aviateur

On peut penser que c'est le sens de la référence récurrente au modèle de l'enquête policière[2], telle qu'elle apparaît notamment dans le premier des films de la série des *Comédies et proverbes*[3].

1. P. Bonitzer, *Éric Rohmer*, *op. cit.*, p. 28.

2. P. Bonitzer retrouve cet « aspect investigation, enquête, filature, dans la plupart des films » et cite, outre *La Femme de l'aviateur*, *Le Signe du Lion* (1962), *La Carrière de Suzanne* (1963), *La Place de l'étoile* (1965), *Pauline à la plage* (1983), *Les Nuits de la pleine lune* (1984), et *Conte de printemps* (1990). On pourrait ajouter au moins l'une des *Quatre aventures de Reinette et Mirabelle* (1987) et, évidemment, *Triple agent* (2004). Voir P. Bonitzer, *Éric Rohmer*, *op. cit.*, p. 30.

3. Pour mémoire, *La Femme de l'aviateur* (1981), *Le Beau Mariage* (1982), *Pauline à la plage* (1983), *Les Nuits de la pleine lune* (1984), *Le Rayon vert* (1986), *L'Ami de mon amie* (1987).

La Femme de l'aviateur (1981) semble en effet recourir à un double discours suffisamment systématique pour qu'il mérite qu'on en expose ici quelques éléments. La jeune fille rencontrée dans le bus, Lucie, en se proposant d'aider François à suivre le couple formé de l'aviateur et de la femme blonde qui est avec lui, semble vouloir aider le spectateur à suivre le récit qui lui est proposé. En s'arrangeant pour être prise en photo à proximité du couple, elle lui apprend à prélever l'empreinte visuelle des événements, à deviner le tempérament des gens en regardant leur photo (la photo d'Anne qu'elle trouve triste) et à raisonner sur ce qu'il sait pour en déduire ce qu'il ne sait pas encore en faisant référence à Sherlock Holmes. François semble d'ailleurs avoir bien retenu la leçon puisqu'en regardant une photo de l'aviateur, il apprend que la femme blonde n'est pas sa femme et qu'en découvrant, par la bouche d'Anne, que l'aviateur doit régler un problème d'héritage avec sa sœur, il en induit que la femme blonde doit être cette sœur avec laquelle il a dû le voir se rendre chez un avocat pour cette raison. Mais quand il se précipite pour porter la carte postale qui contient sa solution de l'énigme dans la boîte aux lettres de Lucie, il s'aperçoit qu'il a encore beaucoup à apprendre, car il n'a pas su comprendre que la jeune fille était en couple avec l'un de ses collègues, qu'il surprend en train de l'embrasser. L'incertitude rejaillit rétrospectivement sur chacun des éléments de l'enseignement prodigué par Lucie : le polaroïd est raté puisque le couple reste hors-champ, ce qui semble signifier que « les apparences sont trompeuses ; quelque chose reste hors-cadre, hors-saisie [1] » ; la photographie d'Anne ne se laisse pas interpréter facilement quant à son tempérament dans la mesure où François explique qu'elle fait toujours en sorte de paraître triste quand on la prend en photographie, un écho à la question du naturel dans le jeu simulateur, théâtral et cinématographique [2] ; la photographie de l'aviateur, de sa femme et de l'autre couple permet seulement de

1. A. Hertay, *Éric Rohmer. Comédies et proverbes*, Liège, CEFAL, 1998, p. 32.

2. François : « Parlez moins fort, ça ne fait pas naturel. » Lucie (élevant la voix, faux) – « Naturel ! Mais je suis tout à fait naturelle ! Mais c'est vous qui n'êtes pas naturel ! »

montrer avec certitude la fausseté de la déduction de Lucie. Bref, il semble vrai de dire comme Bonitzer que

> [l]e principe d'incertitude qui affecte la causalité des événements et les relations des protagonistes, de proche en proche contamine toute la réalité : l'espace tout entier de la ville (la chanson d'Arielle Dombasle en générique de fin, *Paris m'a séduit*, montre bien que c'est la Ville le véritable héros du film) apparaît comme un champ de probabilités pures, où se produisent rencontres inattendues et coïncidences faussement signifiantes [1].

Pourtant, on peut aussi lire autrement que comme une leçon sceptique cette insistance récurrente dans le cinéma de Rohmer sur l'enquête policière. D'abord, dans *La Femme de l'aviateur*, François avoue rapidement à Lucie qu'il doute de tout et qu'il ne parvient pas à savoir s'il n'est pas en train de rêver. Après avoir énoncé de façon aussi classique, le scepticisme d'un personnage, à quoi bon le redoubler à l'aide d'une leçon sur les limites de la raison inquisitive? Surtout, on peut concevoir le discours de l'enquête comme une éducation à la lecture de films : contre l'idée que les sens, et en particulier la vue, seraient nécessairement trompeurs, il s'agit de développer son sens de l'observation, d'être attentif aux détails et aux physionomies; contre l'idée que l'incertitude de la connaissance sensible serait redoublée par la relativité des interprétations des données des sens, il s'agit de comprendre que l'observation s'affine avec la réflexion. En fait, l'appel de Lucie à la méthode de Sherlock Holmes est bien davantage une incitation à revenir en pensée sur ce qu'on a vu afin de découvrir le visible, sur ce que François sait déjà, sans parvenir à s'en rendre compte, à savoir que puisque la concierge n'a jamais vu le couple auparavant et qu'il y a un avocat dans l'immeuble, alors ils ont dû se rendre chez lui. La même leçon est donnée dans une nouvelle de Conan Doyle comme *La Ligue des rouquins* (août 1891), quand Sherlock Holmes, après s'être rendu chez son client avec le Docteur Watson, demande à celui-ci de venir le chercher le soir même en apportant

1. P. Bonitzer, *Éric Rohmer*, *op. cit.*, p. 24.

une arme, car « un crime considérable se mijote [1] », ce qui provoque chez Watson le constat suivant :

> Je ne crois pas avoir un esprit plus obtus que la moyenne, mais j'ai toujours été oppressé par le sentiment de ma propre stupidité au cours de mon commerce avec Sherlock Holmes. Dans ce cas-ci j'avais entendu ce qu'il avait entendu, j'avais vu ce qu'il avait vu ; et cependant ! … Il ressortait de ses propos qu'il discernait non seulement ce qui s'était passé, mais encore ce qui pouvait survenir, alors que, de mon point de vue, l'affaire se présentait sous un aspect confus et grotesque [2].

On peut faire l'hypothèse que Rohmer indique ici ce que doit faire le spectateur pour se rapporter correctement à son cinéma et, au-delà, au monde et aux autres, à l'instar d'Emerson qui proposerait une théorie de la lecture dans son essai « Confiance en soi » selon Cavell [3]. Mais si le thème de l'enquête joue un rôle didactique si positif dans le film, pourquoi semble-t-elle si peu concluante, voire décevante dans chaque film ? On peut penser avec Vincent Amiel que c'est une façon pour Rohmer de montrer que ce qui compte dans ses films n'est pas tant l'intrigue, l'action ou le « drame » qui se joue, qu'autre chose, que le regard aiguisé et la réflexion rétrospective doit chercher :

> [A]ffirmant la fragilité du récit, donc sa faillite à être maître de quoi que ce soit, il s'applique à faire du cinéma parlant, où les mots prononcés dirigent la compréhension, un art du regard et de l'écoute – où la dispersion des signes est garante de leur vérité [4].

Mais qu'est-ce qui compte alors dans le cinéma de Rohmer ? Qu'est-ce qui peut se substituer à l'action et rendre raison du plaisir

1. C. Doyle, « La ligue des rouquins » (août 1891), dans *Les aventures de Sherlock Holmes*, Paris, Robert Laffont, 1987, p. 249.

2. *Ibid.*

3. Voir S. Cavell, « Descartes, Emerson, Poe », *Éthique, littérature, vie humaine*, *op. cit.*, p. 225 ; R. W. Emerson, « Confiance en soi », [*Self-Reliance*, 1841], trad. fr. C. Fournier, dans *La Voix et la vertu*, *op. cit.*, p. 33-62.

4. Voir V. Amiel, *Rohmer et les autres*, N. Herpe (dir.), Rennes, Presses Universitaires de Rennes, 2007, p. 68.

que nous éprouvons à suivre ces films ? Serait-ce précisément la proximité de la situation des personnages avec la nôtre dans nos vies, dans la mesure où les moments qui comptent le plus pour nous ne sont pas nécessairement ceux qui passent pour les plus dramatiques, mais au contraire ceux que l'on ne voit pas passer sur le moment et dont l'importance et le sens ne nous apparaissent vraiment que par après [1] ? Si l'on accepte de tenir les raisonnements du détective pour des raisonnements pratiques et que l'on se souvient du caractère « défaisable » de tels raisonnements [2], c'est-à-dire en gros que l'ajout d'au moins une information peut toujours rendre fausse la conclusion, ne peut-on pas alors concevoir les échecs et limites de l'intrigue rohmérienne comme sa façon de retrouver par la fiction l'ordinaire de nos vies, le manque de consistance de ses films correspondant précisément à ce à quoi se reconnaît « ce qui se produit dans la vie » ? Dès lors, les révélations des films de Rohmer ne seraient-elles pas des révélations de l'ordinaire, dans son ambiguïté ? La séquence du studio d'Anne ne contiendrait-elle pas ainsi plusieurs révélations cinématographiques sur : les positions des corps (allongée / debout : « C'est gênant que tu sois au-dessus de moi comme ça »), le territoire, la conséquence d'un environnement exigu sur les comportements dans un couple (enfermé comme des petits poissons dans un bocal), etc.

Il est ainsi au moins une révélation d'importance qui a été préparée en amont, à savoir ce que signifie le fait de ne pas regarder la personne à qui l'on parle. Lucie en fait le reproche à François quand il épie l'aviateur et la femme blonde, attirant ainsi notre attention sur ce type de comportement que François ne manque pas de reproduire

1. Comme l'écrit Stanley Cavell, « l'importance de ces moments ne nous est pas d'ordinaire donnée pendant que nous les vivons ». Voir S. Cavell, « La pensée du cinéma », *Le cinéma nous rend-il meilleurs ?*, *op. cit.*, p. 29. Il l'écrivait déjà dans *La Projection du monde* : « la morale de l'art, comme celle de la vie, est que vous ne savez pas à l'avance ce qui peut surgir comme détail significatif. » Voir *PM*, p. 195 et S. Laugier, « Matter and Mind : Cavell's (Concept of) Importance », *MLN*, vol. 126, n° 5, décembre 2011, p. 1001.

2. Voir, par exemple, H. Clémot, *Les Jeux philosophiques de la trilogie* Matrix, Paris, Vrin, 2011, p. 106-110.

au moment où il pense à autre chose, alors qu'il discute avec Anne. Or, c'est une nouvelle façon de mettre en évidence ce que Cavell appelle, à la suite d'Emerson mais aussi de Freud et de Wittgenstein, notre condition de « victimes de l'expression », c'est-à-dire qu'il ne nous est pas facile de cacher que nous pensons, ni même ce que nous pensons. Même si elle ne découvre pas tout à fait ce qu'il pense, le fait qu'Anne soit si prête d'y parvenir dans un film qui est censé confiner au scepticisme, incite à comprendre autrement que l'on ne le fait d'ordinaire, le proverbe que le film est censé illustrer : « On ne saurait penser à rien. » Bonitzer l'interprète en effet ainsi : on ne s'en tient jamais au peu de certitudes que nous offrent la vue ou l'objectif de la caméra. Autrement dit, « nous sommes tous des obsédés de la vérité, et des interprétants de la réalité [1] », ce qui aurait pour conséquence que l'« *[o]n est toujours trompé* », un proverbe censé valoir pour tous les films de Rohmer. La morale du cinéma de Rohmer serait donc une incitation à l'*épochè*, la suspension du jugement chère aux Sceptiques de l'Antiquité.

Pourtant, plutôt que comme une déploration et une incitation à la suspension du jugement, on pourrait lire cette idée, « on ne saurait penser à rien », comme une invitation faite au personnage principal d'assumer son expressivité naturelle, de faire entendre sa voix, de prendre confiance en lui. Puisqu'on ne saurait jamais cacher entièrement que l'on pense, ni ce que l'on pense, sans s'engager sur la voie dangereuse du mensonge, il faut accepter que nos comportements en disent souvent plus que nous ne voudrions en dire et renouer avec l'expression pour éviter d'en être totalement la victime. Vivre avec le scepticisme et ne pas y succomber supposera en effet de prendre confiance en soi pour avoir confiance en l'autre afin de ne pas tomber dans la spirale sceptique et tragique de la jalousie. Mais renouer avec l'expression et avec la confiance en soi et en l'autre ne peut se faire sans conversation, ce qui est malheureusement ce que les emplois du temps respectifs de François et d'Anne ne permettent pas.

1. P. Bonitzer, *Éric Rohmer*, *op. cit.*, p. 25.

Révéler l'évident dans Conte de printemps *d'Éric Rohmer*

Dans ses analyses précises du *Conte de printemps* (1990), Andrew Klevan a exposé plusieurs éléments qui justifient ma compréhension générale du cinéma de Rohmer. Il peut être utile de confronter cette perspective à d'autres interprétations, en vue d'en mettre en évidence la pertinence et l'originalité.

Dans un numéro des *Études cinématographiques* [1], Yannick Mouren a proposé l'interprétation suivante : observant les trajets de Jeanne entre le lycée de banlieue où elle enseigne en tant que professeur de philosophie, l'appartement de son fiancé et son propre appartement qu'elle a prêté à sa cousine, le spectateur croirait tout d'abord qu'il va s'agir de nouveau, comme dans *Les Nuits de la pleine lune* (1984), d'illustrer le proverbe selon lequel « qui a deux maisons, perd la raison ». Mais il s'apercevrait bien vite que, contrairement à Louise, Jeanne « a tout à fait la tête sur les épaules [2] ».

Le film laisserait ensuite croire à la centralité de la machination dont Jeanne va, semble-t-il, être la victime : la jeune femme rencontrée au cours d'une soirée, Natacha, faisant tout pour que Jeanne se retrouve seule en tête-à-tête avec son père Igor. Mais la rencontre ne donne rien et la réapparition du collier qui avait disparu est l'occasion d'un changement de perspective : l'authentique héroïne ne serait pas Jeanne, mais Natacha dont la victoire sur Ève, la compagne détestée de son père, s'exprimerait par les derniers mots du film, prononcés par sa bouche : « la vie est belle ». Que le film se termine sur une séquence montrant Jeanne réintégrant l'appartement de son fiancé ne serait peut-être là que pour « mettre un bémol à cet

1. Y. Mouren, « La série chez Éric Rohmer. Principe et illustration de "Contes moraux" à "Contes des quatre saisons" », *Éric Rohmer 3.* « Contes des quatre saisons » et « Tragédies de l'histoire », Y. Mouren (dir.), Caen, Lettres Modernes Minard, 2008, vol. 71, p. 5-61.

2. *Ibid.*, p. 34.

optimisme produit par l'ultime réplique[1] ». En somme, il ne serait rien arrivé à Jeanne au cours de ces deux semaines :

> Peut-être a-t-elle acquis au moins une certitude : il faut que Mathieu et elle déménagent pour habiter ensemble dans un appartement plus grand et se marient « pour ne plus vivre dans le désordre », comme elle le dit[2].

Le sens du film serait donc d'insister, comme dans *La Femme de l'aviateur*, sur « la question du lieu de vie », « de l'habitat ». Quant au thème philosophique du « transcendantal » tel qu'il est abordé au cours d'une discussion à table, il faudrait se garder d'« attribuer au film l'intelligence prêtée aux discours des personnages, à tenir pour discours du film celui proféré dans le film[3] », pour se concentrer davantage sur la façon dont Rohmer filme ce discours, analysée comme la mise en évidence de ce que cette conversation est surtout l'occasion d'un conflit verbal voilé entre la fille et l'amante du père[4].

Fidèle à sa conception d'un Rohmer comploteur, Bonitzer identifie quant à lui trois mystères dont les résolutions successives révèleraient la fonction « de cache et de signe du[5] » mystère suivant : le mystère du collier disparu cacherait et signifierait en effet en même temps la question de savoir si Natacha et Igor ont comploté contre elle pour en faire l'une des conquêtes du père, cette question servant à son tour à cacher et signifier le mystère plus fondamental, « socle de toute l'histoire[6] », de la relation de Jeanne à son fiancé, Mathieu, qu'elle compare au héros de *La Chasse au météore* (1908) de Jules Verne. Le tourment de Jeanne serait finalement lié au fait qu'elle a failli lui être infidèle :

1. Y. Mouren, « La série chez Éric Rohmer. Principe et illustration de "Contes moraux" à "Contes des quatre saisons" », *Éric Rohmer 3*, *op. cit.*, p. 36.
2. *Ibid.*,
3. Anonyme, *Cahiers du cinéma*, n° 219, avril 1970, p. 43 ; cité par Y. Mouren, *ibid.*, p. 38.
4. Y. Mouren, « La série… », art. cit., p. 38-39.
5. P. Bonitzer, *Éric Rohmer*, *op. cit.*, p. 39.
6. *Ibid.*, p. 40.

> Elle allait tromper son ami : est-ce que ce n'eût été rien ? Et si oui, est-ce que ce « rien » n'aurait pas eu sinistrement valeur de signe pour cette relation typiquement « moderne » faite d'arrangements sans foi où l'on « vit dans le désordre » (selon le propre mot de Jeanne), où chacun garde son appartement et où plane sans cesse la menace d'une dissolution du couple dans le néant ? Le point de départ de l'histoire, – ce n'est donc pas un pur artifice narratif –, c'est en effet ce symptôme, que Jeanne a à sa disposition deux appartements, dans aucun desquels elle ne se sent bien, ce qui l'amène à habiter dans un troisième. Peur de se retrouver face à soi, face à l'absent, face à rien [1].

La peur du « rien », et en particulier que le mariage ne soit rien et que ceux qui se marient puissent n'être rien, serait ainsi ce qui anime Jeanne comme les autres personnages du cinéma de Rohmer, ce qui les pousse à se réfugier dans la lecture de romans et à vouloir faire de leur vie un roman [2]. Dans une perspective qui rejoindrait la conception girardienne de la vérité romanesque, le problème des héros rohmériens serait ce vide, ce néant qu'ils ressentent et qui les pousse à imiter les désirs de ceux qu'ils prennent en modèle pour finir par s'exposer « selon René Girard, aux plus cruelles déceptions [3]. »

Il se pourrait pourtant qu'aucune de ces deux interprétations du film ne rende justice à ce qui s'y montre réellement. Andrew Klevan soutient que le film vise moins à suivre le déroulement d'une intrigue, le développement de l'action d'un personnage pour restaurer un ordre qu'un événement initial aurait perturbé, qu'à explorer un certain type de personnalité. Il n'est ainsi, selon lui, pas fait mystère, dès le début, que le personnage principal est et

1. P. Bonitzer, *Éric Rohmer*, *op. cit.*, p. 41.

2. Dans *Quatre aventures de Reinette et Mirabelle*, Mirabelle justifie l'une de ses « aventures » en référence à ce désir d'échapper au « rien » de son quotidien.

3. P. Bonitzer, *Éric Rohmer*, *op. cit.*, p. 33, fait référence à Girard, *Mensonge romantique et vérité romanesque*, Paris, Grasset, 1961.

sera tout au long du film, celui de Jeanne [1]. Mieux, en la montrant d'abord plier des vêtements éparpillés dans le premier appartement, puis les déplier et les remettre en place, la caméra la présente comme une personne qui aime l'ordre, mais dont la tendance spontanée va être contrariée par quelque chose. Ce renoncement est d'abord assez mystérieux. Il crée une sorte d'énigme sur laquelle Jeanne insiste elle-même quand elle dit, peu après, à Natacha, que quiconque aurait suivi ses mouvements au cours de la journée serait incapable de rendre compte des raisons derrière ses actions. Cette insistance du dialogue vient redoubler l'insistance stylistique en quoi consiste le choix de faire de longs plans sur les escaliers ou sur le palier, de montrer son itinéraire et la peine qu'elle se donne pour ranger, trier, mettre de l'ordre, etc., d'une façon telle que ces activités ne peuvent pas ne pas manquer d'attirer notre attention sur elles et sur ce qu'elles disent du type de personne qui les accomplit. Mais cette énigme est vite résolue : la clé en est d'ailleurs contenue dès la séquence d'ouverture qui nous montre une personne trop amoureuse de l'ordre pour demeurer dans un appartement aussi mal rangé que celui de son compagnon. Comme Lucie invitait François et, à travers lui, le spectateur à imiter Sherlock Holmes, Rohmer nous invite à adopter le regard perspicace du détective pour explorer ce mystère d'une personne ordinaire que son amour excessif de l'ordre va faire fuir le domicile de la personne qu'elle aime et errer de lieu en lieu jusqu'à trouver celui qu'elle se sentira capable d'habiter. Klevan soutient ainsi que

> Rohmer nous invite à jouer au détective, non pas en nous demandant « Qui est le coupable ? », « Comment les choses se sont-elles réellement passées ? », mais plutôt « Jeanne trouvera-t-elle un lieu où vivre ? », « Trouvera-t-elle un appartement dans lequel elle pourra se sentir bien [2] ? »

1. A. Klevan, *Disclosure*, *op. cit.*, p. 229.
2. *Ibid.*, p. 235.

Dans cette perspective, le collier perdu est en effet une sorte de MacGuffin à la Hitchcock qui masque mal l'autre intrigue, le désir de Natacha de pousser Jeanne dans les bras d'Igor afin de l'écarter d'Ève, qui n'est pas non plus l'intrigue essentielle tant le comportement des différents personnages ne semble pas, en fin de compte, se comprendre en référence à elle.

En effet, Klevan souligne que si la culpabilité de Natacha semble attestée par plusieurs faits (elle descend chercher le pain et les laisse seuls tous les deux, oublie de dire à Jeanne que son père a appelé, qu'il sera présent à la campagne), la sincérité de sa réaction lorsque Jeanne lui en fait le reproche conduit à se demander si elle est bien aussi manipulatrice qu'on a pu le croire jusqu'ici. Contrairement aux interprétations précédemment exposées, ce qui est caché par Rohmer se trouve

> dans ce que Rohmer montre, non dans ce qu'il exclut ; et les secrets que le film expose sont montrés dans le non-dramatique (pas dans la connivence possible derrière les portes) et le quotidien (acheter du pain [1]).

En effet, Rohmer semble chercher à nous faire douter de nos façons de penser et de considérer l'ordinaire en montrant comment un personnage que les apparences accusent peut en réalité être innocent et que nos façons de juger les autres sont donc souvent marquées par le préjugé et la précipitation. Le spectateur tend, par exemple, à suivre le jugement défavorable que porte Natacha sur la compagne de son père, Ève, jeune femme à peine plus vieille qu'elle et considérée par elle comme n'étant pas vraiment amoureuse de lui. Pourtant, il est incontestable que notre conception d'Ève évolue au fur et à mesure, quand nous prenons conscience des exagérations de Natacha. Nous prenons alors également conscience du caractère manipulateur et paranoïaque du comportement humain, mais aussi de la facilité avec laquelle nous pouvons nous laisser manipuler.

1. *Ibid.*, p. 239.

La révélation de ces tendances chez Rohmer ne s'accompagne pas, cependant, comme chez Hitchcock, d'une mise en relation avec des pulsions criminelles [1]. La découverte de l'existence de motifs inconscients à nos conduites est une chose banale, répandue et qui peut même produire du plaisir. Chez Rohmer, nous sommes certes coupables quand nos motifs ne sont pas ouvertement exposés, mais « l'échec de l'exposition n'est jamais malveillant, ni ne résulte nécessairement d'une volonté de cacher [2] ».

Le cinéma de Rohmer ne nous révèle donc pas seulement une nouvelle condition de l'ordinaire, un nouveau « seigneur de la vie », l'Intérêt, un nouveau « monde », le monde d'une personne intéressée, c'est-à-dire qui semble agir par amour, mais n'agit en réalité que par intérêt, mais aussi un autre seigneur, le Soupçon, d'une autre région du monde, le monde du spectateur soupçonneux, qui n'est pas le même que le monde de celui qui est ouvert à la Surprise, ce qui nous permet de faire l'hypothèse que ce qui ne va pas avec la lecture de Bonitzer est peut-être lié au fait qu'y règne sans partage le Soupçon, au détriment de la Surprise.

Révéler l'ordinaire passe aussi chez Rohmer par un travail rigoureux sur les couleurs et les lumières qui est lui-même révélateur et orienté par un goût prononcé pour une beauté non-démonstrative, c'est-à-dire une beauté qui tient moins à la symétrie et à la perfection des formes, qu'au libre jeu de l'ordre et du désordre, à la recherche d'un équilibre constamment menacé, mais non moins constamment retrouvé [3].

1. W. Rothman, *Hitchcock – the Murderous Gaze*, Albany, State University of New York Press, 2012 (1982).

2. A. Klevan, *Disclosure*, *op. cit.*, p. 243.

3. Voir A. Klevan, *Disclosure*, *op. cit.*, p. 255 qui fait référence à Raymond Durgnat, « Eric Rohmer : the Enlightenments'Last Gleaming », *Monthly Film Bulletin*, juillet 1990, p. 187-188.

Fig. 7 : *Conte de printemps* (É. Rohmer, 1990).
Prod DB © Films du Losange

Cette tension entre l'ordre et le désordre s'illustre également par l'insistance de la caméra sur l'importance des positions corporelles des personnages les uns vis-à-vis des autres. Par exemple, le plan qui montre Jeanne rejoindre Natacha et Igor sur le canapé ou encore celui où l'on voit Jeanne et Igor assis l'un à côté de l'autre en train de couper des légumes nous révèlent que les distances que nous respectons quand nous nous parlons ou quand nous sommes en public ou en privé sont autant, voire plus révélatrices de nos motifs et désirs réels que nos paroles. Le choix du plan moyen et l'usage plutôt rare du gros plan s'expliquent notamment par ce désir de révéler la distance qui peut exister entre ce que l'on dit et fait éventuellement en le disant et ce qu'on fait au-delà de, ou malgré ce que, l'on dit :

> L'art cinématographique de Rohmer ne réside pas dans le fait de dépeindre une conversation intelligente pour elle-même, mais dans le fait qu'il découvre les hiatus entre la surface ou les intentions énoncées par les personnages et leurs motifs authentiques. Le hiatus est révélé par le contraste entre ce qui est dit et ce qui est fait ; Rohmer ne désire pas simplement filmer la parole intelligente des personnages, il souhaite *montrer* des personnages qui parlent. [...] Il est encore plus fascinant de regarder ceux qui sont doués du don de l'éloquence – et ceux qui prennent du plaisir à pratiquer

> une discussion intelligente, raisonnée et ordonnée – laisser tant de choses non-dites, et non-contrôlées[1].

Le choix d'un montage peu fluide relève encore d'une même intention, la continuité embarrassée répondant à l'embarras continu des personnages et incitant le spectateur, sans que cela occasionne de gêne rédhibitoire, à ne pas se projeter immédiatement dans la séquence suivante en négligeant les moments et les actes apparemment anodins qui sont présentement projetés à l'écran[2]. Klevan relie directement cette préoccupation de Rohmer à celles de Wittgenstein et Cavell lorsqu'il écrit que :

> Rohmer a créé un cinéma qui n'est pas particulièrement orienté vers le futur et qui, en réajustant l'intérêt du spectateur pour la signification de comportements routiniers décourage l'implication de l'audience qui se fonderait sur des pensées comme « Si elle se conduit comme ceci elle pourrait faire cela. » La concentration sur le comportement routinier est essentielle à la nature de la dynamique (*momentum*) du film ; le conseil général (*overriding*) du film est « Ne passez pas à autre chose ! Arrêtez-vous et regardez de plus près les choses que vous manquez de voir normalement[3].

Klevan rapproche cet intérêt de Rohmer de celui qu'exprime Cavell en relation à *La lettre volée* (1845) de Poe et de la remarque de Wittgenstein selon laquelle « les aspects des choses les plus importants pour nous sont cachés du fait de leur simplicité et de leur banalité. (On ne peut remarquer quelque chose – parce qu'on l'a toujours sous les yeux[4].) » Cela rappelle le concept de « lecture lente » tel que le pense Cavell, par exemple dans l'introduction de *Philosophie des salles obscures* :

> Ce que j'appelle lecture lente ne vise pas tant à proposer un certain rythme de lecture qu'un mode d'attention philosophique dans

1. Voir A. Klevan, *Disclosure*, *op. cit.*, p. 258 ; p. 261-262.
2. *Ibid.*, p. 259.
3. *Ibid.*, p. 247.
4. Voir S. Cavell, « The Uncanniness of the Ordinary », *In Quest of the Ordinary*, *op. cit.*, p. 164 ; *RP*, § 129, p. 88.

> lequel on accepte de se laisser surprendre, retenir, renvoyer pour ainsi dire au texte [1].

Je me propose donc de « ralentir » sur un détail auquel les commentateurs font d'habitude un sort trop rapide et qui concerne la « leçon » d'Ève, à table, sur le transcendantal et les jugements synthétiques *a priori*.

On sait que les scènes où les personnages parlent de philosophie sont fréquentes chez Rohmer. Les philosophes analytiques du cinéma n'y voient que des enregistrements audiovisuels dont la valeur philosophique ne viendrait que du contenu des dialogues [2]. Pour Noël Carroll, la philosophie a simplement été « téléchargée sur la bande-son [3] », tandis que pour l'un de ses disciples, Aaron Smuts,

> la discussion du pari de Pascal dans *Ma Nuit chez Maud* (Rohmer, 1969), n'est pas particulièrement cinématographique. Avec ses plans longs et son absence de mouvements de caméra, le film n'est presque qu'une conversation filmée, et en ce sens, s'il y a une contribution philosophique de sa part, ce n'est pas ce que nous cherchons [4] [quand nous philosophons avec le cinéma].

Bref, les philosophes analytiques ne voient en général aucun intérêt dans ce genre de séquences, au point de faire du cinéma de Rohmer leur contre-exemple favori en vue de discréditer la thèse selon laquelle un film pourrait faire de la philosophie. Plus sensibles à la richesse de telles séquences en ayant une conception moins étroite des multiples dimensions du médium cinématographique, les commentateurs français considèrent que l'intérêt de la séquence ne tient pas tant à ce qui se dit qu'à ce qui se fait. Ainsi Mouren souligne-t-il que ce qui compte, c'est ce qui se joue, c'est la lutte entre Natacha et Ève pour passer pour la plus intelligente.

1. S. Cavell, *Philosophie des salles obscures*, *op. cit.*, p. 34.

2. Pour Paisley Livingston, par exemple, il ne s'agit que d'« enregistrements audiovisuels de leçons philosophiques » (art. cit., p. 15).

3. N. Carroll, « Introduction to Part VIII », *Philosophy of Film and Motion Pictures*, Malden, MA, Blackwell, 2006, p. 381.

4. A. Smuts, « Film as Philosophy : In Defense of a Bold Thesis », *Journal of Aesthetics and Art Criticism*, 67 (4), automne 2009, p. 409-410.

Pour aussi ordinaire que soit malheureusement ce désir de paraître meilleur que les autres, il n'y a cependant là aucune révélation. Si la scène doit servir à révéler quelque chose, alors il faut regarder ailleurs. Peut-être, comme le soutient Klevan, faut-il regarder ce qui se passe à côté d'Ève, c'est-à-dire ce que fait celui pour le regard duquel cette compétition a essentiellement lieu, à savoir Igor (plutôt que Jeanne). Or, Igor s'efforce maladroitement de découper la viande, sa maladresse renvoyant à celle d'Ève et aussi peut-être à ce qui le « travaille » intérieurement sans qu'il en ait nécessairement conscience [1]. En outre, Rohmer avait peut-être aussi à l'esprit la fameuse analogie socratique de la dialectique comme art qui consiste en partie à savoir bien « découper par espèces suivant les articulations naturelles, en tâchant de ne casser aucune partie, comme le ferait un mauvais boucher sacrificateur [2]. »

Fig. 8 : *Conte de printemps* (É. Rohmer, 1990).
Prod DB © Films du Losange

Mais si l'on peut voir dans ce découpage maladroit une métaphore humoristique visant à suggérer que manier la dialectique ou employer un vocabulaire aussi pédant que celui de « transcendantal » est aussi peu utile que de savoir « couper des cheveux en quatre »,

1. A. Klevan, *Disclosure*, *op. cit.*, p. 265.

2. Platon, *Phèdre*, 265 e, trad. fr. É. Chambry, Paris, GF-Flammarion, 1964, p. 157.

alors il se pourrait qu'il y ait finalement un rapport entre le sujet de la conversation et ce que la séquence cherche à montrer. En effet, il est possible que cela soit une façon pour Rohmer de dire qu'user du mot « transcendantal » n'est ridicule que lorsqu'on l'emploie pour briller ou pour se donner l'impression de penser en se contentant en fait de réciter une leçon apprise, par exemple le sens que lui a donné Kant et que rappelle Igor[1]. Lorsque, dans *Conte d'hiver* (1992), Félicie expose à Loïc la révélation qu'elle vient de connaître en assistant à la représentation théâtrale du *Conte d'hiver* de Shakespeare, sa réaction, qui consiste uniquement à la renvoyer à des références philosophiques, est aussi ridicule et fait de sa philosophie un bavardage. En revanche, celui ou celle qui, ne se contentant pas d'en apprendre la définition, chercherait à savoir à quel aspect de son expérience personnelle du monde le terme pourrait être lié et de quelle façon il pourrait l'aider à s'y retrouver, découvrirait peut-être alors une nouvelle dimension du réel qui lui avait échappé, un nouvel aspect de l'ordinaire qu'il ne voyait pas malgré sa présence sous ses yeux[2]. L'ambiguïté de cette séquence retrouverait ainsi l'ambiguïté du langage humain, ce langage que les personnages de Rohmer manient si bien et aiment tellement qu'ils ont tendance à en devenir captifs, incapables de choisir ou d'agir d'eux-mêmes, en même temps qu'il leur promet et permet parfois d'atteindre à la beauté du monde. Bien qu'elle prétende avoir agi librement en accordant d'abord secrètement trois vœux à Igor, puis en se refusant à lui, Jeanne est victime de son désir de trouver autant d'ordre dans sa vie et au quotidien que dans les relations entre

1. Lorsque Jeanne emploie le terme « transcendantal », Ève bondit sur l'occasion pour étaler son savoir (« Oui, Kant. Tu leur fais lire Kant? »). Jeanne précise alors « j'emploie le mot transcendantal au sens large ». Voir Y. Mouren, « La série... », art. cit., p. 38.

2. Commentant le sens de la référence omniprésente au fils décédé d'Emerson, Cavell écrit ainsi : « Puisque dans la figure de Waldo, le pouvoir de la passivité, disons de la passion, est montré comme le deuil, Waldo veut dire : la philosophie commence dans la perte, dans le fait de se trouver désemparé, comme le dit plus ou moins Wittgenstein. La philosophie qui ne commence pas ainsi n'est que du bavardage. » S. Cavell, *Une Nouvelle Amérique encore inapprochable*, *op. cit.*, p. 147.

les catégories kantiennes, un désir typique des philosophes selon Wittgenstein d'un ordre suprême entre des concepts suprêmes [1] qui les conduit au scepticisme et par là à l'insensibilité. Au cours du film, Jeanne est trop séparée des autres pour être libre d'agir avec et parmi eux comme elle le prétend. La fin du film laisse penser qu'elle surmonte son scepticisme en reconnaissant son amour du quotidien et du domestique malgré, mais aussi peut-être grâce, à son désordre [2].

« Les frontières du *langage* (le seul langage que je comprenne) signifient les frontières de *mon* monde [3] » : lire cette citation dans cette perspective permet de voir le monde des personnages et des spectateurs des films de Rohmer comme le monde de « ces créatures pour lesquelles le langage est notre forme de vie, ceux qu'« Expérience » appelle des « victimes de l'expression » – des mortels [4] ». Cela permet en outre de rendre compte de la présence d'une photographie de Wittgenstein sur une étagère de l'appartement de Jeanne au début du film [5] et d'envisager que Rohmer ait eu conscience de pratiquer à sa manière un cinéma transcendantal, c'est-à-dire un cinéma conçu pour révéler les conditions de possibilité de l'expérience quotidienne, les critères, l'inquiétante bizarrerie et la beauté, de l'ordinaire.

1. *RP*, § 97, p. 80.

2. Voir A. Klevan, *Disclosure*, *op. cit.*, p. 271, S. Cavell, *Une Amérique encore inapprochable*, *op. cit.*, p. 77-78..

3. *TLP*, 5.62, p. 93. Le *Tractatus* a fait l'objet d'une adaptation cinématographique par Peter Forgács qui attire notamment l'attention du spectateur sur ce thème. Voir P. Forgács, *Wittgenstein Tractatus*, 1992 et l'étude détaillée de Whitney Davis, « The World Rewound : Peter Forgács, *Wittgenstein Tractatus* », *The Journal of Aesthetics and Art Criticism*, vol. 64, n° 1, hiver 2006, p. 199-211.

4. S. Cavell, *Une Nouvelle Amérique encore inapprochable*, *op. cit.*, p. 151.

5. Dans un entretien, Rohmer a expliqué avoir découpé la photographie dans un journal, avant de la photocopier et de l'encadrer pour le film. Voir A. De Baecque, Th. Jousse et S. Toubiana, « Entretien avec Éric Rohmer », *Cahiers du cinéma*, n° 430, 1990, p. 29.

Fig. 9 : *Conte de printemps* (É. Rohmer, 1990).
Prod DB © Films du Losange

Le rayon vert du cinéma : l'ordinaire du cinéma, l'intime et le scepticisme

Si le cinéma d'Éric Rohmer aspire à nous montrer ce qui fait l'ordinaire de nos vies, leur banalité, cela ne lui est ni spécifique, ni ne le prive d'intérêt philosophique. On peut en effet montrer à partir de courtes scènes d'un film commercial et populaire, *Sixième sens* (N. Shyamalan, 1999), qu'il s'agit là de ce qui fait l'ordinaire du cinéma, en même temps que l'occasion d'une expérience et de questionnements typiquement philosophiques, des problèmes auxquels une lecture du film d'Éric Rohmer *Le rayon vert*, adapté du roman de Jules Verne, peut apporter des solutions.

Deux ou trois sens de « l'ordinaire du cinéma »

L'expression « l'ordinaire du cinéma » peut s'entendre en deux sens, selon l'usage, objectif ou subjectif, du génitif : l'ordinaire du cinéma, cela peut en effet vouloir dire le cinéma ordinaire, habituel, « commercial », populaire, qui est au cinéma d'art et d'essai ce que la littérature « alimentaire[1] » est à la littérature sérieuse. Mais cela peut aussi désigner ce qui fait l'ordinaire du cinéma, c'est-à-dire les

1. *PM*, p. 30.

sujets dont il se nourrit habituellement, qui ne sont autres que les choses qui composent nos vies quotidiennes, banales et ce que le cinéma en fait, c'est-à-dire ce qu'il advient de l'ordinaire à l'écran. Ces deux sens me semblent impliqués dans une scène du film *Sixième sens* (N. Shyamalan, 1999), où un jeune couple regarde avec une vendeuse une belle bague onéreuse dans un magasin d'Antiquités. Après un léger travelling latéral gauche, la caméra vient se placer derrière la bague, dans une vitrine, de sorte que l'on voit bien distinctement les visages des trois personnages en plan fixe. Dans la version française, la présentation de la bague par la vendeuse est suivie d'une question du fiancé : « Vous auriez quelque chose de plus ordinaire ? » La réaction de la fiancée, visiblement courroucée, est immédiate : « Ordinaire ? Tu veux une bague ordinaire pour offrir à ta fiancée ordinaire, c'est ça ? » Sentant qu'il a commis une erreur, il nie avoir voulu dire cela. Puis, l'air gêné et presque chuchotant, il lui demande pourquoi elle dit ça. Voyant que c'est sans effet, il simule le choc esthétique (« Oh ! ») et tente un : « Tu es tellement belle. Tu es plus belle que tous les saphirs de Birmanie ou d'ailleurs. Tu n'as pas besoin de ça. », ce qui n'a pas l'air de la convaincre. La vendeuse propose alors d'essayer la bague en ajoutant : « Le contact, parfois, c'est important. », ce qui est assez pertinent étant donné le fossé qui semble s'être creusé à l'instant entre les deux fiancés. Elle remarque que la bague est étonnante dans la mesure où elle communique une forme de nostalgie, qui la conduit à imaginer qu'elle a appartenu à une femme qui a dû se séparer d'un homme. La fiancée complète alors ce récit imaginaire par les mots suivants : « Un blond avec des grands yeux noisettes », ce qui ne correspond pas vraiment aux caractéristiques physiques de son fiancé et a le don de le désemparer ainsi que la vendeuse qui essaie de passer à autre chose en avançant qu'« il est très possible que quand le propriétaire d'un objet s'en sépare ou disparaît une part de lui-même reste inscrite dans cet objet. C'est comme une empreinte. »

Fig. 10 : *Sixième sens* (N. Shyamalan, 1999).
Prod DB © Hollywood / DR

La séquence est d'abord instructive dans la mesure où le mot « ordinaire » vient traduire le mot anglais *plain* qui signifie « simple » au sens de « quelconque », de « banal ». Elle m'intéresse aussi dans la mesure où la remarque de la jeune fille renvoie à une menace qui plane sur les couples ordinaires, comme elle doit également planer sur les couples royaux, à savoir celle de l'usure du quotidien, de la répétition qui rend banale et monotone la relation que l'on entretient et réserve à celui ou celle qui se trouve hors du couple le privilège de l'extraordinarité, ici synonyme d'excitation, de nouveauté et d'enrichissement potentiel, bref de promesse d'un bonheur que le couple ne semble plus en mesure d'offrir à ses membres.

La maladresse du fiancé, qui n'a pas su anticiper la réaction de sa douce aux seuls mots qu'il a trouvés à dire pour éviter d'avoir à reconnaître que la bague dépassait son budget, rappelle aussi de quelle façon l'ordinaire mêle indissolublement questions d'argent et, comme on dit des objets auxquels on tient, questions de « valeur sentimentale », dans la mesure où l'élaboration d'un budget n'est pas seulement un problème de calcul, mais aussi en même temps une détermination de ce qui compte, de ce qui importe. Elle rappelle également que l'intimité n'assure pas la transparence de la compréhension mutuelle, au point que la remarque de la jeune fille sur le « blond avec des grands yeux noisette », qui révèle quelque chose de ses fantasmes, montre que, si Cavell a raison d'écrire « qu'un homme ne fait la conquête d'une belle jeune fille que lorsqu'il fait la conquête de son imagination, c'est-à-dire que lorsqu'il peut partager son imagination avec elle [1] », alors le jeune client de la bijouterie a du souci à se faire.

Elle rappelle également ce que Sandra Laugier nous a appris à identifier chez Cavell et Wittgenstein comme la source du « mythe de l'inexpressivité [2] », à savoir que l'intimité amoureuse n'assure pas non plus la correction de l'expression, que la difficulté de notre condition est moins celle de la vulnérabilité de notre expression ordinaire, c'est-à-dire la difficulté de trouver les mots qu'il faut pour dire ce qu'il faut quand il le faut, que de « la naturalité du langage [3] » ou encore de « la fatalité de la signification », c'est-à-dire le fait que nous sommes condamnés à nous exprimer, y compris quand nous ne choisissons pas la bonne expression, puisque ce choix exprime encore quelque chose. La séquence met en évidence le fait que lorsque l'on a à subir les conséquences d'une expression maladroite, on peut être conduit à préférer l'idée d'une intériorité inaccessible aux autres, où se trouverait la chose moins gênante que l'on prétend avoir voulu dire (« ce n'est pas ce que je voulais dire, mais que tu es plus belle que tous les diamants du monde »), à la reconnaissance de ce que le vrai problème est celui d'un « trop-plein de sens [4] », c'est-à-dire de ce que mon expression exprime bien au-delà de ce que je peux contrôler.

En bref, il suffit d'un court extrait cinématographique où il ne se passe en apparence pas grand-chose pour réaliser que, loin de nous rassurer sur la rationalité de nos conceptions de l'intimité, le cinéma ordinaire peut montrer à quel point le doute est l'ordinaire de nos vies et la vulnérabilité l'ordinaire de nos relations avec ceux qui sont pourtant nos proches.

1. *PM*, p. 230-231.
2. S. Laugier, *Wittgenstein. Le Mythe de l'inexpressivité*, Paris, Vrin, 2010.
3. S. Laugier, *Wittgenstein. Les sens de l'usage*, Paris, Vrin, 2009, p. 290.
4. *Ibid.*

Cinéma, scepticisme à propos d'autrui et expression

Que la vie ordinaire, c'est-à-dire quotidienne, soit pleine d'expériences sceptiques quant à la valeur de nos pensées et de nos projets visant à inscrire notre action dans le monde, des expériences qui sont vécues à l'occasion de nos maladresses, de nos erreurs et de nos échecs est un fait que le cinéma filme depuis au moins *L'arroseur arrosé* (Lumière, 1895) et la répétition des sketches de la chute et de l'objet qui glisse des mains. Mais le cinéma enregistre aussi l'expérience sceptique qui est la plus répandue au quotidien, à savoir l'impossibilité d'être certain de comprendre ou de savoir ce que pense ou ressent autrui, ce que montre bien le film *Sixième sens*, dans la scène où le psychologue (Bruce Willis) tente d'obtenir de son jeune patient (Haley Joel Osment) qu'il vienne s'asseoir dans un fauteuil à côté de lui et qu'il accepte de lui parler. Il lui propose pour cela un jeu de télépathie : l'enfant avancera d'un pas à chaque fois que l'adulte devinera ce qu'il pense. Après quelques succès, l'adulte se trompe plusieurs fois et échoue finalement. Cependant, il a néanmoins réussi à faire parler l'enfant, qui lui a notamment avoué avoir déjà fait à l'école des dessins représentant des crimes sanglants, des visions dont l'origine ne serait pas télévisuelle…

L'usage de la caméra subjective pour illustrer le point de vue de l'enfant qui avance ou recule d'un pas, n'est pas sans rappeler la première séquence du film d'horreur qui va rendre célèbre le genre du *slasher*, *Halloween* (1978) de John Carpenter. Dans cette séquence il s'agit également de montrer le point de vue d'un enfant dont on n'arrive pas non plus à comprendre le point de vue et qui a aussi à l'esprit des images de mort violente provoquée par un instrument tranchant (*to slash*). L'usage de la caméra subjective vient renforcer la distance, le fossé, voire l'abîme qui sépare les deux personnages et qu'exprime le jeu sur l'échelle des plans du champ-contrechamp au fur et à mesure que le « jeu de langage » auquel ils jouent tous les deux se déroule. Ce jeu sur la distance où l'enjeu est de se rapprocher suffisamment pour pouvoir avoir une conversation attire notre attention sur cette dimension qui nous échappe d'ordinaire. En montrant qu'il faut parfois inventer de nouveaux « jeux de langage », de nouveaux moyens de donner la parole à ceux qui n'arrivent pas à trouver leur voix, cette séquence nous montre aussi que la réflexion éthique en général, et en particulier celle qui accompagne les métiers du soin, gagnerait à ne pas se concentrer seulement sur ce que l'on doit dire ou sur ce que l'on dit en fait, mais aussi sur « ce que nous devons dire, mais n'osons dire, ce que nous avons à cœur de dire, ce que nous sommes trop désorientés ou trop soumis ou trop indomptés ou trop terrorisés pour le dire ou songer à le dire [1] ».

Pour quelqu'un qui est pris par le mythe de l'inexpressivité, cette séquence sera sans doute conçue comme une illustration de l'asymétrie constitutive de la distinction entre la connaissance que j'ai de moi-même et la connaissance d'autrui, la première étant immédiate, directe et certaine, là où la seconde est médiate, indirecte et donc incertaine, ce qu'illustreraient les erreurs du psychologue qui, loin de pouvoir lire les pensées de l'enfant comme il lit ses propres pensées, s'appuie sur des inductions à partir de l'observation du comportement extérieur de son patient. Par exemple, sachant que l'enfant est élevé par sa mère et qu'il porte une montre d'homme adulte, il suppose faussement que c'est un cadeau du père. On aurait là la racine du scepticisme à propos d'autrui : puisque tout ce que l'on peut observer directement d'autrui est son comportement extérieur, ce que l'on suppose de son intériorité résulte donc d'un raisonnement par analogie avec la relation qui unit mon propre comportement à mon esprit. Mais puisqu'une analogie est une induction et que l'induction est une forme de raisonnement qui est faible logiquement, alors on ne peut jamais être sûr de savoir ce qu'autrui a à l'esprit.

Le cinéma le plus ordinaire semble d'ailleurs très adéquat pour révéler cette vérité sceptique : qu'on songe au fait que plus les acteurs dont nous observerons les comportements à l'écran seront bons, c'est-à-dire plus ils réussiront par leur jeu à nous faire croire qu'ils pensent et ressentent vraiment ce que leurs personnages sont censés penser et éprouver, et plus ils rendront crédible cette idée

1. S. Cavell, *Philosophie le jour d'après demain*, *op. cit.*, p. 201 [trad. modifiée].

que nous ne pouvons jamais exclure la possibilité que la pensée ou l'émotion que nous sommes tentés d'attribuer aux autres ne soit que simulée. On pourrait même se servir de la fin du premier extrait de *Sixième sens*, où la vendeuse parle de la « personnalité » des objets anciens, qui leur viendrait de ce que le propriétaire disparu laisserait une partie de lui-même imprimée sur lui, « comme une empreinte », pour rappeler la solution proposée par Merleau-Ponty et déjà évoquée[1] pour résoudre la question d'autrui[2] : dans l'usage qu'un autre ferait de mes objets familiers, je pourrais faire l'expérience intérieure, directe et donc certaine d'un autre esprit, doué d'intention et capable de faire de l'usage de ces objets le moyen adapté de la réalisation de fins qui ne sont pas les miennes, une opération d'un « sujet psychophysique[3] » qui dépasserait la seule dimension physique du comportement extérieur. La « personnalité » de l'objet renverrait, dans cette perspective, à ce que nous pouvons reconstruire imaginairement des usages passés de l'objet, l'empreinte, le caractère « habité » d'un lieu ou d'une maison ancienne, relevant en réalité de cette tendance à projeter sur ces objets une autre mentalité, un *alter ego*. Du point de vue sceptique, le défaut de cette solution tient dans la reconnaissance de ce que si l'autre que cette expérience intérieure est censé nous révéler n'est qu'un *alter ego*, alors c'est que l'expérience me renseigne moins sur l'existence des autres esprits, que sur ma tendance à projeter hors de moi mes propres schémas mentaux. Il faudrait donc s'incliner devant cette conclusion : nous ne pouvons jamais être certains de savoir ce que pense ou ressent réellement autrui dans la mesure où nous ne pouvons jamais accéder directement à son intériorité.

Le mythe de l'inexpressivité et Le rayon vert *d'Éric Rohmer*

Si le cinéma est bien une image mouvante du scepticisme à propos des autres, il nous apprend aussi qu'il est possible de vivre

1. Voir plus haut, chapitre II, , p. 95-96.
2. M. Merleau-Ponty, « Phénoménologie de la perception », (1945), dans *Œuvres*, Paris, Gallimard, 2010, p. 1054.
3. *Ibid.*

avec lui, comme Delphine, le personnage principal du film *Le rayon vert* d'Éric Rohmer va apprendre à vivre avec ses doutes pour finalement s'ouvrir à l'autre.

Victime de la défection d'une amie quinze jours avant leur départ en vacances d'été, Delphine ne sait pas quoi faire de sa solitude et désespère de rencontrer le grand amour. Se méfiant des hommes, elle aimerait voir « clair dans son cœur et dans celui des autres », c'est-à-dire disposer du rayon vert dont elle entend parler au cours d'une ballade en bord de mer à Biarritz, lorsqu'une dame qu'elle dépasse en marchant parle du fameux livre de Jules Verne. Selon le roman, ce rayon aurait en effet

> pour vertu de faire que celui qui l'a vu ne peut plus se tromper dans les choses de sentiment ; c'est que son apparition détruit illusions et mensonges ; c'est que celui qui a été assez heureux pour l'apercevoir une fois, voit clair dans son cœur et dans celui des autres[1].

Seulement, pour voir le rayon vert, il faudra que Delphine traverse un certain nombre d'épreuves qui l'amèneront progressivement à changer mentalement et à quitter l'état d'esprit qui est la principale cause de sa solitude, à savoir sa difficulté à s'exprimer sans avoir l'impression de se trahir, c'est-à-dire d'être infidèle à elle-même et à son désir.

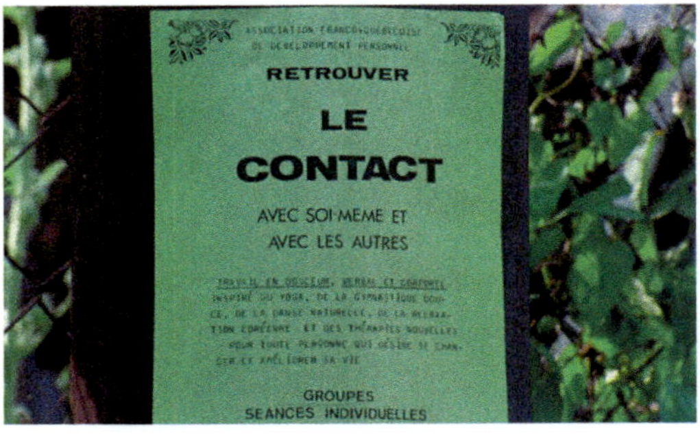

Fig. 11 : *Le rayon vert* (É. Rohmer, 1986).
Prod DB © Films du Losange

1. Jules verne, *Le Rayon vert*, *op. cit.*, p. 32

Au départ, en effet, alors qu'elle vient de trouver une carte à jouer dans la rue à Paris qui la représente en dame de pique et de lire une affichette qui l'invite à « retrouver le contact avec [elle]-même et les autres » par un « travail en douceur, verbal et corporel [...] pour toute personne qui désire se changer et améliorer sa vie » – une description assez fidèle du projet socratique de la philosophie –, Delphine semble en effet avoir perdu le contact avec elle-même et le monde, en ce temps de vacances qui est propice à ce genre de prise de conscience, à cause d'un refus de s'exprimer qui semble lié à un refus de se laisser juger par le regard des autres. C'est du moins ce qu'on peut retirer de la conversation animée qu'elle a avec une amie qui cherche à la bousculer pour la faire « bouger », c'est-à-dire la convaincre de rompre sa solitude en partant, par exemple, en vacances avec un groupe.

« Tu ne me connais pas », répète-t-elle à son amie qui lui explique vouloir l'aider en la brusquant un peu et quand celle-ci lui répond la connaître suffisamment parce qu'elle la voit et pour avoir déjà parlé avec elle plusieurs fois, Delphine lui reproche de toujours monopoliser la parole, ce qui lui attire à son tour le reproche de ne pas assez s'exprimer quand elle a quelque chose à dire. À ce moment-là, Delphine semble refuser l'idée que l'on puisse connaître une personne en la regardant et adhérer au mythe de l'intériorité.

À Cherbourg, entourée de gens bienveillants, mais inconnus, elle va tâcher de suivre le conseil en s'exprimant. Cependant, elle refusera de participer aux différentes activités qui lui seront proposées pour lui faire plaisir et refusera ainsi, en un sens, de jouer entièrement le jeu de la vie sociale.

Alors qu'elle menait la vie végétative d'une plante à Cherbourg, elle va s'animer et poursuivre des activités de plage (se baigner, courir, etc.) à Biarritz, jusqu'à se laisser initier un temps au jeu de la « drague » par Léna, une jeune Suédoise dont la maîtrise en ce domaine vient de sa conviction que tout n'est qu'illusions et mensonges dans les rapports humains.

Fig. 12 : *Le rayon vert* (É. Rohmer, 1986).
Prod DB © Films du Losange

Le refus de Delphine de renoncer à l'espoir d'un contact humain authentique va naître de la difficile reconnaissance de ce qu'elle serait bien incapable de cacher son jeu, comme le lui recommande Léna alors qu'elles boivent un verre à une terrasse de Biarritz. Cela signifie qu'elle reconnaît que son problème et le problème de l'expression en général n'est pas celui d'une impossibilité d'atteindre l'intimité d'une personne à travers son comportement, mais d'une trop grande expressivité naturelle. Elle réalise donc que son amie parisienne avait raison de prétendre la connaître suffisamment pour l'avoir déjà vue. Cette reconnaissance est alors amère, car elle semble devoir en conclure que ce qu'elle exprime malgré elle n'est rien qui puisse faire qu'un homme tombe amoureux d'elle. Il est frappant qu'alors qu'elle s'enfuit une nouvelle fois avant d'avoir laissé sa chance à un prétendant, celui-ci lui dise avoir été « touché » par elle.

Il faut croire que grâce à ce mot, elle aura su retrouver l'espoir de renouer le contact avec elle-même et avec un autre homme, lorsqu'elle retournera son sourire à celui qu'elle verra s'approcher d'elle dans la gare de Biarritz, un homme dont l'allure rappelle la description du personnage d'Olivier Sinclair dans le roman de Jules Verne [1]. Elle sera alors prête à jouer le jeu de l'amour, à, comme elle le lui dira, « se projeter en avant », à prendre des risques sans savoir

1. Jules Verne, *Le Rayon vert*, *op. cit.*, p. 173-174.

ce qui va se passer et à s'exposer en affirmant son désir et son espoir d'avoir trouvé avec lui le bonheur romantique qu'elle recherchait.

Mais l'on dira qu'il ne s'agit de nouveau que d'une simulation, que du jeu d'une actrice particulièrement forte pour jouer la sincérité et donc d'autant plus trompeuse…

Expression de l'intime, interprétation musicale et vie dans le langage

À moins que le cas de la simulation des acteurs, et à travers lui le cinéma ordinaire, nous instruise aussi autrement : « Le fait qu'un acteur puisse donner l'image de l'affliction », nous dit Wittgenstein dans *L'intérieur et l'extérieur*, « montre le caractère incertain de l'évidence, mais qu'il puisse donner l'image *de l'affliction*, cela montre aussi la réalité de l'évidence[1]. » Autrement dit, que nous puissions être amenés à prendre pour de l'affliction, ce qui n'est qu'une simulation montre en effet que nous ne pouvons jamais être sûrs que le comportement qu'il nous est donné de voir soit bien celui d'une personne affligée. Cependant, que l'image que l'acteur nous donne soit bien celle de l'affliction et non celle d'une autre émotion nous apprend également que l'affliction n'est pas séparée, différente de cette image, c'est-à-dire de ce qu'il nous est donné de voir. S'il faut reconnaître que nous ne pouvons jamais être sûrs de savoir ce que les autres pensent ou ressentent réellement, ce n'est donc pas parce que nous n'aurions pas accès à une intériorité cachée derrière le comportement extérieur, le rapport entre l'intérieur et l'extérieur étant analogue au rapport entre l'essence réelle et l'apparence accidentelle du sentiment en question. Plutôt qu'à l'analogie de l'essence et de l'apparence et plutôt que de vouloir nier l'existence de l'intériorité en continuant à croire en l'existence de l'extériorité, on pourra préférer comparer l'expression d'une émotion ou d'une pensée à l'interprétation musicale expressive, la justesse de l'expression étant autant fonction du pouvoir de

1. Wittgenstein, *Derniers écrits sur la philosophie de la psychologie II. L'intérieur et l'extérieur*, trad. fr. G. Granel, Mauvezin, TER, 2000, p. 89.

l'interprète de restituer, à l'aide de son instrument, les notes de la partition que de son aptitude à s'exposer à travers son jeu. De même qu'il n'y a pas d'expression musicale satisfaisante sans un jeu correct et quelque chose de l'interprète qui s'y exprime, de même n'y a-t-il pas en effet d'expression d'émotion ou de pensée, sans comportement adapté, ni quelque chose du sujet qui s'y exprime. De ce point de vue, on pourra aussi parler d'une interprétation satisfaisante d'un rôle en entendant par là l'idée que l'acteur ne se contente pas de réciter son texte, de jouer « sa partition », mais sait aussi y mettre quelque chose de lui-même, au sens où il aura su « se prêter » au jeu, comme l'expression d'une émotion ou d'une idée au quotidien réclame que l'on accepte de « se prêter » au jeu de la vie que nous menons dans le langage. Pour le dire encore autrement, il y a, dans toute expression, une passivité du sujet qui est, de ce point de vue, autant le patient de son expression qu'il en est l'agent, une passivité qui appelle moins un effort de connaissance visant à la supprimer, qu'une reconnaissance en vue de l'accepter : « C'est en reconnaissant cet abandon à mes mots, comme à autant d'épitaphes, présages du départ de la mort, que je connais ma voix, et reconnais mes mots (les mêmes que les vôtres) comme miens [1]. »

En enregistrant pour l'éternité les mots et les gestes de ceux qu'il filme, le cinéma nous offre une image de l'expression comme expérience par laquelle je ne m'exprime vraiment qu'en me laissant exprimer, par laquelle je ne veux dire quelque chose qu'en me laissant dire par mes mots et ce que je fais avec eux.

Connaissance, reconnaissance et expérience vécue

S'il y a donc une vérité du scepticisme, qui est que nous ne pouvons jamais être sûrs de savoir ce que pensent ou ressentent les autres, on fait erreur quand on croit que cette incertitude n'existerait que dans le cas des autres et parce que nous n'aurions pas accès à leur intériorité. En effet, en ce sens, nous n'avons pas accès non plus

1. S. Cavell, *Un ton pour la philosophie*, trad. fr. É. Domenach et S. Laugier, Paris, Bayard, 2003, p. 16.

à notre intériorité, car le rapport que nous avons à nos pensées et à nos émotions n'est pas un rapport de connaissance, mais plutôt de reconnaissance, qui appelle un effort d'expression, c'est-à-dire non seulement de trouver les mots pour les dire, mais aussi de se laisser dire par les mots ainsi trouvés. Mais si le rapport que nous avons aux autres ressemble, en s'en distinguant néanmoins, à celui que nous avons avec nous-mêmes, alors ce n'est pas non plus un rapport de connaissance qu'il faut chercher, mais de reconnaissance, une reconnaissance qui appelle là aussi un effort d'expression, c'est-à-dire de trouver les mots pour articuler la compréhension ou la lecture que nous faisons d'autrui, qui est en même temps un effort pour se laisser lire par ce que cette lecture peut exprimer de nous. Dans cette perspective, reconnaître mes mots et ceux d'autrui comme miens pourra passer par la description de ce que nous éprouvons quand nous trouvons un objet ou une personne « qui nous parle », c'est-à-dire faire de cette expérience d'attraction pour un objet ou une personne l'occasion de traverser l'abîme qui nous sépare de nous-mêmes en l'observant patiemment et attentivement, en nous laissant nous attacher à lui.

Si l'on considère maintenant que cet objet doué de « personnalité », ce « bijou » qui nous parle et dont nous parle Shyamalan, peut être un film auquel on tient, puisque c'est le cas de dire de l'auteur d'un livre ou d'un film qu'« une partie de [lui]-même reste imprimée sur cet objet, comme une empreinte », alors on est en droit de penser qu'observer patiemment et attentivement un film afin de trouver les mots pour dire l'expérience que l'on en fait peut certainement être une bonne occasion de traverser l'abîme qui nous sépare de nous-mêmes, des autres et des choses les plus ordinaires.

CHAPITRE IV

LE PARADOXE DES RÈGLES ET *L'IMPOSSIBLE MONSIEUR BÉBÉ*

> Bien sûr le positivisme se soucie de l'éducation, mais non, par exemple, du rôle essentiel de la métamorphose personnelle dans la demande de celle-ci [1].

Les éléments de lecture de films ou de séquences de films d'Éric Rohmer du chapitre précédent ont cherché à mettre en évidence la fécondité de l'approche philosophique héritée de Cavell, une approche dont on peut penser qu'elle permet de confirmer la profondeur de l'œuvre rohmérienne en ce qu'elle s'efforce de nous révéler, ou de nous rappeler, cinématographiquement les conditions ou critères de la vie morale ordinaire. Mais l'importance de la démarche cavellienne n'est pas attestée seulement par l'enrichissement qui en résulte pour l'appréciation de l'œuvre du réalisateur des *Contes moraux*. En effet, si Stanley Cavell a commencé à exercer sa pratique de ce qu'il appelle la « lecture » de films dans son premier livre sur le cinéma, *La Projection du monde*, cet exercice s'est poursuivi dans un autre livre fameux, *À la recherche du bonheur*, où il s'intéresse à un genre cinématographique auquel il a donné un nom, le genre des comédies du remariage, un baptême couronné de succès, si la réussite académique se mesure notamment à la reprise par d'autres auteurs d'un concept que l'on a inventé.

On sait que ce genre est constitué au départ d'une famille de sept films, *New York-Miami* de Capra, *Cette sacrée vérité* de McCarey, *Indiscrétions* et *Madame porte la culotte* de Cukor, *Un cœur pris au piège* de Sturges, *La Dame du vendredi* et *L'impossible Monsieur Bébé* de Hawks. Cavell a justifié son choix d'étudier ces films

1. *SJAS*, p. 406.

par sa conviction que nous devons partir, en philosophie, de notre expérience subjective de films particuliers qui comptent pour nous, afin de déterminer, par l'analyse, les raisons qui peuvent expliquer leur importance. Fidèle à cette idée, j'ai donc choisi *L'impossible Monsieur Bébé*, l'un de mes films préférés, pour pratiquer un exercice de lecture « longue » qui vise à mesurer la profondeur conceptuelle qui peut rendre raison de mon plaisir et de mon intérêt à voir et revoir ce film au fil des années. Au terme de l'exercice, il apparaît que le plaisir pris au film dépend en effet notamment de sa profondeur philosophique, c'est-à-dire de la qualité des pensées qu'il développe sur des sujets aussi fondamentaux que le scepticisme, le langage, l'éducation et le mariage. L'analyse vient donc non seulement confirmer les résultats de la lecture proposée par Cavell dans *À la recherche du bonheur*, mais aussi montrer que la philosophie du langage et la philosophie morale gagneraient à s'instruire des idées de cinéma exprimées dans ce film et donc, on le suppose, dans d'autres. Autrement dit, cette lecture du film *L'impossible Monsieur Bébé* le conçoit lui-même comme un exercice d'analyse cinématographique d'idées qui ne trouvent pas nécessairement d'équivalents dans d'autres médias, la lecture s'efforçant d'articuler ces analyses et donc de retrouver l'expérience du film, malgré la conscience de la difficulté, sinon de l'impossibilité, du projet.

Le paradoxe des règles dans la philosophie contemporaine du langage

Le paradoxe des règles selon Kripke

Quand on a un peu travaillé sur ce que la philosophie contemporaine appelle « le paradoxe des règles », il est difficile de ne pas être frappé par le grand nombre de références à ce problème dans le film. En philosophie contemporaine du langage, il est en effet un paradoxe sceptique qui naît de la question de savoir comment nous pouvons être sûrs de suivre une règle : on parle du paradoxe des règles depuis que le philosophe américain Saul Kripke a prétendu l'avoir trouvé dans les *Recherches philosophiques* de Wittgenstein. Dans son livre intitulé *Règles et langage privé. Introduction au paradoxe de Wittgenstein*[1], Kripke prétend en effet avoir découvert l'existence d'un « paradoxe sceptique » dans les *Recherches philosophiques* de Wittgenstein qui « pose à la philosophie le problème sceptique le plus radical et le plus original qu'elle ait jamais eu à affronter[2] ». Il est vrai que ce paradoxe est devenu suffisamment connu pour être expliqué par un personnage à un autre dans un film grand public assez récent : *The Oxford Murders*[3] (*Crimes à Oxford*, Alex de la Iglesia, 2008).

Ce paradoxe serait explicitement énoncé au paragraphe 201 des *Recherches philosophiques* quand Wittgenstein écrit : « c'était là notre paradoxe : aucune ligne de conduite ne saurait être déterminée par une règle, puisque toute ligne de conduite peut être considérée comme conforme à la règle[4]. » Pour l'introduire, Kripke donne un « exemple mathématique » très simple. Lorsque nous faisons des calculs élémentaires, le signe « + », ou le mot « plus », dénote la fonction de l'addition. À la représentation symbolique externe (« + » ou « plus »), nous devons donc rapporter une représentation mentale interne de ce qu'il faut faire pour suivre la règle de l'addition. En outre, ce qui doit être fait pour suivre la règle ne concerne pas seulement les additions déjà effectuées, mais aussi ce qu'il faut faire dans un nombre indéfini de nouveaux cas. Par exemple, même si l'on n'a jamais effectué cette opération auparavant, on peut calculer que « 68+57 » font « 125 ».

Mais un philosophe sceptique pourrait, selon Kripke, demander comment je peux être sûr que mes emplois passés du terme « plus » doivent me conduire à obtenir « 125 » plutôt qu'un autre résultat, par exemple « 5 ». En effet, puisque par hypothèse je n'ai jamais

1. S. Kripke, *Règles et langage privé. Introduction au paradoxe de Wittgenstein*, trad. fr. Th. Marchaisse, Paris, Seuil, 1996 (1982).

2. *Ibid.*, p. 74.

3. Dans *Crimes à Oxford*, en effet, les personnages décrivent le triste sort d'un penseur rendu fou par le fameux paradoxe des règles de l'auteur du *Tractatus*.

4. *RP*, § 201, p. 126.

effectué cette opération auparavant, je n'ai pas pu me dire dans le passé que 68 + 57 = 125.

On serait tenté de répondre au sceptique que toutes les représentations mentales intérieures passées que j'ai associées au terme « plus » sont cohérentes avec le résultat « 125 », alors qu'elles ne le sont pas avec le résultat « 5 ». Mais il pourrait alors faire remarquer que toutes les opérations passées pourraient être cohérentes avec une représentation mentale qui correspondrait au terme « *quus* » selon laquelle $x \oplus y = x + y$, si $x, y < 57$, mais $x \oplus y = 5$ sinon. Or, puisqu'il m'est déjà arrivé de faire des erreurs, rien n'empêche de considérer que, dans un coup de folie ou parce que l'on m'a administré une drogue, j'ai oublié ce que je faisais dans le passé quand je comprenais le terme « plus » et qu'au lieu de penser à l'addition, je l'interprétais alors comme une « quaddition ». Observer les résultats que j'ai obtenus jusqu'ici ne me permettra pas de savoir si je faisais une addition, une quaddition ou encore une autre opération. Il se pourrait donc que la réponse la plus cohérente avec mes représentations mentales passées soit « 5 ».

Le sceptique de Kripke lance donc un défi, celui de trouver un fait relatif à mon état mental qui assure que je dénotais l'addition et non la quaddition, ou toute autre interprétation déviante du signe « + », dans le passé et qui montre que j'ai raison de répondre « 125 » plutôt qu'autre chose.

L'exemple de la définition ostensive du chat chez Cavell

Dans *Les Voix de la raison*, Stanley Cavell avait proposé, bien avant Kripke, un autre exemple, non mathématique, que l'on peut employer pour poser la même difficulté[1]. Imaginons un enfant qui en est venu à maîtriser le terme « chat ». Dès qu'un chat passe dans la rue ou dès qu'il en voit l'image, il tend le doigt et dit, à peu près, « chat ». Mais un jour, l'enfant montre du doigt un morceau de fourrure, le caresse et dit « chat ». Comment comprendre cet emploi

1. S. Cavell, *Les Voix de la raison*, *op. cit.*, p. 260-265.

du terme ? Qu'est-ce que cela veut dire de la compréhension par l'enfant du sens du mot « chat » ?

Dans *L'impossible monsieur Bébé*, il est aussi question d'un gros cousin du chat et la même surprise quant à un emploi déviant du terme survient chez les personnages attablés dans la séquence où le Major Applegate essaye de faire la conversation en parlant de ses talents d'imitateurs des cris d'animaux sauvages. Quand un cri d'animal retentit dans la nuit, le Major prétend reconnaître un cri d'oiseau, en l'occurrence un plongeon (*a loon*), avant d'être corrigé par David Huxley : « C'est un léopard. »

La surprise du Major et de la vieille tante n'est pas sans rapport avec la surprise des parents de l'enfant dans l'exemple de Cavell, puisque, dans les deux cas, ils peuvent en arriver à un point où ils ne sauront pas comment faire pour le corriger. La déviance pourrait en effet s'expliquer par le fait que l'enfant n'a rien compris du tout, qu'il emploie le mot au hasard, sans règle. Mais cela pourrait être aussi qu'il emploie le mot comme nous employons le mot « doux » ou pour désigner ce qu'il est agréable de caresser. Cela pourrait être encore qu'il s'agit d'un « mot-valise », c'est-à-dire un mot qui renvoie à un ensemble de choses dont la réunion n'est pas nécessairement plus logique que la façon dont un enfant peut remplir une valise. Que ses parents comprennent un jour l'usage qu'il fait du terme ou non, la plupart du temps, l'enfant en vient à employer le terme comme nous. Cependant, ce que le paradoxe de Wittgenstein cherche à mettre en évidence, c'est le fait que s'il n'en venait pas à rejoindre l'emploi commun, nous ne saurions comment faire pour le corriger. En effet, tous les exemples que nous pourrions donner d'un emploi correct du mot pourraient s'accorder avec sa compréhension déviante du terme. Pire, en prenant conscience de ce qu'il a pu se passer plusieurs semaines avant que les parents ne découvrent la déviance de leur enfant, nous réalisons qu'il se pourrait que l'enfant ne parvienne jamais réellement à employer le terme comme nous, mais semble seulement y parvenir, parce que nous ne nous sommes pas encore trouvés dans des circonstances qui auraient rendu notre désaccord apparent. Le paradoxe sceptique redécouvert par Kripke chez Wittgenstein pose donc bien un problème radical : il semble nous conduire à reconnaître que nous ne savons pas comment le sens vient aux mots, ni comment un enfant en vient à parler, ni même si le langage et les vies que nous menons avec lui ne sont pas fondés sur un perpétuel malentendu.

Mais s'il est exact que le paradoxe des règles met en évidence le fait que nous ne savons pas comment le sens vient aux mots, c'est-à-dire que nous devons nous résoudre au scepticisme en philosophie du langage, il se pourrait que la même conclusion puisse être tirée en philosophie morale, en s'appuyant sur un raisonnement analogue. En effet, dans sa *Conférence sur l'éthique*, Wittgenstein remarquait que nous ne savons pas comment les faits peuvent prendre une valeur morale ou encore qu'« il est impossible qu'un énoncé factuel soit un jugement de valeur absolu, ou qu'il en implique un [1] ». Autrement dit, on pourrait soutenir que ce que le paradoxe des règles met en évidence en philosophie du langage, à savoir le problème du rapport entre les mots (ou les signes) et le sens, est analogue au problème de la détermination « de ce qui a une valeur, ou de ce qui compte réellement [2] » à partir des faits en éthique.

Le prologue comme scène d'exposition du problème des règles

A mon sens, le film *L'impossible Monsieur Bébé* permet d'exposer et de trouver une issue au paradoxe des règles. La difficulté est d'ailleurs posée dès le « prologue » au muséum d'histoire naturelle, selon le découpage proposé par Cavell dans *À la recherche du bonheur* [3].

1) prologue : le muséum d'histoire naturelle ;
2) le golf et le parking ;
3) l'hôtel ;

1. Wittgenstein, *Conférence sur l'éthique*, *op. cit.*, p. 12.
2. *Ibid.*, p. 143.
3. S. Cavell, « Des léopards dans le Connecticut », *À la recherche du bonheur*, *op. cit.*, p. 169-171.

4) l'appartement de Susan, la voiture et la demeure de M. Peabody ;

5) l'appartement de David, la clavicule intercostale, l'appartement de Susan et Bébé ;

6) le trajet vers le Connecticut ;

7) la maison de la tante Elisabeth Carlston Random ;

8) le repas avec le Major Applegate ;

9) la chasse au léopard ;

10) la prison ;

11) épilogue : le muséum.

On peut soutenir que le montage des premiers plans du film dénonce une certaine tendance de la recherche philosophique. Après un plan fixe d'un bâtiment que le deuxième plan nous permet d'identifier comme un muséum d'histoire naturelle, le troisième plan nous montre une grande salle où un homme en blouse blanche et une femme s'affairent au pied du squelette d'un grand dinosaure. L'homme, le professeur Latouche, salue la femme, Alice Swallow (Virginia Walker), et se dirige vers elle qui lève immédiatement la main pour le faire taire. Le *cut* est suivi d'un plan moyen qui les montre l'un et l'autre dans la partie gauche, tandis que le signe de la main est redoublé d'un « chut » et d'une justification verbale (« *Docteur Huxley is thinking.* » / « Le Dr Huxley médite ! »), qui s'appuie elle-même sur un nouveau geste de la main tenant un stylo pointé vers le haut. La caméra suit et imite ce mouvement en un panoramique oblique qui découvre, en haut d'un échafaudage, une sorte de parodie vivante du *Penseur* de Rodin. Cary Grant, portant des lunettes, joue à donner les apparences extérieures, physiques d'un homme qui pense. Ce mouvement d'ascension de la caméra qui nous montre le penseur isolé et comme littéralement plus « élevé » que les individus ordinaires, occupés à des activités trop terre à terre, a en effet quelque chose à voir avec une conception fréquente en philosophie selon Wittgenstein, « la tendance à sublimer – pourrait-on dire la logique de notre langage [1] ». En effet, sublimer, c'est en

1. *RP*, § 38, p. 48-49.

un sens purifier ou raffiner un matériau impur et mixte, de façon à obtenir un élément pur et simple comme on peut extraire d'un liquide fermenté par distillation de purs cristaux d'alcool, issus de nuages de vapeur [1]. La sublimation du philosophe consiste à passer de l'état solide, matériel de nos activités langagières quotidiennes à l'état gazeux, immatériel de la logique de notre langage : le philosophe transforme quelque chose de solide – notre emploi ordinaire des mots – en quelque chose de gazeux – les mystérieux processus spirituels [2]. Le problème est qu'en abandonnant ainsi les formes que prend notre vie d'ordinaire, le philosophe court le risque de priver le signe de toute animation, le condamnant à n'être qu'un vestige, ou plutôt qu'un squelette décharné. L'idée selon laquelle la logique du langage pourrait être exposée dans l'absolue pureté du cristal conduit donc à priver le langage de sa vie et encourage le scepticisme.

Ce scepticisme trouve à s'exprimer dès les premiers échanges verbaux du film. David Huxley s'adresse en effet à sa secrétaire et fiancée : « Alice, je pense que celui-ci [« cet os »] appartient à la queue [du brontosaure]. » Miss Swallow lui montre immédiatement l'absurdité de son hypothèse en lui rappelant qu'il l'a déjà testée la veille en vain (« *Nonsense. You tried it yesterday and it didn't fit.* » / « Vous avez essayé hier. Ça n'allait pas. »). Que David ait pu oublier ce qu'il a fait la veille au muséum d'histoire naturelle alors que sa vie est consacrée à son travail en général et en particulier à sa grande œuvre, la reconstitution du squelette du brontosaure, ne laisse pas d'étonner. Pourtant, cela n'a rien d'impossible et il suffirait qu'il réessaie de mettre l'os (*bone*) dans la queue du dinosaure pour vérifier les paroles de Miss Swallow. Contrairement au cas des règles, la possibilité de l'oubli ne conduit pas ici à l'impossibilité de préciser la bonne réponse.

1. *RP*, § 97 p. 80 ; § 107-109, p. 83-84.
2. *RP*, § 109, p. 84.

Cependant, le plan suivant nous montre l'annonce d'une authentique impossibilité physique : la « clavicule intercostale », c'est-à-dire un os qui, pour être possible en respectant la terminologie en vigueur dans la communauté scientifique, devrait se situer sur un animal qui aurait la tête entre les côtes. Le spectateur averti partage donc l'étonnement de David, à défaut de partager son enthousiasme, lorsqu'il s'exclame « J'arrive à peine à y croire » en tentant d'embrasser Miss Swallow. Celle-ci le repousse et lui reproche le caractère déplacé de ce geste. Bientôt, elle lui fera comprendre et admettre qu'il est toujours et partout déplacé pour lui de perdre son temps en adoptant ce genre de comportements. Mais David ne doit pas seulement se concentrer davantage pour ne pas refaire chaque jour ce qu'il a déjà fait la veille et ne pas adopter de comportements inadéquats, il doit aussi surveiller son langage en n'oubliant pas qui et ce qu'il est (« *Remember who and what you are.* »). Par exemple, il ne doit pas se fier aux représentations mentales qu'il attache aux mots du langage ordinaire : c'est une erreur de penser que le mariage est une institution qui doit nécessairement comporter certaines pratiques parmi lesquelles on doit compter : avoir des enfants et s'en occuper, faire un voyage de noces et entretenir une relation amoureuse et sexuelle. Il est préférable de penser que, pour quelqu'un comme le professeur David Huxley, le mariage est une institution dont la fonction est de débarrasser le grand homme des « soucis domestiques (*domestic entanglements*) » afin que son œuvre atteigne son état d'achèvement. Le fait que David accepte avec docilité ces rappels à l'ordre de Miss Swallow montre que, s'il ne devait y avoir qu'un seul bébé dans le film, ce serait lui. Mais cela montre aussi à quel point David est peu sûr de lui. Il manque de confiance quant à ce qu'il doit faire ou dire pour être celui et ce qu'il croit être, un professeur sérieux et important dont le temps doit être entièrement consacré à son œuvre. Le problème de l'argot de David n'est à cet égard pas tant celui d'un langage vulgaire dans la bouche d'un professeur bourgeois, que celui d'une expression spontanée et assurée visant à participer activement à une conversation sociale animée. En effet, faire cela en disant cela, c'est prendre le risque de dire des absurdités (*to talk nonsense*), ce qui ne sied pas à un scientifique digne de ce nom dont la fonction est de trouver la place d'une clavicule intercostale pour finir son œuvre.

À la maladresse corporelle de David (qui se cogne contre le brontosaure, contre la porte, qui salue Alice en voulant saluer le professeur LaTouche) s'ajoute donc sa maladresse verbale supposée : il ne sait pas ce qu'il faut dire, ni quand il faut le dire. Confronté à la question de savoir comment suivre une règle de conduite ou une règle lexicale, il ne peut pas se fier à ses représentations mentales intérieures spontanées : le terme « mariage » ne dénote pas nécessairement une relation amoureuse et il a dû oublier qu'il avait pris le terme en un autre sens dans le passé quand il a fait sa demande à Alice. Cela ressemble au paradoxe sceptique de Kripke. Pour donner tort à Miss Swallow, il faudrait en effet, semble-t-il, réussir à relever le défi de trouver un fait relatif à l'état mental passé de David qui prouverait qu'il visait une relation amoureuse par le terme « mariage » et qui montrerait qu'il a raison de penser que le mariage doit entraîner des « soucis domestiques ». Sinon, pour David, se marier avec Miss Swallow, c'est accepter de renoncer à son pouvoir de « savoir ce que nous disons quand », en s'en remettant entièrement sur ce point, mais évidemment aussi sur tous les autres, à ce que Miss Swallow cherche à lui faire avaler (*to swallow*). David est donc, au début du film, la figure du scientifique dont la soif de certitudes l'a rendu sceptique en matière pratique au point de renoncer à ses responsabilités pour suivre la loi fixée par une autre. Mais le choix de l'hétéronomie ne sera pas suffisant pour déjouer l'expérience ordinaire du scepticisme, car la rencontre de Susan Vance (Katharine Hepburn) sera l'occasion de connaître de nouveau l'anxiété pratique. En outre, le scepticisme ainsi éprouvé ne saurait se cantonner au domaine pratique, car il tend toujours à contaminer le domaine théorique, au point de menacer le statut de savant de David : un authentique savant ne saurait en effet renoncer à l'autonomie sans que cela nuise à sa poursuite de la vérité.

Si l'hétéronomie est caractéristique de la minorité, on peut dire que *L'impossible Monsieur Bébé* décrit un homme-enfant qui suit un apprentissage du langage et de l'amour adulte qui est en même temps une éducation à l'autonomie morale, un enseignement prodigué par une femme qui n'a pas perdu son âme d'enfant et qui va grandir au cours du même processus. Pour dépasser le paradoxe qui veut que, prise en elle-même, la formulation verbale d'une règle linguistique ne détermine pas sa prochaine application, car il n'est pas possible de mentionner un fait relatif à l'état mental passé d'un individu qui assure qu'il est bien en train de continuer à faire la même chose qu'auparavant, Susan va montrer à David que c'est seulement si nous revenons au « sol rugueux[1] », aux pratiques auxquelles la règle appartient, qu'elle peut prendre une forme déterminée. Mais la notion de pratique ne doit pas être conçue comme un niveau fondamental où l'on pourrait trouver la justification de la signification et de la valeur des règles (comme dans les théories de la pratique de David Bloor, de Pierre Bourdieu ou de Robert Brandom[2]) : c'est « un filigrane aux couleurs multiples et indéfinies[3] », un mélange d'activités et de réactions, de pensées et d'émotions naturelles et culturelles fait de structures compliquées[4], un « tourbillon de l'organisme[5] » qui a à voir avec le tourbillon dans lequel Susan entraîne David, et nous avec lui. Pour éviter d'en rester à ce niveau d'abstraction, en sublimant à mon tour la logique du langage, il faut partir d'exemples précis de suivis de règles, c'est-à-dire la plupart du temps de situations qui mettent en jeu le langage, tels qu'on peut en trouver dans le film.

1. *RP*, § 107, p. 83.

2. Voir D. Bloor, *Wittgenstein, Rules and Institutions*, London-New York, Routledge, 1997 ; P. Bourdieu, *Le Sens pratique*, Paris, Minuit, 1980 ; R. Brandom, *Rendre explicite : raisonnement, représentation et engagement discursif* (1994), t. 1 et 2, trad. fr. I. Thomas-Fogiel, Paris, Cerf, 2010 et 2011.

3. D. Stern, *Wittgenstein's* Philosophical Investigations : *an introduction*, Cambridge, Cambridge University Press, 2004, p. 167.

4. Voir Wittgenstein, *Remarques sur la philosophie de la psychologie* II, *op. cit.*, § 624-625 ; 629, p. 126.

5. S. Cavell, « La seconde philosophie de Wittgenstein est-elle à notre portée ? », dans *Dire et Vouloir Dire*, *op. cit.*, p. 138.

L'expérience du scepticisme pratique

La rencontre de l'autre : l'expérience ordinaire du scepticisme pratique (le golf et le parking)

Au cours de sa première rencontre avec Susan et alors qu'il veut faire bonne impression auprès de M. Peabody, c'est-à-dire passer pour quelqu'un de suffisamment sérieux et important pour que l'avocat puisse vouloir intercéder auprès de sa riche cliente afin qu'elle verse au muséum d'histoire naturelle la somme d'un million de dollars, David ne va cesser de se ridiculiser en montrant toute l'étendue de son manque de maîtrise de la parole et de la situation. Il va donc faire l'expérience du scepticisme, de son manque de certitude quant à sa capacité à savoir faire et dire ce qu'il faut quand il le faut, une expérience à laquelle Miss Swallow l'a accoutumé, mais sur un mode sérieux, voire tragique, alors que Susan Vance va lui apprendre à en rire.

Sur le terrain de golf, sa première maladresse n'est pas provoquée par Susan Vance : c'est David qui parle à M. Peabody alors que celui-ci s'apprête à tirer et qui lui demande, de manière très directe, de lui donner le million de dollars, sans sentir qu'il ne s'agit pas du moment opportun. En juriste et en homme doté de bonnes manières, M. Peabody lui répond qu'il ne saurait lui donner le million puisqu'il n'en est pas le donateur : il est le conseiller juridique de la donatrice potentielle. Il mentionne une autre règle de savoir-vivre qui tient à ce qu'il faut être à ce que l'on fait et donc que lorsque l'on joue au golf, on ne doit pas parler d'autre chose que de golf. En précisant qu'il ne parle de golf qu'entre les tirs, il attire également l'attention de David sur une règle que Susan lui rappellera peu de temps après, à savoir qu'il ne faut pas déranger un joueur quand il s'apprête à tirer. Sans lui tenir rigueur de ses maladresses et en lui offrant une porte de sortie honorable, Peabody lui propose de parler de l'affaire du million de dollars après la partie de golf, « autour d'un whisky et d'un soda. »

Cependant, en commettant ces erreurs, David en a commis une autre par omission, à savoir surveiller sa balle et empêcher qu'un autre joueur ne la joue. Or, la remarque faite en ce sens par M. Peabody ne va pas lui permettre d'empêcher que Susan Vance ne l'emploie pour jouer et se jouer de lui en s'amusant à simuler un quiproquo constant. Alors que David essaie de lui prouver que la balle avec laquelle elle joue n'est pas la sienne, Susan ne va cesser de mettre en évidence l'étrangeté de sa conduite et son manque d'aisance. Elle parvient par exemple à tourner en ridicule la démonstration puérile de David, que l'on peut reconstruire ainsi :

1) Susan joue avec des balles *PGA*, David avec des *CrowFlight*.
2) Une balle *PGA* a deux points noirs, et une *CrowFlight* a un cercle.
3) Or, la balle avec laquelle Susan joue est marquée d'un cercle.
4) Cela prouve que c'est une *CrowFlight*.
5) C'est donc la balle de David.

Le ridicule de sa preuve ne tient pas à un vice logique : le raisonnement est logiquement valide et les prémisses semblent vraies. Il tient bien davantage à son manque d'à-propos : on ne se sort pas de ce genre de situations à l'aide de raisonnements, mais avec du tact, de l'humour, un esprit de jeu. Sur un terrain de golf, David est comme un bébé, un *infans*, non parce qu'il ne maîtriserait pas le langage et ses règles, puisqu'il est capable de construire une démonstration correcte en s'appuyant sur des critères d'identité de balles de golf, mais parce qu'il semble étranger aux façons de faire, aux formes que prend la vie sociale dans un tel contexte qui, seules, donnent une pertinence et un sens à ce qui peut être dit. Comme l'écrit Cavell,

> Vous ne pouvez pas utiliser les mots pour faire ce que nous faisons avec eux tant que vous n'êtes pas initié aux formes de vie qui donnent à ces mêmes mots la pertinence (*point*) et l'organisation (*shape*) qu'ils ont dans notre vie. [...] Lorsque je vous cite ou vous apprends une règle, je ne puis invoquer que des faits extérieurs aux règles, par exemple, que la règle ne s'applique qu'en tel ou tel cas, ou qu'elle est inopérante lorsque c'est une autre règle qui s'applique, etc. Mais je ne peux pas *dire* en quoi consiste *überhaupt* le fait de suivre des règles, ni énoncer comment on obéit à une règle

> sans que ma façon de le faire présuppose que vous sachiez déjà ce que c'est que de suivre des règles[1].

Susan essaie d'attirer l'attention de David sur cette idée à l'aide des réponses qu'elle lui fait. 1) Quand elle lui demande s'il joue (« *Are you playing through?* »), David répond qu'il vient de quitter le *tee*, c'est-à-dire le tertre de départ, ce qui lui attire la remarque de Susan qu'il est « un étranger ici. » 2) Tandis qu'il persiste dans ses mauvaises manières en cherchant à lui prouver qu'elle a tort, elle essaie d'avoir une conversation agréable et drôle avec lui[2] : « *I like a PGA better.* » / « Je préfère les P.G.A. », « *I'm not superstitious.* » / « Je ne m'arrête pas à ces détails. », « *Of course. Do you think it would roll if it were square?* » / « Évidemment. Sinon elle ne roulerait pas. » 3) Quand il croit triompher en administrant sa preuve, elle est plus explicite : « *What does it matter? It's only a game, anyway.* » / « Bah ! Après tout, ce n'est qu'un jeu. » Autrement dit, le comportement de David n'est pas adapté à la pratique ludique à laquelle il participe. On ne lui demande pas d'administrer des preuves, mais d'être un partenaire de jeu agréable et réjoui. Quand il lui répond qu'il n'est pas là pour jouer, alors elle lui montre une fois de plus sa maladresse en lui faisant remarquer qu'il n'a donc rien à faire là, ce qu'elle lui a déjà dit (« *you're a stranger here* » / « Alors, que venez-vous faire ici ? ») et qu'elle n'a cessé d'essayer de lui faire comprendre.

L'idée que le scepticisme peut naître lorsque les mots ne semblent pas permettre de se faire comprendre est en outre cinématographiquement illustrée par le *running gag* de la formule « *I'll be with you in a minute, Mr Peabody.* » / « Je vous rejoins tout de suite, M. Peabody. » En effet, ce n'est pas seulement qu'à chaque fois que David la prononce, on voit M. Peabody de plus en plus éloigné, jusqu'à disparaître hors champ lors de la troisième occurrence, l'instance énonciatrice semblant ironiquement contredire David.

1. S. Cavell, *Les Voix de la raison*, *op. cit.*, p. 280.

2. Plus tard, le psychiatre dira avoir eu une conversation très distrayante (« *a very entertaining conversation* ») avec elle.

Fig. 13 et 14 : *L'impossible Monsieur Bébé* (Howard Hawks, 1938).
Prod DB © RKO

Ce que montre aussi ce jeu, c'est que la répétition d'une expression a le pouvoir de la vider de son sens, au point de la rendre étrange et de faire que nous trouvions étrange que nous puissions d'ordinaire nous faire comprendre à l'aide de cette combinaison de ces mots-là. Sur le parking du golf, David fera de nouveau l'expérience de son incapacité à se faire comprendre, une expérience qui l'éloignera bien plus encore de M. Peabody.

*La contamination théorique du scepticisme pratique (*L'hôtel 1*)*

Cette répétition d'un échec à dialoguer, c'est-à-dire à se faire comprendre par les autres à l'aide des mots est redoublée par la répétition d'un échec à agir avec eux, la première n'étant peut-être en un sens qu'un cas particulier de la seconde, comme le lapsus n'est en un sens qu'un cas particulier du phénomène plus général de l'acte manqué. La maladresse de David est illustrée à trois reprises dans la séquence suivante où on le voit entrer dans le hall d'un hôtel à la recherche de M. Peabody. David ne parvient pas à attirer l'attention du premier groom qu'il croise et ne sait trop quoi répondre à la jeune femme du vestiaire qui lui propose de ranger son chapeau : il refuse, se ravise, tend son chapeau, mais le lâche avant que la jeune femme ait pu s'en saisir, se penche en même temps qu'elle pour le ramasser, ce qui conduit leurs têtes à s'entrechoquer. Nous sommes donc préparés par la répétition à la « chute » de l'olive qui va suivre.

Ces événements mettent en évidence le fait que David manque de cette compétence pratique requise pour effectuer non seulement des actes « monologiques », mais aussi des actes « dialogiques ». On trouve cette distinction entre actes monologiques et actes dialogiques dans un article du philosophe canadien Charles Taylor, intitulé « Suivre une règle [1] », qui définit les premiers comme les actes d'un seul agent qui peuvent être coordonnés avec ceux des autres, par exemple courir pour attraper la balle, et les seconds comme ceux qui exigent plus qu'une simple coordination, à savoir que l'agent se comprenne « et se constitue comme partie intégrante d'un « nous [2] » », par exemple pour scier une bûche à deux ou danser en couple puisque « [c]es actions ne sont réussies que si nous pouvons prendre part à un rythme commun, où se trouve prise notre action qui en est un élément [3] ». L'exemple paradigmatique est celui de la conversation conviviale où la réussite dépend d'une pluralité d'agents qui partagent non seulement une compréhension commune du but et des règles, autrement dit de « l'esprit » de la pratique dialogique, mais aussi « un rythme commun [4] ».

1. C. Taylor, « Suivre une règle », *Critique*, n° 579-580, « Pierre Bourdieu », août-septembre 1995 (1992), p. 562-563.

2. *Ibid.*, p. 564.

3. *Ibid.*

4. « L'interlocuteur ne se contente pas d'écouter, mais il participe par des hochements de tête, des « hum hum », et ainsi de suite, et à un certain point le « tour sémantique » lui est transféré d'un mouvement commun. Le moment juste est senti

Les échecs répétés de David en matière d'actes dialogiques se retrouvent également au niveau d'actes monologiques : les heurts du muséum au début ont en effet montré qu'il contrôle mal ce qui est pourtant son environnement familier. Tout cela témoigne d'un manque d'intelligence ou de compréhension pratique, c'est-à-dire de cette « compréhension incorporée[1] » dont Taylor fait pourtant la condition de la participation aux pratiques humaines. Il n'est donc pas étonnant que David, malgré sa maîtrise logique et son statut d'intellectuel, ne comprenne rien à ce qui lui arrive, ni au jeu auquel joue Susan. C'est comme si les règles sociales et les lois naturelles (« *First you drop an olive and then I sit on my hat, it all fits perfectly!* » / « Normal : l'olive tombe, alors moi, je m'assois sur mon chapeau. ») qu'il pensait maîtriser jusqu'ici avaient changé depuis que Susan est entrée dans sa vie, au point qu'il ne peut plus penser et agir efficacement. Comme il lui dira presque plus tard, elle a mis son monde sens dessus dessous (« *You look at everything upside down.* »).

Le scepticisme quant à l'identité personnelle (Les tours en voiture ; l'appartement de David ; M. Bone goes to Connecticut)

Si cette interprétation est correcte, alors cela donne un autre sens à la phrase de Miss Swallow, « *Remember who and what you are.* », dans la mesure où la maladresse de David pourrait être attribuée au fait qu'en cherchant à être « celui et ce qu'il est » selon Miss Swallow, il joue un rôle qui n'est pas le sien sans le savoir, celui d'un grand professeur isolé des autres hommes et dépourvu d'intérêt pour leurs préoccupations ordinaires (se réjouir, s'embrasser, faire

par les deux partenaires à la fois, en vertu du rythme commun. Le raseur ou le bavard irrésistible raréfient l'atmosphère de convivialité parce qu'ils sont insensibles à cela. Il y a continuité entre la conversation conviviale ordinaire et les échanges plus ritualisés : les litanies, ou la psalmodie en canon, telles qu'on les rencontre dans de nombreuses sociétés plus anciennes. » *Ibid.*, p. 563.

1. *Ibid.*, p. 565.

la fête, partir en voyage de noces et avoir des enfants…). Comme l'écrit Gerald Mast :

> Avec David Huxley et le brontosaure, Hawks revient à l'un de ses centres d'intérêt familiers, la vocation humaine – cette fois d'une façon comique et critique. La vocation de David Huxley manque de vie. […] L'ironie que son travail soit dévoué à l'étude de la vie souligne le fait qu'Huxley est un homme qui ne sait réellement rien de ce qu'il prétend savoir […]. Par la suite, David découvrira tout ce qu'il ne sait pas à propos de la vie, et la série d'événements insensés (*madcap*) qui suivra sera sa nouvelle université [1].

L'impossible Monsieur Bébé est donc l'histoire d'un homme qui découvrirait qu'il n'est pas l'homme qu'il croyait être et qu'il doit s'efforcer de devenir celui qu'il est réellement. Le détachement du monde et l'autosuffisance dont Miss Swallow pense qu'ils doivent définir David ne sont en fait que des attitudes, des poses qu'il joue à adopter, comme il adopte la pose du penseur, pour mieux jouer à penser, alors qu'il ne pense pas vraiment à ce qu'il fait ou dit puisqu'il soutient une hypothèse qu'il a déjà eue la veille, ou comme quand il demande qu'on le laisse penser à l'identité de M. Peabody (« *Now let me think.* ») : il suffit qu'un événement émouvant se produise, comme l'annonce d'un télégramme de l'expédition ou le rappel de son mariage, pour que sa nature sociable et réjouie se manifeste, anéantissant en une tentative d'embrassade et deux mots d'argot toute la performance précédente. Ces moments décrivent la personnalité réelle de David comme quand il joue au personnage sérieux et important qu'il pense être : sur le terrain de golf, il hausse le ton quand Susan lui rappelle que ce n'est qu'un jeu en même temps qu'il la prend de haut (« *My dear young lady, you don't seem to realize you've placed me in a very embarrassing position… The most important lawyer in New York is waiting for me on the first fairway.* » / « Vous m'avez mis dans une situation très embarrassante. Le plus grand avocat de New York m'attend

1. G. Mast (éd.), *Bringing Up Baby*, New Brunswick N. J., Rutgers University Press, 1994 (1988), p. 298.

sur l'autre link. ») Lorsqu'elle lui fait sentir que ces mots et cette attitude peuvent blesser, en tout cas qu'ils sont maladroits, il baisse les épaules et adopte un ton aimable qui lui sied bien davantage. Le moment le plus mémorable est bien sûr celui qui intervient à la suite de la sortie en voiture qui les a conduits à jeter des pierres sur Mr Peabody. Alors que Susan le dépose devant chez lui, coiffé de son chapeau abîmé et qu'elle ne peut s'empêcher de rire en le regardant, David se lance dans une sorte de discours de rupture grandiloquent et finalement hilarant :

> Ma fiancée m'a toujours considéré comme un homme sérieux. D'ailleurs, je suis un homme sérieux. J'ai beaucoup de sympathie pour vous. Dans les accalmies, je me sens très attiré par vous, mais il n'y a pas eu d'accalmie. Depuis que je vous connais, je n'ai eu que des ennuis. Aussi, je préfère m'expliquer seul avec M. Peabody. [...] sans vous. Maintenant, Susan, je vous dis bonsoir. Au plaisir de ne jamais vous revoir. [dit avant de trébucher en se retournant]

Le rire ne naît pas seulement du contraste entre les mots (« je suis un homme sérieux ») et l'apparence ridicule que lui confère son chapeau abîmé. Il est aussi lié à la théâtralité outrée du jeu du personnage qui « sonne faux », c'est-à-dire qui apparaît comme le jeu qu'il est, ce que les mots laissent d'ailleurs entendre clairement. En effet, il ne suffit pas pour David de convoquer en paroles sa future femme comme témoin de son sérieux et de sa dignité, il lui faut encore en appeler à ce que Descartes considérait comme une instance immunisée contre le doute et les démentis que pourraient lui infliger la réalité extérieure et les autres, à savoir l'espace privé de l'intériorité, du for intérieur : « En mon for intérieur, je suis convaincu d'être un homme sérieux. » Cependant, il est incontestable que l'un des usages d'expressions comme « je crois que », « je suis sûr que », « j'ai l'intime conviction que » est précisément de chercher à balayer un doute qui tend à s'immiscer, c'est-à-dire de trahir le doute que l'on prétend justement ne pas avoir. Ce doute est d'ailleurs énoncé juste après, lorsqu'il reconnaît se sentir étrangement très attiré par Susan (« *strangely drawn towards* »).

L'étrangeté de cette attirance est donc à mettre en rapport avec la phrase précédente, celle qui décrit son intime conviction relative au genre de personnes – sérieuses – qu'il est : Susan est vive, plutôt que calme, aventureuse, plutôt que prudente, en un mot drôle, plutôt que sérieuse. S'il lui semble étrange d'être attiré par quelqu'un comme Susan, c'est donc que cette attirance ne correspond pas à la conception qu'il se fait de lui-même : il ne parvient pas à l'intégrer dans l'image qu'il a de lui-même et ne pense pas être en mesure de le faire. Lorsqu'un fait semble constituer une anomalie par rapport à une théorie, il est tentant de commencer à en nier la réalité. Mais si cela se révèle impossible et qu'il est également impossible de modifier la théorie de façon à l'intégrer, alors il est parfois nécessaire de proposer une nouvelle théorie. La suite du film va montrer comment le scepticisme qui atteint désormais la conception que David a de lui-même va s'approfondir au point de la bouleverser. David va comprendre l'inadéquation de la conception qu'il a de lui-même, le fait qu'il s'est menti à lui-même en pensant être le sérieux Professeur Huxley que Miss Swallow aurait voulu épouser.

La conversation qu'il a ensuite au téléphone avec Alice est révélatrice des progrès de ce scepticisme puisqu'il est dans l'incapacité de dire ce qu'il a fait ou n'a pas fait (au téléphone) : il a vu M. Peabody, mais il n'a pas vraiment pu le voir. Il lui a bien parlé deux fois, mais il n'a pas vraiment pu lui parler. Bref, ses mots expriment le fait qu'il n'a aucune certitude quant à ce qu'il a vu, fait ou dit tant « il y a des choses qui sont très difficiles à expliquer ». Ces doutes quant à son identité trouveront évidemment une expression visuelle lorsqu'il revêtira de lui-même une robe de chambre de Susan : après avoir répondu à la tante ne pas savoir qui il est, tant il n'est pas tout à fait lui-même aujourd'hui, il expliquera son travestissement d'une phrase célèbre : « *because I just went gay all of a sudden*[1] » / « Parce que je suis devenu gai,

1. C'est l'une des premières occurrences cinématographiques de l'expression dans le sens qu'on lui connaît aujourd'hui. Hawks y aurait vu un moyen de contourner la censure. Voir G. Mast, *Bringing*, *op. cit.*, p. 306.

tout à coup ! » *Quitter* / lâcheur, *gay*, dépressif, chasseur de fauves, Mr. Bone, ivrogne, voyeur, voyou, *ladykiller* / bourreau des cœurs, *don swan* / Don Juan, loup, papillon, etc., Susan ne cesse de le traiter de tous les noms pour mieux l'inviter à réfléchir sur le type de personnes qu'il est réellement et qu'il veut devenir. Malgré ce qu'en dit David (« *It's no use calling me names* » / « Inutile de me traiter de tous les noms. »), cela n'est pas sans effet.

La contagion sceptique

Tandis que le scepticisme de David s'approfondit à mesure qu'il renonce à sauver les apparences en adoptant celles que Susan a conçues pour lui, à savoir l'identité d'un M. Bone, chasseur de grands fauves, atteint de dépression nerveuse, il tend aussi à contaminer l'ensemble de l'univers humain et non humain.

La contagion sceptique de l'univers non humain

Si le principe de la répétition d'une expression a une vertu critique, de mise en crise du sens et de nos certitudes quant au caractère sensé de nos énoncés, il a aussi une vertu créatrice, puisque si la répétition peut vider une expression de son sens usuel, elle permet aussi d'ouvrir la possibilité du nouveau et d'une expression plus personnelle : « La vérité de la redondance, par la reprise, est donc le *rythme ternaire* : à savoir la répétition qui *produit le nouveau* (le troisième terme [1]). » Comme l'a bien mis en évidence Jean-Michel Durafour à qui j'emprunte cette définition, la figure de la reprise est si centrale dans l'œuvre de Hawks qu'elle pourrait en définir le principe stylistique directeur.

C'est l'une des raisons de la prolifération du double dans le film, un double dont l'existence remet en question nos certitudes et nos critères relatifs à l'identité. Si, dans le film, il n'y a qu'une balle de golf, Susan pense qu'il y en a deux, mais elle ne pensera pas au

1. Voir J.-M. Durafour, *Hawks cinéaste du retrait*, Villeneuve d'Ascq, Presses Universitaires du Septentrion, 2007, p. 85.

contraire qu'il puisse y avoir deux voitures identiques, la sienne et celle de David. Il y aura deux voitures volées et la seconde, celle du Docteur Lehmann, le sera deux fois. Susan emboutira deux fois un autre véhicule. Il y a deux olives jetées par Susan, deux sacs à main, six passages devant la (même) maison de M. Peabody. Contrairement à ce que David pourrait souhaiter, il n'y a qu'une seule Elisabeth Carlton Random et un seul Mr. Peabody, mais deux personnes auxquelles on a promis un million de dollars. Susan souhaiterait qu'il y en ait deux, mais il n'y a qu'une seule clavicule intercostale (« *I guess you'll have to find another one.* » / « Vous en trouverez un autre. »). Il y a deux animaux domestiques, trois paires de chaussures (« *Another boot. That makes three pairs.* » / « Encore un soulier. Ça fait trois paires. »), deux léopards, deux appels au téléphone en même temps de deux femmes, deux sérénades, deux types de cages, deux objectifs poursuivis dans la forêt.

L'autre figure qui remplit la même double fonction, critique et créatrice, est celle de l'inversion. Durafour a montré qu'elles sont de cinq ordres dans l'œuvre de Hawks : inversions des sexes, des âges, des fonctions (spécialiste / ignorant), des niveaux d'être (réalité / illusion théâtrale : *Twentieth Century* (*Train de luxe*, 1934)) et des espaces. Dans *L'impossible Monsieur Bébé*, on en retrouve au moins deux : inversion des sexes et des fonctions, voire des niveaux d'être (réalité / cinéma dans la prison). Durafour cite Victor Perkins : « le but de Hawks est de créer un monde dans lequel l'anormal devient la norme et où, par conséquent, le rationnel semble inconvenant[1] ». La citation semble bien décrire la séquence du golf. Si c'est le cas, alors le monde hawksien est un monde conforme aux vues du sceptique : un monde que l'on ne saurait prétendre connaître avec certitude et à propos duquel on ne saurait énoncer aucune vérité définitive comme « une femme est

1. Victor F. Perkins, « Hawks's Comedies », *Movie*, n° 5, décembre 1962 ; repr. in *Howard Hawks : American Artist*, J. Hillier, P. Wollen (ed.), London, British Film Institute, 1997, p. 68-71.

une femme », « il n'y a pas de léopard dans le Connecticut » ou « on peut traverser la rivière à pied ».

L'épidémie sceptique

Mais la contamination sceptique du monde ne s'arrête pas aux êtres animés ou inanimés (« le lit de la rivière »). La contagion touche les hommes et suit une progression temporelle et géographique. Elle atteint les êtres humains qui ont le malheur d'entrer en contact avec Susan ou David selon une progression exponentielle. Le premier jour et la première nuit, seul David est contaminé. Le second jour, la contamination s'étend aux personnes qui se trouvent sur le trajet des porteurs du léopard : le boucher, le shérif et la tante Élisabeth sont confrontés à des comportements qui les laissent dubitatifs. La nuit qui suit, l'épidémie atteint son seuil critique : le Major Applegate est tout de suite atteint, de même que le jardinier. C'est dans la prison que la maladie révèle tous ses symptômes.

Qu'il suffise ici de dresser la liste des personnages que David et Susan vont rencontrer : dans chaque cas, leur rencontre va les laisser dans l'incertitude, même s'ils seront atteints à des degrés divers. Si M. Peabody subit le premier, et à plusieurs reprises, les assauts sceptiques de David et Susan, sa classe et sa maîtrise de la langue et des situations lui permettent de conserver sa dignité et son sang-froid.

Le personnage qui va le plus souvent être confronté à David et Susan est le psychiatre (à l'hôtel, chez le boucher, chez lui, au poste de police). S'il garde lui aussi son sang-froid, c'est parce qu'il est déjà fou. Dès que la situation est un tant soit peu incertaine, il chasse le doute immédiatement en forçant littéralement la réalité à se conformer à ses catégories psychiatriques préétablies. C'est que le Docteur Lehman est un scolastique : les faits ne peuvent pas ne pas se conformer à la théorie. Un fait récalcitrant doit être soit contesté, soit intégré, quitte à opérer des modifications *ad hoc* de la théorie. Il partage avec le shérif l'une des formes que peut prendre la folie, celle du dogmatisme qui est immunisé contre les démentis de l'expérience et qui se laisse porter par la productivité rationnelle de l'erreur[1]. On en trouve une confirmation dans l'aisance avec laquelle il simule la folie pour communiquer avec Susan quand il veut la faire interner. Mais la remarque par laquelle il la reprend en lui expliquant que les psychiatres n'aiment pas l'emploi du mot « *crazy* » constitue elle aussi une nouvelle preuve de sa maladie : ce n'est pas seulement qu'en disant « *All people who behave strangely are not crazy* » / « On peut être bizarre sans être fou », il fait inconsciemment une grimace qui semble indiquer qu'il ignore ce qu'il prétend savoir, mais c'est aussi qu'il invite le spectateur à se méfier des apparences et donc à penser que les gens fous ne se comportent pas tous bizarrement, ce qui est une façon d'énoncer l'étrangeté de l'ordinaire.

La tante de Susan, Mrs. Carleton Random, n'est, elle non plus, pas trop touchée par la crise sceptique. Elle partage le dogmatisme du psychiatre dont elle adopte les catégories, car, apprend-on, « on a l'habitude des fous dans la famille ». Cependant, elle peut à l'occasion se laisser aller à imiter le comportement apparemment irrationnel de David et Susan : comme eux, elle décide de sortir de table en courant avant la fin du repas.

Si on laisse de côté le jardinier, qui est évidemment complètement atteint, les deux personnages les plus touchés sont le shérif et le major. Le shérif est en effet trop borné pour ne pas être la victime des tours de Susan. Pour s'en protéger, il décide de s'en remettre à deux idées et de s'y tenir quelles qu'en soient les conséquences, logiques ou pratiques. Il choisit de considérer qu'elle ment lorsqu'elle dit qu'elle a une tante. Il s'appuie également sur le bon sens pour penser qu'il n'y a pas de léopards dans le Connecticut. Puisque ces deux propositions sont soustraites au doute, sont pour lui des dogmes, tous ceux qui prétendent le contraire sont des menteurs, qui méritent

1. Hannah Arendt relie ainsi la folie totalitaire à ce processus de développement logique d'une idée tenue pour une prémisse évidente et l'appelle « idéologie » : « l'idéologie est très littéralement ce que son nom indique : la logique d'une idée. » Voir Arendt, « Idéologie et Terreur : une nouvelle forme de gouvernement » (1953), dans *Les Origines du totalitarisme* III, *Le système totalitaire*, trad. fr. J.L. Bourget *et alii*, Paris, Seuil, 1972 (1951), p. 216.

d'être enfermés. On retrouve la forme de folie décrite plus haut dans le cas du Dr Lehman, qui est d'ailleurs celui qui va l'encourager dans cette voie.

Le personnage le plus atteint par le doute, David y compris, est certainement le Major Horace Applegate. Dès son apparition, il semble en effet préoccupé de rétablir la vérité : alors que Susan simule l'horloge parlante pour parasiter la conversation téléphonique de David et Alice, il corrige Susan sur l'heure exacte (« *Pardon me. The time is 8 : 10.* » / « Excusez-moi. Il est 8 h 10. »). Surpris par sa réaction, il s'emmêle en répétant l'heure plutôt qu'en déclinant son identité (« *Who am I? I'm 8 : 10... I'm Major Horace Applegate.* » / « Qui suis-je ? Je suis 8 h 10… Je suis le Major Horace Applegate. »), avant de se mettre à faire n'importe quoi : il « se balance sur le portillon *(gate)* », ce qui est approprié pour quelqu'un qui s'appelle *Apple-gate* et n'est pas sans connotations sexuelles, hésite entre serrer la main de Susan ou celle d'Élisabeth, affirme être certain de son identité d'une façon qui trahit la possibilité d'un doute (« *– Yes, I'm Major Applegate. At least, I'm pretty sure I am. That is, I was this morning.* » / « Oui, je suis le Major Applegate. Enfin, je suis à peu près sûr de l'être. C'est-à-dire, je l'étais ce matin. »), doute dont il prouve l'existence quand il attribue son propre nom à David (« *Goodbye, Major Applegate... M. Bone.* ») Il commettra une erreur similaire au poste de police quand il bafouera « *I'm the niece, the aunt...* » / « Je suis la nièce, la tante… » La folie du Major tient à ce qu'il est constamment saisi par le doute (« *There aren't any leopards in Connecticut, are there?* » / « Il n'y a pas de léopard dans le Connecticut, n'est-ce pas ? » ; « *Impossible. There's no such thing as tame leopard... A tame leopard? Are you sure it is totally harmless ?* » / « Les léopards apprivoisés n'existent pas… Un léopard apprivoisé ? Êtes-vous sûrs qu'il soit totalement inoffensif? »). Chaque fois qu'un doute est suggéré, il l'éprouve. Sa soif de certitude, de précision, son désir de passer pour un homme d'expérience se comprennent ainsi comme autant de façons de se rassurer sur son contact avec le monde et autrui. Mais quand il est confronté à Susan et David et que la tante Élisabeth lui suggère en outre que David a peut-être contaminé Susan de sa dépression nerveuse, il cède à son penchant sceptique et perd toute confiance en lui-même, ce qu'il énonce clairement : « *I wouldn't be too sure, Elizabeth.* » / « Ce n'est pas sûr. »

Cette peur de la contagion dépressive associée au fait qu'il semble efféminé et qu'il commet un lapsus par lequel il se présente comme une femme (« *I'm the niece, the aunt…* ») pourrait conduire à interpréter son personnage comme celui d'un individu incertain quant à sa sexualité. En effet, si Élisabeth Roudinesco a raison de dire que la dépression nerveuse est venue se substituer à l'hystérie comme la maladie mentale du XXe siècle [1], alors il est tentant de la concevoir elle aussi comme la résultante d'un refoulement excessif de la sexualité. Les doutes du Major qui se met inconsciemment à chevaucher les portillons tiendraient à son incapacité à reconnaître ses penchants sexuels authentiques, en même temps qu'à son désir de les cacher. Cette interprétation invite évidemment à relire l'ensemble du film de ce point de vue : le sens du film serait caché et aurait à voir avec la sexualité.

Apprendre à vivre avec le scepticisme : les scènes d'instruction de L'impossible Monsieur Bébé

Le double sens de L'impossible Monsieur Bébé *et la question de la sexualité*

Dans un texte intitulé « Howard Hawks and *Bringing Up Baby* [2] », William Rothman, fait référence à un article de Molly Haskell à propos du film de Hawks *Le sport favori de l'homme* (1964) dans lequel elle remarque que, dès que l'on comprend les mentions de la pêche comme des références systématiques au sport véritablement préféré des hommes, à savoir séduire des femmes,

1. Dans le film qu'elle a réalisé en collaboration avec Élisabeth Kapnist, *Sigmund Freud. L'invention de la psychanalyse*, 1997.

2. W. Rothman, « Howard Hawks and *Bringing Up Baby* » (1975), *The "I" of the Camera. Essays in Film Criticism, History, and Aesthetics*, 2e éd., Cambridge, Cambridge University Press, 2004 (1988), p. 110-121.

l'ensemble des détails du film prend un sens nouveau : le film révèle alors sa nature de texte chiffré dont la clé est donnée par l'allégorie sexuelle[1]. Dès 1975, Rothman remarquait donc que *Bringing Up Baby* a une structure duelle comparable. La première image de David le montre réfléchissant à la place que doit trouver le « *bone* » qu'il tient dans la main. Or, comme le remarque Gerald Mast, « *bone* n'a besoin que d'un *r* pour devenir un terme familier de l'argot sexuel, et le *bone* que David tenait au début du film semblait avoir un *r*, et Applegate fait plus tard l'erreur d'ajouter une lettre, un *y* et non un *r*, au nom de Bone[2]. » David se demande en outre s'il ne conviendrait pas de le mettre dans la « *tail* », la « queue », mais aussi dans l'argot de l'époque, l'équivalent d'un mot très courant et vulgaire que l'on utilise pour désigner le « derrière ». Alors qu'il s'apprête à se marier avec une femme qui refuse toute sexualité, la façon dont il tient le « *bone* », ses mots et l'oubli inexplicable de ce qu'il a fait hier seraient comme les symptômes (acte manqué, lapsus et oubli incompréhensible) d'un conflit inconscient : comme l'écrit Rothman, « Cary Grant réfléchit au placement et à la fonction corrects d'un autre "*bone*[3]" ». Presque chaque phrase consacrée au « *bone* » semble pouvoir être lue de cette double façon : le *bone* est « précieux », « rare » et « David et Susan [en] ont besoin », car « c'est le *bone* de David »...

Mais les allusions à la sexualité ne figurent pas seulement dans ces références au *bone* : « le dialogue, les noms, les situations, les gestes, même les compositions formelles sont motivées par les exigences de cette dualité[4]. » Or, la structure du film n'est pas sans faire penser à la conception freudienne du rêve comme doué d'un double contenu, manifeste et latent. Il n'est donc pas étonnant que

1. M. Haskell, « *Man's Favorite Sport? Revisited* », *The Village Voice*, 21 janvier 1971, p. 63-64, repr. *in* D. Lim (éd.), *The Village Voice film guide : 50 years of movies from classics to cult hits*, Hoboken, New Jersey, Wiley & Sons, 2007, p. 165-167.

2. Voir G. Mast, *Bringing*, *op. cit.*, p. 305.

3. W. Rothman, *The "I" of the camera*, *op. cit.*, p. 110.

4. *Ibid.*, p. 111.

Robin Wood ait pu proposer une lecture psychanalytique du film selon les principes suivants[1] : l'opposition entre Alice et Susan serait celle du devoir et de la nature, du surmoi et du ça ; David serait travaillé par des pulsions inconscientes ; l'apparition de Susan dans sa vie aurait pour conséquence d'introduire le désordre et le chaos dans une vie bien ordonnée, voire « rangée » ; l'incapacité de Susan à reconnaître ses fautes indiquerait qu'elle est moins immorale, qu'amorale ; le squelette du dinosaure représenterait la vie névrosée de David, tandis que le léopard sauvage renverrait à Susan ; le passage de l'ordre culturel et diurne du muséum au désordre naturel et nocturne des bois indiquerait un changement de règne, le surmoi cédant la place au ça. Pour paraphraser le personnage du Dr Fritz Lehmann, « la pulsion d'amour en l'homme se révèle [ici comme] fréquemment de façon conflictuelle ».

Cependant, le fait que le personnage du psychanalyste soit clairement ridiculisé dans le film semble montrer qu'il faut prendre ses distances avec une telle interprétation. Comme l'a noté Cavell, nous ne savons pas jusqu'où pousser la lecture allégorique et nous ne pouvons pas, sous peine de mépriser les personnages en ne leur accordant pas d'indépendance d'esprit, leur attribuer la conscience de ce double sens[2]. Pour résoudre cette difficulté si bien exprimée par Cavell, à savoir que « [s]'il est indéniable que ces événements nous invitent eux-mêmes à les lire comme une allégorie sexuelle, tout aussi indéniable est la simple vérité de ce que dit Hepburn, en ouvrant la boîte et regardant dedans : « Ce n'est qu'un vieil os[3] » », il est possible de s'instruire d'un autre article de Rothman.

Dans sa lecture de *La Belle de Saigon* (*Red Dust*, Victor Fleming, 1932), Rothman remarque qu'on y voit deux conceptions de la sexualité s'opposer. La première conçoit la sexualité comme une « passion bestiale » (*brute passion*), « une tempête qui et que

1. R. Wood, *Howard Hawks*, Londres, BFI, 1981, 2e édition augmentée, p. 70-71.

2. S. Cavell, *À la recherche du Bonheur*, *op. cit.*, p. 174.

3. *Ibid.*

soulève la nature violente[1] ». Il y est fait allusion par l'intermédiaire d'animaux comme le tigre. Cette représentation allégorique de la sexualité comme passion bestiale est, selon Rothman, un aspect caractéristique des films hollywoodiens des années trente du fait de l'imposition du code Hayes de la Production en 1934. L'autre conception de la sexualité représentée dans le film y voit un « plaisir sain, un jeu d'enfant innocent non corrompu par le désir[2] ». Si c'est vrai, alors il ne semble pas absurde de comprendre le sens de la présence des deux léopards ainsi : le léopard sauvage figure la sexualité bestiale et dangereuse, le léopard apprivoisé représente la sexualité ludique d'un homme et d'une femme qui prennent plaisir à se donner mutuellement du plaisir. Si Susan sera à la fin saisie d'effroi quand elle s'apercevra qu'elle tient un léopard sauvage en laisse, elle se réjouit au début de la présence de Baby dans son appartement. Mieux, elle apprend à David à recevoir les caresses qu'il lui prodigue quand il vient se frotter contre ses jambes (« *Just think of him as a house cat. [...] Stand still. Don't be nervous.* » / « Pense à lui comme à un chat domestique. [...] Tiens-toi tranquille. Ne sois pas nerveux. ») Dans cette lecture, la sexualité est pour Susan un prolongement des jeux auxquels elle aime s'adonner. De ses origines animales, cette activité conserve la gratuité, l'innocence. Mais ce jeu suppose un partenaire qui réponde à la description que Susan donne du léopard : « *I think you've found a real friend. Isn't it affectionate, like a baby kitten? I never saw anything take such a liking to anyone. It'd follow you anywhere.* » / « Je crois que vous vous êtes fait un ami véritable. N'est-il pas affectueux, comme un chaton ? Je n'ai jamais vu personne s'attacher à ce point à quelqu'un. Il vous suivrait n'importe où. » David est cet homme qu'elle serait prête à suivre partout pour jouer, s'amuser, parler ou tout simplement être ensemble. La veille au soir, au restaurant, alors que David couvrait de son corps son postérieur, elle l'invitait d'ailleurs à se rapprocher d'elle… Il est temps d'évoquer cette fameuse séquence de la « danse du chapeau » et de la « sortie de

1. W. Rothman, « *Red Dust* : The Erotic Screen Image », *op. cit.*, p. 71.
2. *Ibid.*, p. 72.

scène » pour montrer que la question de la sexualité n'est qu'un aspect du problème auquel le film propose une solution.

Fig. 15 : *L'impossible Monsieur Bébé* (H. Hawks, 1938).
Prod DB © RKO

« Keep going straight out the door. » (L'hôtel 2)

Analyse de cas

La « sortie » de David et Susan nous donne l'occasion d'exposer le problème des règles puisqu'il s'agit d'un exemple de ce que nous appelons suivre une règle : à l'ordre donné par Susan de continuer tout droit, David réagit en agent autonome en allant tout droit. Wittgenstein songe au même genre de cas quand il fait l'analogie entre se diriger d'après une règle et cheminer en se guidant sur des signaux routiers [1]. Pour qui ne voit pas là de difficulté particulière, la conduite de David montre qu'il sait suivre une règle.

Mais pour le philosophe conscient du problème des règles, la mention de l'ordre et de la réaction ne semble pas suffire. David aurait en effet pu réagir sous l'effet d'une contrainte extérieure (c'est Susan qui le tirait de force vers la sortie), ou intérieure (il ne contrôlait plus son corps) ou par hasard (il pensait à autre chose et ses pas l'ont conduit dehors comme en un acte manqué). Pour

1. *RP*, § 85, p. 74 ; § 198, p. 125-126.

que la réaction à l'ordre puisse être tenue pour une obéissance, il manque la mention de ce qu'a fait l'agent pour saisir la règle. Pour que l'agent obéisse librement à la règle, il faut qu'il ait fait quelque chose sur lui-même. La différence entre le signe (« aller tout droit ») et l'opération de l'agent (« marcher dans cette direction-ci ») doit s'expliquer par une opération de saisie de la règle, par un acte d'interprétation de la règle par le sujet.

Pourtant, Wittgenstein a montré que cet acte d'interprétation qu'on veut intercaler entre la règle et l'action n'est qu'un mythe : il est inutile.

> N'y a-t-il pas un fossé entre l'ordre et son accomplissement ? « Je le comprends, mais seulement parce que je lui rajoute quelque chose, à savoir l'interprétation. » – Mais si quelqu'un disait : « toute phrase demande encore une interprétation », cela signifierait : aucune phrase ne peut être comprise sans additif[1].

Dans *Le Complément du sujet*[2], Vincent Descombes présente l'argument de Wittgenstein ainsi : ou bien l'acte d'interprétation est complètement déterminé par cet ordre, il est donc une doublure inutile, ou bien l'acte d'interprétation est indéterminé, l'agent exécute un autre ordre, celui qu'il a confectionné lui-même par sa traduction du texte original. En effet, interpréter, c'est remplacer un signe par un autre. Or, si l'agent a besoin d'interpréter le signe du commandement, il aura donc également besoin d'interpréter le signe qu'il lui a substitué. L'idée est donc que l'introduction d'une interprétation pour combler le hiatus entre la règle et son suivi a pour effet de nous entraîner dans une régression à l'infini qui est le signe d'un vice logique. Mais si l'on doit renoncer à l'idée qu'il serait nécessaire d'interposer un acte d'interprétation entre la règle et son suivi, alors comment faisons-nous pour suivre une règle ?

1. Wittgenstein, *Grammaire philosophique*, § 9, trad. fr. M.-A. Lescourret, Paris, Gallimard, 1980, p. 21.

2. V. Descombes, *Le Complément du sujet. Enquête sur le fait d'agir de soi-même*, Paris, Gallimard, « NRF », 2004, p. 441.

La compréhension pratique : on apprend à suivre des règles

Comme souvent, la solution de Wittgenstein est une dissolution : pour répondre à cette question, il faut amener le philosophe à se rappeler ce qu'il sait déjà, à savoir ce que nous disons quand nous disons que quelqu'un fait ce qu'il faut pour suivre une règle. Pour cela, on peut décrire un jeu de langage, une scène issue d'un drame ou d'un film [1], où la notion problématique trouve un sens. En effet, la difficulté relative aux règles s'évanouit si l'on donne une description du contexte, des circonstances dans lesquelles nous sommes amenés à les suivre.

Dans la séquence de l'hôtel, après que Susan a déchiré la veste de David et qu'il lui a proposé de jouer à une sorte de colin-maillard où elle disparaîtrait définitivement, il fait tout ce qu'il peut pour cacher aux yeux des autres personnes présentes au *lounge bar* les dessous de Susan, désormais visibles depuis que sa robe s'est, elle aussi, déchirée. Il va notamment utiliser son chapeau pour couvrir la partie postérieure du corps de Susan. Le nouveau comportement général de David, qui lui court après et lui demande de sortir avec lui alors qu'il n'a cessé de chercher à la fuir, et l'action particulière par laquelle il lui couvre les fesses avec son chapeau produisent en elle une incertitude qui va s'exprimer dans la formule célèbre pour son ambiguïté : « *Stop doing that with your hat!* » On peut bien sûr la traduire par « Allez-vous arrêter de faire ce que vous faites-avec-votre-chapeau (l'action effectuée qui mobilise essentiellement le chapeau comme ustensile) », mais Cavell a raison de souligner qu'on pourrait ici se demander si l'ordre ne serait pas « Allez-vous arrêter de vous servir de votre chapeau pour faire ce que vous faites », puisque le même geste de la main effectué sans le chapeau serait plus compréhensible, même s'il n'en serait pas moins « déplacé [2] ». Le scepticisme de Susan s'exprime notamment lorsqu'elle dit « *What*

1. « [C]'est dans un drame que le contexte d'un mot est le mieux représenté ; c'est pourquoi le meilleur exemple qu'on puisse donner d'une phrase prise dans une signification déterminée, c'est une citation tirée d'un drame. » Wittgenstein, *Derniers écrits sur la philosophie de la psychologie*, *op. cit.*, *MS* 169, p. 20.

2. S. Cavell, « Des léopards dans le Connecticut », *op. cit.*, p. 174.

in the world is going on? » / « Mais que se passe-t-il ? », réplique qui est comme le signe d'une quête interprétative, d'une recherche d'une pensée qui permettrait de donner un sens au comportement sinon inintelligible de David. Or, dès que Susan s'aperçoit que sa robe est déchirée, elle comprend immédiatement : tout ce que David a fait, tous ses gestes étranges et inhabituels étaient des moyens de lui éviter d'exhiber sa culotte dans un lieu comme le *lounge bar* de l'hôtel, ce que les mœurs qui règnent dans l'univers diégétique ne permettent évidemment pas. La danse de David ne se comprend donc pas à l'aide d'une interprétation, mais est immédiatement et nécessairement évidente pour quiconque connaît les us et coutumes de la société cinématographiquement représentée. Le recours à l'interprétation n'est pas la règle, mais l'exception. Il est remarquable que la compréhension par Susan de la règle qui décrit le comportement de David ne passe pas par la formulation d'une interprétation, mais par un mouvement et par une injonction, « *Get behind me! [...] Get closer!* » / « Venez derrière moi ! [...] Rapprochez-vous de moi ! », qui est une référence humoristique à l'expression précédente, « *Stop doing that with your hat!* », puisqu'il n'est donc pas demandé à David d'arrêter de faire ce qu'il faisait, à savoir couvrir la partie postérieure de son corps, mais d'arrêter de le faire avec son chapeau et de le faire plutôt avec son corps tout entier.

Le scepticisme de Susan (« *What in the world is going on?* » / « Mais enfin que se passe-t-il ? ») n'est pas créé par une incapacité radicale à trouver une règle qui décrive le comportement de David, mais par la difficulté d'identifier sa conduite parmi celles qui semblent possibles compte tenu de leur histoire et du contexte social. Si cette identification est si difficile, c'est qu'il manque à Susan une prémisse déterminante pour reconstruire le raisonnement pratique de David, dont la conclusion est la description de l'action constituée de chacun de ses gestes étranges : la déchirure de sa robe. Une fois qu'elle s'en aperçoit, elle comprend l'action de David sous la description « cacher aux yeux de tous la culotte de Susan » et la conçoit comme un moyen de ne pas enfreindre l'interdit qui soutient qu'il est honteux de montrer sa culotte en public. Le raisonnement de David est quelque chose comme :

1) « il est honteux de montrer sa culotte en public » = principe moral
2) « la robe de Susan est déchirée » = état de choses
3) « on voit donc sa culotte » = état de choses problématique
4) « il faut cacher sa culotte » = but
5) « je dois la couvrir de mon chapeau » = action concrète à accomplir

Il est remarquable que David ne semble pas prendre, ni avoir, le temps d'articuler un tel raisonnement. C'est qu'il est justement doué d'une compétence pratique qui lui permet d'agir en suivant des règles sans avoir besoin de se former une représentation de chacune des choses qu'il est en train de faire, comme quand on fait ses lacets. La compréhension que nous avons quand nous agissons dépasse en effet largement ce que nous pouvons nous former comme représentations dans la mesure où elle est toujours là, alors que nos représentations de ce que nous faisons sont intermittentes et ne sont intelligibles que si l'on présuppose l'arrière-plan fourni par cette compréhension non formulée. L'existence d'une telle compréhension pratique et la connaissance du contexte historique et social dans lequel s'insèrent les personnages permettent donc à Susan et au spectateur de comprendre ce que fait David, sans hésiter.

D'où vient alors que nous ayons pu soulever un problème de compréhension de la règle ? Le problème émerge quand on définit la compréhension comme le fait d'avoir des pensées ou des représentations. En effet, si pour comprendre une règle, nous devons avoir les pensées qui justifient que c'est la bonne manière de l'interpréter, alors pour justifier que c'est la bonne interprétation, nous devrions avoir en tête l'ensemble des interprétations déviantes, ce qui est impossible et nous conduit au scepticisme : il faudrait reconnaître que nous ne pouvons pas savoir avec certitude si nous faisons bien ce que la règle attend de nous. En revanche, dès qu'on abandonne l'idée que comprendre, c'est avoir une pensée ou une représentation, au profit d'une conception de la compréhension conçue comme capacité pratique à s'inscrire dans une pratique sociale illustrée dans une situation humaine particulière, alors cette dimension du problème disparaît.

La solution proposée par le film est donc : on apprend à suivre des règles en prenant confiance en soi, c'est-à-dire en son savoir-faire spontané et improvisé. Cette leçon commence d'être prodiguée au cours de la sortie du Ritz. Comme l'écrit Gerald Mast, « pour la première fois du film [...] David agit spontanément et en improvisant, [c'est] le début de son éducation qui lui enseignera la spontanéité et l'improvisation [1]. »

Règles, forme de vie, accord dans la pratique

Si l'on demande maintenant comment on peut éduquer à la spontanéité, on s'apercevra qu'une tension apparaît ici entre les deux solutions, difficiles à concilier, que propose le film pour résoudre le paradoxe des règles et donc les problèmes du sens des mots et de la valeur de nos actes. La première solution consiste à convoquer, au-delà de la notion de pratique, celle de forme de vie : c'est en situant les mots prononcés et les actes effectués dans le contexte des manières humaines d'agir, de réagir et de penser que l'on pourra donner un sens à et préciser l'importance de ce qui se dit et ce qui se fait, et donc aussi rendre compte de ce qui ne se dit pas, quand on est un grand professeur, ou de ce qui ne se fait pas, sur un terrain de golf, par exemple. Cependant, s'il s'agissait de dire que le sens et la valeur proviennent de notre forme de vie ainsi conçue, alors on ne verrait pas en quoi cette idée pourrait échapper au reproche de n'être qu'une nouvelle façon de commettre le sophisme naturaliste dénoncé par Moore [2], c'est-à-dire de passer d'une description de la nature humaine à une prescription de valeurs morales et politiques en faisant fi de la distinction entre être et devoir être [3].

1. G. Mast, *Bringing*, *op. cit.*, p. 300.

2. G.E. Moore, *Principia Ethica*, *op. cit.*

3. Voir D. Hume, *Traité de la nature humaine*, III, 1, t. 2, Paris, Aubier, 1946, p. 585-586.

Plutôt que d'insister sur l'idée que le sens et la valeur résultent d'une construction naturelle et sociale à partir de la forme de vie humaine, la seconde solution que semble proposer le film est la suivante : le sens des mots et la valeur des actes d'un individu seront fonction de sa capacité à s'exprimer, c'est-à-dire de trouver les mots pour dire ce qu'il veut dire et de savoir quoi faire pour faire ce qu'il veut. Cependant, on ne voit plus alors ce qui pourrait garantir l'objectivité de la compréhension du sens et de l'évaluation de la correction du comportement, ni ce qui pourrait empêcher que l'individu confonde son impression de dire quelque chose de sensé ou de bien agir avec ce qu'il en est en réalité [1].

Il est intéressant de remarquer que la situation n'est pas différente de celle du philosophe qui entend écrire un discours qui ait du sens et une valeur suffisante pour qu'il soit rendu public. Il peut certes être tenté de se réfugier dans le conformisme et se contenter de reproduire les formes et les contenus académiques de la « tradition » à laquelle il appartient, en considérant que les problèmes du sens et de la valeur de son discours se régleront d'eux-mêmes, du moment qu'il aura su se montrer fidèle et ingénieux. Cependant, le risque sera pour lui la même sclérose que celle qui menace l'existence de David Huxley et que son œuvre, quelle que soit sa taille, n'ait finalement pas plus de sens, ni d'importance qu'un squelette desséché, à l'instar de l'encyclopédie des savants de *Boule de feu* (*Ball of Fire*, Howard Hawks, 1941). Pour employer un langage moins métaphorique, le risque sera de passer à côté de son expérience et donc de ne pas penser ce qu'il aurait pu penser s'il avait eu suffisamment confiance en lui-même pour espérer que ses mots et ses actes soient reconnus par d'autres comme des échantillons anthropologiques doués de sens et de valeur.

Autrement dit, de même qu'il n'y a pas d'autre source d'autorité dans l'usage des mots que ce qu'un locuteur natif tendrait à dire dans ces circonstances, de même n'y a-t-il pas d'autre source de légitimité pour un acte que ce qu'un homme bien élevé tendrait à faire quand il le faut. Le sens et la valeur des discours et des actes

1. Voir *RP*, § 202, p. 127 : « *Croire* que l'on suit la règle n'est pas la suivre. »

qui relèvent de notre forme de vie n'ont pas d'autre origine que ce que chacun d'entre nous tend à dire et à faire quand il le faut. La solution du paradoxe des règles serait donc que le langage et la normativité reposent sur un savoir-faire partagé, un accord de nos réactions naturelles à l'apprentissage des normes qui nous conduit à un accord dans la pratique[1]. De ce point de vue, chaque locuteur natif d'une langue est une autorité en matière d'usage des règles linguistiques : ce qu'il tendra à considérer comme la bonne manière d'appliquer la règle sera, s'il n'entre pas en contradiction avec les tendances des autres membres de sa communauté, la façon correcte de suivre la règle. Kripke ne semble pas proposer autre chose lorsqu'il avance sa solution :

> L'argument sceptique se ramène tout entier à ceci que, finalement, on atteint un niveau où nous agissons sans qu'on puisse avancer la moindre raison pour justifier notre action. Nous agissons sans hésiter, mais *à l'aveuglette*.
> C'est là un exemple important de ce que Wittgenstein entend par parler sans « justification » [*Rechfertigung*], mais pas de manière « injustifiée » [*zu Unrecht*]. Lorsque nous parlons des règles, cela fait partie de notre jeu de langage qu'un des locuteurs puisse, sans donner finalement aucune justification, suivre son inclination naturelle à croire que c'est là (par exemple, répondre « 125 ») la bonne manière de répondre, plutôt qu'autre chose (par exemple répondre « 5 »). C'est-à-dire que les « conditions d'assertion » qui permettent à un individu de dire que, en une occasion donnée, il doit suivre sa règle de cette manière plutôt qu'une autre sont, en définitive, qu'il fait ce qu'il incline à faire[2].

Autrement dit, la quête d'un fait isolable à propos de moi ou de mon passé qui justifierait ce que je veux dire en employant une expression est condamnée à l'échec. Il n'y a aucun fait de cette nature. En réalité, le sens d'une expression ne suppose pas tant des conditions de vérité que des conditions d'assertion, c'est-à-dire les circonstances spécifiques dans lesquelles elle est légitimement

1. *Ibid.*, § 242, p. 135.
2. S. Kripke, *Règles et langage privé*, *op. cit.*, p. 103-104 [trad. modifiée d'après celle proposée dans S. Cavell, *Conditions nobles et ignobles*, *op. cit.*, p. 320-321].

affirmée. La condition d'assertion qui autorise l'individu à employer une expression est « qu'il fait ce qu'il incline à faire » ou « son sentiment de confiance » en la correction de ce qu'il fait. La normativité des règles suppose cependant que la communauté joue un rôle pour distinguer le cas où l'individu pense suivre la règle et celui où il la suit réellement.

On n'a pas manqué de remarquer ce que cette solution avait d'insatisfaisant. Si la correction d'une action ou la signification d'une expression ou d'un jugement dépendait de ce que la majorité des membres de la communauté admet, alors cela signifierait que la règle et la vérité dépendent de ce que pense la majorité. Par exemple, il suffirait que la majorité oublie qu'une promesse a été faite pour que l'on cesse d'être tenu par cette promesse ou qu'elle croit en l'astrologie pour que l'astrologie devienne une science. Meredith Williams essaie de sauver quelque chose de cette solution en distinguant trois versions de ce qu'elle appelle le point de vue communautaire (« sémantique », « épistémique » et « constitutive ») et en soutenant la troisième sous une forme modifiée qu'elle présente ainsi : « la correction ou l'incorrection des jugements de base (des « étalonnages ») est constituée par la conformité (ou la déviance) dans la manière dont nous autres, êtres humains, réagissons à l'initiation [1]. » Autrement dit, si les institutions comme les promesses ou les sciences ne dépendent pas de ce que pense la majorité, c'est dans la mesure où, du point de vue communautaire que défend Williams, la majorité n'a un pouvoir normatif qu'au niveau de ce qu'elle appelle les réactions primitives, comme crier de douleur, consoler ceux qui souffrent, rechercher le sein maternel, regarder dans la direction du doigt quand on désigne quelque chose, imiter les adultes ou répéter un son, etc., et les jugements rudimentaires ou jugements de premier ordre, comme reconnaître une chose, un mot, additionner, etc., et non au niveau des jugements de second ordre,

1. Voir M. Williams, « Tout est-il interprétation ? Wittgenstein contre Davidson » (2000), trad. fr. A. Ogien, dans *La Régularité. Habitude, disposition et savoir-faire dans l'explication de l'action*, C. Chauviré, A. Ogien (dir.), Paris, EHESS, 2002, note 14, p. 225-226.

dont relèvent notamment les promesses et les sciences. L'intérêt de cette version est de faire qu'en liant réactions majoritaires et correction au niveau des jugements de premier ordre [1], on disjoint la correction et la vérité des jugements de second ordre, dont relèvent notamment les promesses et les sciences, des actions et pensées majoritaires. En outre, en faisant de l'apprentissage du langage, un entraînement qui permet l'acquisition de capacités rudimentaires de continuer à faire la même chose, une sorte de « seconde nature » qui est l'intériorisation de la culture à laquelle on appartient, Williams pense résoudre la difficulté liée à la continuité entre l'application présente de la règle et ses applications passées [2].

Cependant, cela ne réfute en rien le sceptique et cela pour au moins trois raisons. La première est que le problème des règles n'est pas qu'une question de philosophes dans la mesure où il peut se poser dans des contextes ordinaires tels ceux qui apparaissent dans le film : David ne cesse d'être confronté à l'échec, alors qu'il ne cherche qu'à adopter la conduite et à prononcer les paroles attendues de celui et de ce qu'il pense être, au point d'en venir à douter de son pouvoir d'agir et de penser correctement. Il semble que quelque chose vienne toujours s'immiscer entre la règle et l'action qu'il entreprend pour la suivre : il ne peut même plus être sûr de savoir marcher sans risquer de tomber sur son haut-de-forme. En d'autres termes, la maîtrise du langage et de ses actions ne peut jamais être totalement acquise dans la mesure où l'erreur est toujours possible et où nous pouvons toujours nous retrouver dans de nouveaux contextes :

> [S]'il y a sans cesse rencontre de nouveaux contextes, de nouveaux besoins, de nouvelles relations, de nouveaux objets, s'il y a sans cesse de nouvelles perceptions à assimiler et à partager, peut-être alors est-il vrai pour le maître autant que pour l'apprenti (en matière de langage) que, même si « en un sens », nous apprenons la

1. Voir M. Williams, *Wittgenstein on Mind and Meaning*, London, Routledge, 1999, Introduction, p. 8.

2. Voir S. Bøyum, « Philosophy and language learning », *Studies in Philosophical Education*, vol. 26, n° 1, 2007, p. 47-49.

signification des mots et ce que sont les objets, l'apprentissage n'est jamais terminé ; et que nous ne cessons de découvrir de nouveaux pouvoirs dans les mots, de nouvelles manières dont les objets se découvrent. Les « voies de l'initiation » ne sont jamais closes [1].

On objectera que la possibilité de l'erreur ponctuelle ne doit pas être universalisée : Wittgenstein nous aurait appris qu'il y a un sophisme à passer de « j'ai fait quelques fois erreur » à « je pourrais me tromper toujours [2] ». Imaginons donc un contexte dans lequel l'erreur dans le suivi des règles communautaires serait impossible. C'est ce que fait Steinar Bøyum d'une façon qui n'est pas sans rappeler la « méthode du § 2 [3] » de Wittgenstein : on présente d'abord un jeu de langage qui fournit un contexte dans lequel la théorie semble parfaitement s'appliquer, puis on l'analyse ou on lui fait subir une légère variation de sorte que la théorie semble au mieux insuffisante, au pire inadéquate pour rendre compte de la situation et de ce que nous tendrions à y dire. Le contexte que propose Bøyum lui est fourni par le film *Un jour sans fin* (*Groundhog Day*, Harold Ramis, 1993) dans lequel le personnage joué par Bill Murray est condamné à revivre éternellement la même journée [4]. Dans ces conditions, il devient vite capable de dire et de faire exactement ce qu'il convient dans tous les contextes. Ses mots, ses réactions et ses actions sont bien devenus une seconde nature. Cependant, non seulement il s'ennuie, mais surtout il ne semble pas vrai de dire qu'il parle réellement. D'ailleurs, l'étape suivante le conduira au mutisme et au suicide.

On pourrait dire que si Wittgenstein a condamné les démarches qui cherchaient à fonder le sens des mots sur leur relation aux choses, il n'est pas moins vain de vouloir fonder le sens des mots sur leur relation au contexte [5]. En effet, le contexte n'est pas indépendant de

1. S. Cavell, *Les Voix de la raison*, *op. cit.*, p. 274-275.
2. *RP*, § 345, p. 163.
3. *Ibid.*, § 48, p. 53.
4. S. Bøyum, « Philosophy and language learning », art. cit., p. 53 et, sur le film, S. Cavell, « *Groundhog Day* », *Cavell on Film*, *op. cit.*, p. 222.
5. *Ibid.*, p. 52-53.

ce que nous voulons y faire ou dire et ne saurait suffire, à lui seul, à faire que nous fassions ou disions réellement quelque chose. Pour que ce que nous disions ait un sens, il faudra donc que nous prenions la parole pour dire ce que nous voulons dire, ce qui comporte toujours le risque de nous tromper ou de ne pas nous entendre avec les autres, c'est-à-dire de ne pas tomber d'accord, de ne pas nous accorder avec eux dans nos usages.

Cette possibilité du désaccord nous conduit à la troisième raison pour laquelle les solutions de S. Kripke ou de M. Williams échouent à réfuter le sceptique : ce dernier pourrait nier la rigidité et le caractère partagé de nos réactions à l'initiation. En effet, on ne peut pas exclure d'avance le fait que des locuteurs dont c'est la langue maternelle ne parviennent pas à s'accorder dans leurs réactions à une initiation, ni à tomber d'accord sur l'usage particulier de tel ou tel terme puisque l'absence d'une autre méthode de décision que l'accord dans les jugements empêche de voir pourquoi un tel cas ne pourrait pas se produire. Mais reconnaître la possibilité qu'un locuteur ne puisse pas légitimement parler pour les autres sur ces questions, c'est reconnaître qu'un locuteur pourrait ne pas réussir à leur parler du tout, c'est-à-dire à se faire entendre d'eux[1]. Steinar Bøyum en donne d'ailleurs une illustration audiovisuelle pertinente lorsqu'il cite l'épisode 3 de la première saison de la série télévisée *The Twilight Zone*, 1985-1989 (CBS), intitulé *Wordplay* (Wes Craven, 1985) dans lequel un individu va subir un désaccord linguistique systématique avec sa communauté. On y voit en effet le personnage principal découvrir que les autres locuteurs se mettent collectivement, progressivement et inconsciemment à employer les mots dans un nouveau sens. Par exemple, le mot « *dinosaur* » est employé à la place du mot « *lunch* ». Lorsqu'il demande à sa femme ce que veut dire le mot « *lunch* », elle prend peur et lui répond que c'est une couleur. Bientôt, il ne comprendra plus rien de ce qui se dit autour de lui[2].

1. Voir S. Cavell, « La seconde philosophie de Wittgenstein est-elle à notre portée ? », dans *Dire et Vouloir Dire*, *op. cit.*, p. 157 et *RP* II, XI, p. 299.

2. Voir S. Bøyum, « Philosophy and language learning », art. cit., p. 47.

Certains auteurs wittgensteiniens pourraient essayer d'user ici d'un argument transcendantal qui s'inspirerait du paragraphe 242 des *Recherches philosophiques* : s'il n'y avait pas d'accord dans nos jugements, nous ne pourrions jamais nous comprendre[1]. Mais que Wittgenstein ait pertinemment attiré notre attention sur l'idée qu'un désaccord suppose toujours un accord minimal sur les termes du désaccord et les jugements qui mobilisent ces termes ne veut pas dire qu'il propose une réfutation d'un scepticisme qui porterait sur la capacité du langage à parler du monde. Cela semble plutôt être une invitation à nous rappeler nos critères, ce que nous disons et quand, afin d'explorer ou de mesurer l'étendue de cet accord. Cavell semble donc avoir raison de penser que

> si tout ce qui reste de l'enseignement de Wittgenstein, c'est l'idée d'un accord d'inclinations, j'ai envie de demander : Quelle réponse cela apporte-t-il à un problème sceptique ? Kripke appelle cela une solution sceptique. Mais alors je suis perplexe : cette solution me paraît encore plus sceptique que le problème qu'elle était censée résoudre[2].

Le mariage comme éducation des adultes[3]

Cela signifie-t-il qu'il n'y a pas de moyen de répondre au sceptique, ni d'articuler l'accent mis sur la forme de vie et l'accent mis sur l'effort d'invention individuelle ? Quel est en outre le rôle de l'éducation ? L'idée de Gerald Mast selon laquelle la « sortie de

1. Voir *RP*, § 242 : « Pour qu'il y ait compréhension mutuelle au moyen du langage, il faut qu'il y ait non seulement accord sur les définitions, mais encore (si étrange que cela puisse paraître) accord sur les jugements. »

2. S. Cavell, *Conditions nobles et ignobles*, *op. cit.*, p. 329.

3. Chez Cavell, c'est la philosophie qui peut être conçue comme l'éducation des adultes. Cependant, on peut s'autoriser de l'équation qu'établit Sandra Laugier entre la redécouverte du langage ordinaire et l'éducation des adultes pour concevoir le remariage comme la reprise d'une conversation que la découverte sceptique de l'étrangeté de l'ordinaire du couple avait interrompue. Voir S. Laugier, « L'éducation morale des adultes comme philosophie morale », *Éducation et didactique*, 5.3/2011, p. 135-144 et « Recouvrer la parole : Cavell, le sujet et les mots », *Futur antérieur*, vol. 38, n° 4, 1996, http://www.multitudes.net/Recouvrer-la-parole-Cavell-le/, consulté le 20 mars 2018.

scène » de David et Susan serait « le début de son éducation qui lui enseignera la spontanéité et l'improvisation », est, à cet égard, doublement instructive. En effet, si, de façon générale, Susan est le maître, « le professeur du professeur [1] », et David l'élève, le novice, il est remarquable qu'ici les rapports s'inversent momentanément et que David improvise, choisisse d'adopter sa propre ligne de conduite pour prendre soin de Susan. C'est en cherchant à prendre soin d'elle et à l'instruire de l'inconfort de sa situation, bref à faire son éducation, qu'il s'éduque lui-même et redécouvre ce qu'il sait déjà, son savoir-faire, sa compétence pratique à entrer dans des actes dialogiques comme ceux par lesquels on danse et on marche en cadence. Susan pourrait pourtant passer pour une élève impossible à instruire : n'a-t-elle pas pris tous ses mots de travers depuis le début ? N'est-elle pas trop indisciplinée, trop étourdie ? N'est-elle pas, de son propre aveu, limitée dans ses pouvoirs de mémorisation au point de ne pas pouvoir retenir autre chose qu'une phrase comme « La pulsion amoureuse se révèle fréquemment en l'homme de façon conflictuelle » ? Ses explications n'ont-elles pas le don de rendre obscures les choses les plus claires ? On peut malgré tout voir dans l'effort de David pour instruire une personne aussi rétive à l'instruction quelque chose comme l'autre politique de l'éducation défendue par Cavell dans sa lecture critique de Kripke. En effet Susan ressemble à l'élève déviant de la fameuse « scène d'instruction » de Wittgenstein.

On sait qu'au paragraphe 143 des *Recherches philosophiques*, Wittgenstein nous invite à réfléchir sur un jeu de langage où « *B* doit, sur l'ordre de *A*, écrire des suites de signes selon une règle de formation déterminée [2]. » Wittgenstein remarque que

> déjà à ce niveau, il existe une réaction normale et une réaction anormale. Sans doute au départ, lui tenons-nous la main pour qu'il recopie la suite de 0 à 9. Mais la *possibilité d'une compréhension mutuelle* dépendra du fait qu'après cela il continue à l'écrire par lui-même [3].

1. G. Mast, *Bringing, op. cit.*, p. 299.
2. *RP*, § 143, p. 196.
3. *Ibid.*

La possibilité d'une erreur systématique est évoquée : « par exemple il n'écrit qu'un nombre sur deux, ou il recopie la suite 0, 1, 2, 3, 4, 5… ainsi : 1, 0, 3, 2, 5, 4 [1]… » Dans une situation de ce type, nous pouvons mettre en œuvre différents procédés pour essayer de corriger l'erreur, par exemple « on cherche à lui apprendre la façon de faire normale comme une dérivation, une variante, de la sienne. » Mais, remarque de nouveau Wittgenstein, « à ce niveau aussi la capacité d'apprendre de notre élève peut s'interrompre. » Cette remarque fait écho au passage du paragraphe 217 que Cavell a proposé d'appeler sa « scène d'instruction [2] » : « Si j'ai épuisé les justifications, j'ai atteint le sol dur, et ma bêche se retourne. Alors j'incline à dire : « C'est là simplement ce que je fais [3]. » » Selon Cavell, la solution de Kripke le conduirait à interpréter cet exemple et le problème posé par un élève déviant incapable d'apprendre à se corriger en reformulant le passage de la façon suivante : « Si j'ai épuisé les justifications, j'ai atteint le sol dur, et ma bêche se retourne. Alors je suis autorisé à dire : « C'est là simplement ce que j'incline à faire. » » Autrement dit, le fait que les réactions du maître s'accordent d'habitude avec les réactions de la communauté l'autoriserait à tenir ses inclinations dans la relation pédagogique avec l'élève comme ce qu'il faut faire et éventuellement à dire : « J'ai raison ; faites comme moi ou sortez d'ici [4]. »

S'appuyant sur les critères de l'inclination et de l'enseignement, c'est-à-dire en nous rappelant ce que nous disons quand nous inclinons à dire ou faire quelque chose et quand nous enseignons quelque chose à quelqu'un, Cavell remarque qu'on y trouve l'expression d'une incertitude, d'une hésitation à dire ou faire la chose immédiatement, qui est certainement visée par Wittgenstein lorsqu'il écrit ce passage comme il le fait et non comme Kripke le ferait : non pas « je suis autorisé à dire », mais « j'incline à dire », en hésitant, en craignant, par mon impatience, de mal jouer mon

1. *RP*, § 143, p. 196.
2. S. Cavell, *Conditions nobles et ignobles*, *op. cit.*, p. 322.
3. *RP*, § 217, p. 131.
4. S. Cavell, *Conditions nobles et ignobles*, *op. cit.*, p. 325.

rôle de représentant et d'instituteur de la communauté à laquelle l'enfant est invité. À la violence de « l'inclination confiante[1] » du maître prêt à exclure l'élève de la communauté qui lui rappelle la violence de la solution politique qui consiste à exclure « le nouvel arrivant à la société » qui ne se comporterait pas comme nous, Cavell oppose une lecture de la phrase « C'est là simplement ce que je fais » comme appelant une réaction de l'autre et exprimant ainsi une confiance en sa capacité à m'apprendre quelque chose que je ne saurais pas. En permettant ainsi que ma confiance en moi-même soit remise en cause, je m'aperçois qu'aucun fait ne me fonde à agir ou à parler comme je le fais quand je suis la règle, sinon mon appartenance à la forme de vie humaine où nos actes et nos paroles se déploient sans qu'il soit possible de déterminer *a priori* l'étendue de nos accords :

> Nous apprenons et enseignons les mots dans certains contextes, et on attend alors de nous (et nous attendons des autres) que nous puissions (qu'ils puissent) les projeter dans d'autres contextes. Rien ne garantit que cette projection ait lieu (et en particulier ce n'est pas garanti par notre appréhension des universaux, ni par notre appréhension de recueils de règles), de même que rien ne garantit que nous fassions et comprenions les mêmes projections. Que nous le fassions en fin de compte est affaire de ce que nous partageons certains itinéraires d'intérêt et de sentiment, certains modes de réaction, certains sens de l'humour, de l'importance et de l'accomplissement, de ce qui est insupportable, de ce qui est comparable à quoi d'autre, de ce qu'est un reproche, de ce qu'est le pardon, des cas où tel énoncé est une affirmation, où il est un appel, et où il est une explication – tout ce tourbillon de l'organisme que Wittgenstein appelle des « formes de vie[2] ».

Autrement dit, nos critères d'emploi des termes présupposent un ensemble de faits très généraux de la nature, et notamment de la nature humaine, qui constituent l'arrière-plan de nos vies et qui sont

1. *Ibid.*, p. 331.
2. S. Cavell, « La seconde philosophie de Wittgenstein est-elle à notre portée ? », *DVD*, *op. cit.*, p. 138-139.

constitués de régularités. Si l'on reconnaît maintenant que David ne cesse de faire la leçon à Susan (sur les critères d'identité des balles de golf, sur la propriété privée, sur la causalité, sur la dignité, etc.) et que Susan a bien quelque chose d'un tourbillon de vie, alors on admettra peut-être l'interprétation suivante : en rencontrant Susan, David traverse une crise sceptique dans la mesure où son désir de poursuivre l'éducation de Susan malgré sa déviance l'ouvre au manque de fondement de sa propre confiance en lui-même, en ce qu'il sait faire et en qui et ce qu'il est :

> La parole et l'activité humaines, leur santé mentale et leur communauté ne reposent sur rien de plus que cela, mais sur rien de moins non plus. C'est une vision aussi simple qu'elle est difficile et aussi difficile qu'elle est (et parce qu'elle est) terrifiante [1].

Ce qu'il y a de terrifiant dans cette vision est ce que David va découvrir à cause de Suzanne, à savoir la « vérité » du scepticisme : quant à la réalité extérieure, d'abord, le sceptique énonce en effet une quasi-vérité en remarquant que la certitude n'est pas possible au niveau où opèrent les critères, c'est-à-dire au niveau rudimentaire des propositions comme « jeter une olive ne fait pas que l'on s'assoit sur un chapeau ». Mais il n'énonce pas une authentique vérité dans la mesure où il exige la certitude là où elle n'a pas à être exigée, c'est-à-dire précisément à ce niveau rudimentaire où ce genre de propositions ne jouent pas le rôle de connaissances (puisqu'elles ne peuvent être remises en cause, ni prouvées). Quant aux autres esprits, le sceptique a également raison dans la mesure où les critères ne suffisent pas pour savoir si l'on a affaire à un authentique être humain et pas à un être doué de comportements identiques aux nôtres, mais dépourvu de toute intériorité. Mais il a tort quand il croit que notre rapport aux autres exige une telle connaissance. Grâce à Suzanne, David va aussi découvrir que plutôt qu'une connaissance, l'application des critères aux comportements psychologiques est une reconnaissance (*acknowledgement*), une

1. S. Cavell, « La seconde philosophie de Wittgenstein est-elle à notre portée ? », *DVD*, *op. cit.*, p. 139.

décision de dire et d'agir en conséquence en s'exposant à l'altérité du monde et d'autrui.

On peut concevoir la reconnaissance ici visée comme l'acte par lequel on s'engage à faire un certain nombre de choses sans être certain d'y parvenir; on accepte sa responsabilité en ce qui concerne ses actions et ses affirmations. Pour le dire autrement, la reconnaissance ne nous permet de vivre avec le scepticisme que dans la mesure où nous admettons que nos choix affectent et constituent notre identité. Nous avons vu plus haut[1] comment le refus de la reconnaissance comprise en ce sens définissait bien le *Conte d'hiver* de Shakespeare si l'on interprète le doute de Léonte quant à sa paternité comme le symptôme d'un doute plus radical sur le pouvoir de son identité de résister à la vitalité et à la multiplicité de la nature, le reniement de Mamillius et de Perdita pouvant alors être lu comme l'expression d'un souhait d'un monde sans génération, comme une façon de prendre sa revanche sur la vie. Or, cette description ne peut pas ne pas faire écho à la description de la première séquence du film où David et Miss Swallow semblent eux-mêmes faire le souhait d'un monde sans génération, sans vitalité, ni diversité, bref sans bébé. Mais si le scepticisme est bien vécu dans *L'impossible Monsieur Bébé* comme dans le *Conte d'hiver* de Shakespeare, il ne conduit pas les personnages à la tragédie. Il est au contraire accepté par un couple qui décide d'en rire et « de faire son éducation dans le mariage par la poursuite d'une conversation [...] en accord avec ce que Montaigne nommait une « sagesse gaie et sociale[2] ». » En décidant de rester auprès de Susan et de l'aider à s'occuper de Bébé, David va donc essayer de surmonter son scepticisme en s'exposant à l'autre et en obtenant de lui sa reconnaissance. Ses efforts éducatifs, maintenus malgré la déviance de Susan, témoignent donc de ce qu'il reçoit lui aussi une éducation : il apprend à accepter la vitalité et la diversité naturelle, en même temps qu'à surmonter sa peur de la sexualité.

1. Voir plus haut chapitre III, 1.
2. M. Cerisuelo, *Fondus enchaînés*, *op. cit.*, p. 194-195.

Forme de vie, expression et perfectionnisme moral

Il me semble que le rôle de l'éducation et, en particulier, de l'éducation des adultes en quoi consiste le mariage, permet d'articuler l'une à l'autre la part de la forme de vie et la part de l'expression individuelle dans la résolution du double problème du sens des mots et de la valeur des actes en tant que l'éducation est l'institution privilégiée du perfectionnisme moral, ou plutôt la principale institutrice du perfectionnisme moral.

En effet, quand l'individu cherche à trouver les mots justes pour exprimer sa pensée ou ses émotions ou quand, par sa conduite, il cherche à être en accord avec ce qui compte pour lui, il s'impose à lui-même une exigence de perfection et d'authenticité qui semble relever seulement de l'expression individuelle. Mais, ce faisant, il s'appuie sur les usages déjà existants pour enrichir nos façons de parler, de penser et de vivre ; il enrichit notre forme de vie, comme quand Flaubert invente un usage de l'imparfait qui nous est depuis resté ou quand Freud permet qu'on dise « il l'aimait inconsciemment », plutôt que « il l'aimait, mais ne le savait pas encore », ou encore quand Socrate interpelle les gens dans la rue et les invite à soumettre leur vie à un examen.

Ces exemples montrent que le perfectionnisme moral a toujours au moins deux dimensions, qui sont aussi deux dimensions de la vie individuelle comme de la forme de vie humaine.

Il y a d'abord une naturalité ou une « verticalité » du perfectionnisme moral qui tient à ce que la tendance à devenir meilleur moralement est naturelle à l'homme. Pour cette raison, la forme de vie humaine ne doit pas être conçue simplement comme un ensemble de manières de faire et de penser acquises dont on hériterait socialement : notre forme de vie n'est pas seulement culturelle, elle est aussi naturelle, non pas au sens où la culture ne ferait qu'exercer certains pouvoirs naturels universels de notre espèce pour les transformer en capacités réelles, mais au sens où l'effort qui consiste à exercer certains de nos pouvoirs naturels, et notamment à l'encontre de certaines de nos tendances non moins naturelles, est lui-même caractéristique de notre nature d'animal humain. C'est cet effort pour devenir plus humain, c'est-à-dire pour s'améliorer moralement, que Cavell appelle « perfectionnisme moral ».

Mais le perfectionnisme moral a aussi une dimension culturelle, sociale, « horizontale », c'est-à-dire qu'il s'agit d'un effort pour s'améliorer mutuellement par l'éducation. En effet, si le perfectionnisme moral implique que les progrès effectués par l'humanité soient partagés par tous et donc que tous soient préparés, éduqués pour les partager, il implique également que l'on sache être ouvert à l'invention et l'improvisation individuelles, ce qui suppose de demeurer conscients que rien ne fonde ultimement nos façons de parler, ni nos façons d'agir et qu'il est donc toujours possible qu'un seul ait raison contre tous. Par exemple, le perfectionnisme moral se retrouvera non seulement quand l'instituteur corrigera l'élève pour qu'il connaisse ses règles de grammaire ou de calcul, mais aussi quand l'instituteur tâchera de faire de l'erreur de l'élève l'occasion d'apprendre quelque chose sur la règle ou l'exercice concerné.

Sens et valeur ne sont donc jamais toujours déjà donnés par la forme de vie ou par l'expression individuelle, mais par l'effort individuel et collectif de trouver, par la conversation, des façons de parler et d'agir plus humaines, des formes de vie auxquelles on puisse croire et que l'on puisse vouloir perpétuer par nos conduites individuelles.

En ce sens, on peut parler d'une dimension « perfectionniste » du film *L'impossible Monsieur Bébé* puisque la relation humaine qu'on y voit se tisser semble bien relever d'une forme d'amitié où il ne s'agit pas seulement d'être ensemble pour se rendre mutuellement service, ni même pour se faire plaisir, mais surtout pour permettre à chacun de devenir meilleur. Si donc le perfectionnisme moral consiste notamment dans un effort pour s'améliorer mutuellement dans une relation amicale entre égaux, alors *L'impossible Monsieur Bébé*, comme les autres comédies du remariage étudiées par Cavell, est bien un conte perfectionniste.

Peut-on élever bébé ?

Mais la vitalité et la diversité naturelles que David Huxley doit apprendre à accepter et à reconnaître pour devenir meilleur ne concernent pas seulement la sexualité. Il est en effet possible qu'elles renvoient littéralement à la capacité d'engendrement, à la natalité et à l'exigence perfectionniste d'accueillir, de faire une place à un nouvel être, quitte à voir son existence et ses certitudes bouleversées. En effet, tout le monde pense, et non sans raisons, que le bébé qu'il s'agit d'élever, c'est David. Mais il est évident qu'il est un autre bébé que David, un bébé qui va d'ailleurs permettre que David grandisse, dont la présence est d'une importance fondamentale : c'est Bébé, le léopard. En effet, après la nuit passée à se courir l'un après l'autre, à déchirer leurs vêtements, à danser et à entretenir des contacts physiques « rapprochés » (« *Come closer ! – I can't get any closer !* »), les activités de David et Susan peuvent être conçues comme celles de jeunes parents qui doivent apprendre ensemble à s'occuper d'un bébé dont ils ont caché l'existence à leurs proches pour une raison ou pour une autre. Ils partent en week-end, s'occupent de bébé, le distraient dans la voiture en chantant, achètent de la viande hachée pour le nourrir, surveillent son sommeil, réparent ses dégâts, changent et lavent souvent leurs vêtements, etc.

Dans cette perspective, la perte et la recherche du *bone* ne sont plus vraiment le symbole d'une peur infantile de la sexualité, mais plutôt des efforts d'un couple qui vient d'avoir un enfant pour retrouver sa complicité sexuelle et amoureuse. Dans cette interprétation, le découpage du film prend un nouveau sens : après une première nuit passée ensemble, David et Susan doivent assumer leurs responsabilités de parents et dépasser les doutes (relatifs au travail, à l'argent, à l'emploi du temps, etc.) que cette nouvelle situation ne manquera pas de susciter. Si David enseigne un peu de sa rigueur et de son sérieux à Susan, elle lui apprend à ne pas perdre de vue l'essentiel, à savoir « prendre du plaisir à en offrir à l'autre et en donner en le montrant [1] » qui est une caractéristique de l'amitié selon Cavell et l'enjeu du mariage romantique.

1. S. Cavell, *La protestation des larmes*, *op. cit.*, p. 27 [trad. modifiée].

Cet apprentissage passera par des jeux qui, le plus souvent, mobilisent le langage, ce qu'on peut appeler au sens propre des « jeux de langage ». Il est d'ailleurs essentiel de relever que le plaisir qu'ils prennent ensemble et que nous prenons à les voir ensemble découle de la façon dont ils vont apprendre à jouer avec les mots jusqu'à trouver un ton sur lequel ils s'accordent mutuellement. L'esprit et la vivacité du dialogue sont une des manières pour le couple de lutter contre l'ennui et l'angoisse de la répétition du quotidien, une des façons de s'associer et de vivre ensemble qui définissent le mariage pour Milton[1]. Voici la liste non exhaustive du très grand nombre d'activités ludiques dans lesquelles Susan entraîne David : ils se rencontrent sur un terrain de golf, elle joue aux autos tamponneuses, apprend le « truc de l'olive », il lui propose de jouer à une sorte de loup caché ou de colin-maillard, ils dansent, font des tours en voiture, s'amusent à jeter des pierres, il joue au héros, ils chantent une chanson, David joue à acheter dans un commerce[2], à se laver, à s'habiller, à rapporter un événement comme à la radio, joue avec le chien, à la chasse au trésor, joue un personnage, marche sur les pieds, joue au fou, elle effeuille la marguerite, ils jouent à se courir après, elle joue à répéter tout ce que dit l'autre, ils jouent à faire des trous, elle joue avec le téléphone, ils jouent à bien se tenir à table, à faire la conversation, à chasser le fauve (« *Big-game hunting* »), à attirer l'attention des gens du cirque[3], au dompteur, à faire du trapèze ou à Tarzan et Jane.

Au-delà de la proximité évidente de cette liste avec les listes de jeux de langage que Wittgenstein dresse dans les *Recherches philosophiques*[4], proximité qui fait penser que les mêmes leçons sur

1. Voir S. Cavell, *À la recherche du bonheur*, *op. cit.*, p. 210. John Milton, *Doctrine et discipline du divorce* (1644), édition bilingue, trad. fr. C. Tournu, Paris, Belin, 2005.

2. Voir le jeu de langage du commerçant au premier paragraphe des *Recherches philosophiques*, § 1, p. 28.

3. Pour simuler le quiproquo avec les gens du cirque, David reprend les « trucs » de Susan.

4. Voir les listes de toutes les choses que nous faisons avec les mots (*RP*, § 23, p. 39-40 ; § 27, p. 41), et celle des différentes sortes de jeux (*RP*, § 66, p. 64).

la richesse et la diversité des choses que l'on peut faire avec les mots peuvent être tirées ici à condition de ne pas commencer par définir le langage d'une façon trop étroite en en sublimant la logique, on y voit aussi une leçon relative à la nature et à la définition du mariage : il y a une grande richesse et une grande diversité de choses que l'on peut faire ensemble quand on est marié, à condition de ne pas concevoir le mariage comme visant à éviter tout souci domestique.

Le sens du dernier jeu, celui du trapèze et sa nouvelle référence au cirque, pourrait être que le mariage est un jeu d'équilibriste où il faut savoir concilier les exigences souvent contradictoires de la vie professionnelle et des « soucis domestiques », des aspirations individuelles et collectives, mais où l'essentiel demeure d'y trouver du plaisir et de s'efforcer de devenir ce moi meilleur que l'on n'est pas encore. Ce pourrait être aussi que pour pouvoir conserver la perspective du participant sur nos pratiques linguistiques, morales et amoureuses ordinaires, celle qui permet de voir leur sens et leur importance, il faut savoir rejeter l'échelle au moyen de laquelle nous l'avons atteinte comme Wittgenstein écrivait de façon fameuse dans son *Tractatus logico-philosophicus* que celui qui avait compris le sens de ses propositions comprenait aussi qu'elles ne contenaient que du non-sens [1].

Fig. 16 : *L'impossible Monsieur Bébé* (H. Hawks, 1938).
Prod DB © RKO

1. Voir *TLP*, 6.54, *op. cit.*, p. 112.

La comédie de la quotidienneté, le mariage et la philosophie dans Cette sacrée vérité

La présence de l'échelle à ce moment-clé du film, suivie d'un numéro de trapéziste me permet d'avancer une autre façon dont on peut concevoir le mariage comme l'éducation des adultes et sa relation avec la philosophie. Cela suppose néanmoins de faire un détour par le dernier chapitre d'*À la recherche du bonheur* que Cavell a consacré à un film qui précède de cinq mois seulement la sortie de *L'impossible Monsieur Bébé : Cette sacrée vérité* (1937) de Leo McCarey. Cavell remarque d'abord que le film de McCarey a fourni des éléments qui ont été immédiatement repris dans le film de Hawks, mais aussi dans d'autres comédies du remariage comme *Indiscrétions* ou *La Dame du vendredi* [1], au point qu'il peut sembler légitime de les lire comme des tentatives cinématographiques de penser des problèmes apparentés. S'interrogeant sur les raisons pour lesquelles il n'a pas toujours autant ri à chaque fois qu'il a vu le film de McCarey, Cavell s'aperçoit qu'il pose de nouveau « une très ancienne question : le comique réside-t-il fondamentalement dans les événements ou dans une attitude à l'égard des événements [2] ? », problème qu'il lie immédiatement à celui de savoir si le bonheur réside fondamentalement dans les événements ou dans une attitude envers les événements. Retrouvant la leçon de sagesse antique qui recommande de distinguer les choses qui ne dépendent pas de nous, à savoir les événements liés au hasard ou à la nécessité, des choses qui dépendent de nous, il comprend

> Montaigne et sa fascination horrifiée pour l'horreur que l'être humain a de lui-même [3], comme [voulant] dire : la vie est dure,

1. S. Cavell, *À la recherche du bonheur*, *op. cit.*, p. 320.

2. *Ibid.*, p. 328-329.

3. *Cf.* Montaigne, *Essais*, III, 5, « Sur des vers de Virgile » (« Bibliothèque de la Pléiade », éd. Thibaudet-Rat, 1962), p. 857 : « Quel monstrueux animal qui se fait horreur à soy-mesme, à qui ses plaisirs poisent; qui se tient à malheur ! » Stanley Cavell cite cette phrase dans la dernière section de *The Claim of Reason* [New York, Oxford University Press, 1999 (1979)], p. 494 [p. 704 dans la trad. fr. *Les Voix de la raison*, *op. cit.*] (N.D.T.).

> mais ne la rendons pas plus pesante en choisissant tragiquement de l'appeler tragique quand nous sommes libres de faire un autre choix. Mon interprétation de l'alternative que Montaigne propose à l'horreur est la réalisation de ce qu'il appelle à la fin « une sagesse gaye et sociale »[1]. À mon sens cette gaieté est l'attitude dont dépend ce que j'appelle la comédie diurne, attitude à l'égard de la vie humaine que j'apprends, surtout de Thoreau et en partie de Kierkegaard, à appeler « y prendre intérêt[2] ».

L'expression de « comédie diurne » est là pour indiquer que l'on n'a plus affaire à la comédie classique, l'alternance diurne de la lumière et de l'obscurité venant occuper la place de l'alternance des saisons. Cela révélerait la conscience qu'ont ces comédies modernes de ce que si nous sommes désormais toujours perdus pour la nature, sans lieu naturel, la succession quotidienne et urbaine du jour et de la nuit « est néanmoins en soi assez intéressante pour inspirer la vie, assez intéressante pour être vécue avec bonheur[3] ».

Pour apprécier le comique de la comédie diurne, il faut donc être dans l'état d'esprit de celui qui a la gaieté de Montaigne. Mais cette gaieté n'est pas seulement nécessaire pour apprécier l'humour de *Cette sacrée vérité* : elle est la condition d'un mariage heureux et d'un bonheur qui passe par le mariage. Résumant plus loin son développement, Cavell justifiera en effet le choix de l'expression de « comédies du remariage » par trois caractéristiques de la comédie diurne qu'il appelle aussi la « comédie de la quotidienneté[4] », à savoir :

> a) son dénouement n'est pas dans un avenir, un au-delà, un à tout jamais[5], mais dans une continuité présente de l'avant et de l'après ; b) elle transforme la célébration en festivité ; c) elle ne corrige pas

1. *Cf.* Montaigne, *Essais*, III, 13, « De l'expérience », *op. cit.*, p. 1097. Dans III, 5, p. 822, Montaigne parle déjà de « sagesse gaye et civile » (N.D.T.).

2. S. Cavell, *À la recherche du bonheur*, *op. cit.*, p. 329.

3. *Ibid.*, p. 328.

4. *Ibid.*, p. 333.

5. L'anglais dit ici *ever after* ; c'est l'indication qui clôt les contes de fées, le temps où « ils vécurent heureux, etc. » (N.D.T.)

> l'erreur mais l'expérience, ou une perspective sur l'expérience. Dans mon esprit, ce titre [de comédie du remariage] permet de faire référence aux deux assertions les plus impressionnantes que je connaisse de la mission de l'expérience humaine, l'acceptation du fait que l'humanité est une famille, comme acceptation de la répétition. [...] [L]a rédemption par le bonheur [du mariage] ne dépend pas de quelque chose qui est encore à venir [mais] de la foi en quelque chose qui est toujours en train d'advenir, jour après jour [1].

On comprend que la « tâche » que Cavell assigne à l'expérience humaine relève de l'adoption d'une certaine « perspective », une « attitude » qui évite de rendre la difficulté du mariage plus pénible encore en faisant le choix tragique de décrire la vie de couple comme une relation amoureuse « que les obligations ont rendue malade [2] », mais permet au contraire de la voir autrement. En quoi consiste cette attitude ? Comment peut-on atteindre cette perspective ? Pourquoi faut-il tenir « l'acceptation du fait que l'humanité est une famille comme acceptation de la répétition » ?

On trouve le début d'une réponse à ces questions dans une longue parenthèse où Cavell se défend de parler ici de psychologie ou de sentiment lorsqu'il parle d'attitude ou de perspective. En effet, il y aura une différence d'attitudes entre deux personnes ou chez une même personne, dans le sens où Cavell entend le terme, selon que la même proposition sera tenue pour une vérité *a posteriori* ou une vérité *a priori*. Nous avons vu quelques exemples d'attitudes qui « contribuent également à la constitution de la connaissance, à la constitution du monde [3] » dans *L'impossible Monsieur Bébé* avec le personnage du shérif qui tient les propositions « Mrs. Random n'a pas de nièce » et « Il n'y a pas de léopard dans le Connecticut » pour irréfutables et qui s'en sert de prémisses pour tous ses

1. *Ibid.*, p. 333.

2. Selon la description d'un mariage où la réciprocité fait défaut selon le personnage d'Amanda Bonner (Katharine Hepburn) dans *Madame porte la culotte* (*Adam's Rib*, George Cukor, 1949) rappelée par Cavell dans *À la recherche du bonheur*, p. 334.

3. S. Cavell, *À la recherche du bonheur*, *op. cit.*, p. 329.

raisonnements, théoriques comme pratiques, ou encore les brusques changements de perspectives du Major Applegate (« Les léopards apprivoisés n'existent pas… Un léopard apprivoisé ? Êtes-vous sûrs qu'il soit totalement inoffensif? »).

Cavell donne l'exemple du personnage joué par Belmondo dans *À bout de souffle* (J.-L. Godard, 1960) quand il affirme « Il n'y a pas d'amour malheureux [1] ». Pour lui, cette idée ne résulte pas de la recherche d'informations, d'expériences vécues ou observées, mais joue le rôle d'une « définition ». L'image que le personnage se fait du monde est fondée sur cette prémisse, qui est ainsi immunisée contre les démentis de l'expérience, comme pouvaient l'être les raisonnements délirants du psychiatre ou du shérif dans *L'impossible Monsieur Bébé*.

On peut comprendre ces éléments ainsi, en retrouvant l'analogie de l'escalier d'Emerson [2] : si notre condition moderne fait que nous nous éveillons endormis sur les marches d'un escalier, ou les barreaux d'une échelle, sans savoir s'il vaut mieux monter que descendre, c'est-à-dire si nous n'avons le choix qu'entre des images du monde également incertaines, alors il semble préférable de choisir celle qui nous rendra la dureté de la vie moins pénible. Descendre l'échelle voudrait dire s'enfoncer dans l'image que le sceptique se fait du monde, un monde froid, mort, où chacun est enfermé dans la prison de son esprit, condamné à l'isolement, au risque de devenir fou et de se faire soi-même horreur. Descendre l'échelle serait donc faire le choix tragique de qualifier la vie de tragique. Monter l'échelle voudrait dire au contraire se faire une image du monde qui accorde sa place à l'incertitude du changement et à au tragique de l'existence, sans renoncer à son désir de lien humain et de retour du même, en pensant trouver en soi-même le pouvoir de changer suffisamment pour accompagner les changements du monde sans cesser pour autant d'être soi-même. Mais à cause de notre manque de transparence à nous-mêmes, cette attitude, cette perspective ne sera

1. S. Cavell, *À la recherche du bonheur*, *op. cit.*, p. 329-330.
2. Voir plus haut, Introduction, § « Recouvrer l'expérience morale perdue ».

atteinte que si le changement d'attitude est préparé par une activité qui consiste à dénouer les problèmes de perspective en interrogeant les images dont nous sommes captifs et les propositions que l'on tient pour des vérités *a priori*, à savoir la philosophie. Autrement dit, l'adoption d'une nouvelle perspective ou d'une nouvelle attitude, réclame que l'on soit prêt à changer de point de vue en s'élevant afin de pouvoir le faire basculer sur l'axe de nos besoins réels, en dépit du vertige sceptique. Si donc le mariage, pour ne pas être conçu comme une maladie qui s'accompagne d'obligations, suppose que les individus soient préparés à accepter la répétition en même temps que le changement, alors il semble bien que Cavell ait raison d'écrire « qu'il est de la nature du mariage d'être, entre autres choses, une entreprise intellectuelle[1] ».

Mais s'il faut s'élever afin d'atteindre un nouveau point de vue en dépit du vertige sceptique, il faudra aussi apprendre à savoir renoncer à l'image sceptique, c'est-à-dire à la possibilité de descendre l'échelle. Dans les termes de Wittgenstein, cela veut dire savoir « rejeter l'échelle » ; dans ceux du Jerry Warriner (Cary Grant) de *Cette sacrée vérité* : « Le mariage est fondé sur la confiance. Quand il n'y a plus de confiance, il n'y a plus rien » ; dans ceux de Cavell : « Vivre en face du doute, les yeux heureusement fermés[2] ».

Dans une courte phrase révélatrice du double mouvement en quoi consiste la démarche de « contrôler son expérience » en même temps que du double intérêt, philosophique et cinématographique, de la lecture de films, Cavell avance que ce discours abstrait se justifie aussi par son pouvoir de nous rendre sensibles à certains éléments du film qui risqueraient sinon de passer inaperçus[3].

Il semble bien en effet que le problème que Jerry Warriner a eu à affronter ait quelque chose à voir avec le problème rencontré par Joel Barish (Jim Carrey) dans *Eternal Sunshine* : dans les deux cas, il leur faut se défaire d'une attitude qui leur fait croire que leur besoin

1. S. Cavell, *À la recherche du bonheur*, *op. cit.*, p. 356.
2. S. Cavell, *Les Voix de la raison*, *op. cit.*, p. 618.
3. S. Cavell, *À la recherche du bonheur*, *op. cit.*, p. 336.

réel est celui de rencontrer une femme qui puisse leur apporter la « chaleur » d'un rayon de soleil éternel, qu'on conçoive ainsi la joie de vivre qui manque à Joel Barish ou la sexualité épanouie que ne semble pas ou plus connaître Jerry. Dans les termes de Wittgenstein souvent cités par Cavell, il leur faut atteindre une « vue synoptique » sur leur problème, c'est-à-dire faire tourner leur perspective autour de l'axe de leurs besoins réels pour comprendre que leur bonheur dépend moins des événements que d'un changement de leur propre attitude ou perspective sur ces événements, une leçon finalement apprise par David Huxley, l'impossible monsieur bébé qui semble lui aussi travaillé par la sexualité, devenu « The Man on the Flying Trapeze [1] », pour reprendre le titre d'une chanson de *New York Miami* dont les paroles ne sont pas dénuées de double sens.

Ce constat permet à Cavell de nous offrir l'un de ces paragraphes particulièrement éclairants dont il a le secret où il imagine ce que Lucy veut dire à Jerry par la chanson et la danse qu'elle interprète lorsqu'elle se fait passer, devant toute la famille de Barbara Vance, la promise de Jerry, pour sa sœur dépravée :

> C'est vrai que nous avons ce problème que nous nous connaissons depuis toujours, depuis le début, que nous avons été l'un pour l'autre le premier à montrer à l'autre ce que pouvait être l'égalité et la réciprocité. Si cela veut dire que nous sommes le frère et la sœur, cela ne saurait être mal, au moins dans cette mesure. Ce dont nous avons besoin à présent, ce n'est pas de nous éloigner l'un de l'autre mais de reconnaître que, sans nier l'intimité naturelle qui nous lie, nous sommes aussi des étrangers, que nous sommes séparés, différents [...]. Je vais te montrer qu'être ta sœur, dans ce sens-là, ce sera être pour toi plus étrangère que tu ne m'as jamais vue l'être. J'ai changé sous tes yeux, je suis pour ainsi dire différente de moi-même, et donc je ne suis pas différente. Pour voir ça, il te faudra subir symétriquement une métamorphose [et] utiliser ton imagination [2].

1.S. Cavell, *À la recherche du bonheur*, *op. cit.*, p. 344.
2. *Ibid.*, p. 359-360.

Ce qui manquait à Jerry, avant que Lucy ne lui permette de le comprendre, ce n'était pas une connaissance, mais une perspective, une attitude correcte sur leur relation et sur ses besoins réels. Au cours de son numéro, Lucy va lui donner une nouvelle image d'elle-même, une image qui correspond qui, plus est, à son imaginaire à lui,

> quoiqu'il s'agisse d'une image qu'il ne savait pas avoir ou dont il ne savait pas qu'elle fût possible sous cette forme. Dans la deuxième séquence du film, lorsqu'il prépare ses phrases sur la foi, Jerry annonce : « *Le problème de beaucoup de mariages, c'est que les gens imaginent tout le temps des choses.* » Il s'avère que ce qui ne va pas, ce n'est pas l'imagination en tant que telle, mais la manière dont la plupart des gens se servent de leur imagination, en la faisant tomber mécaniquement dans les ornières du soupçon. Dans le meilleur des cas, cela provoque du vaudeville, qui est la négation de la foi [1].

Pour éclairer ce point, on peut mobiliser l'analogie proposée par Emerson pour penser ces conditions transcendantales de la connaissance et du monde que sont les « humeurs », les « attitudes » selon Cavell, au sens où « le monde du tempérament ouvert à la surprise est différent de celui du tempérament qui lui est fermé [2]... », à savoir celle des « seigneurs de la vie » (« *the lords of life* ») : le « seigneur » qui régnait sur la vie de Jerry ne permettait pas que, dans son monde, il y ait une place pour sa femme, Lucy, et pour sa sexualité. Quant à désigner ce « seigneur » et donner un nom à celui que Lucy l'a incité à lui trouver pour le détrôner, Cavell nous fait une triple proposition lorsqu'il rappelle l'allégorie nietzschéenne du texte d'*Ainsi parlait Zarathoustra* intitulé « Les trois métamorphoses » :

> C'est trois métamorphoses de l'esprit que je vous nomme : comment l'esprit devient chameau, et lion le chameau, et pour finir,

1. *Ibid.*, p. 360.
2. S. Cavell, *Une Nouvelle Amérique encore inapprochable*, *op. cit.*, p. 125-126. Voir *supra*, chap. II, p. 82.

> enfant le lion. Pesantes sont bien des choses pour l'esprit, pour le robuste esprit, dont les reins sont solides et qu'habite le respect ; c'est du pesant et c'est du plus pesant que se languit sa robustesse. [...] Se créer liberté et un saint Non même face au devoir ; pour cela, mes frères, il est besoin du lion. [...] Pourquoi faut-il que le lion ravisseur encore se fasse enfant ? Innocence est l'enfant, et un oubli et un recommencement, un jeu, une roue qui d'elle-même tourne, un mouvement premier, un saint dire Oui [1].

Sans préciser explicitement ce qu'il en est de l'esprit de Jerry, Cavell nous aide à interpréter cette allégorie quand il affirme que nous avons déjà rencontré des chameaux aux mariages pesants et des lions qui méprisent une telle institution. On peut penser que Jerry aurait été condamné à subir perpétuellement un conflit de loyauté entre le règne du chameau et celui du lion, ce que semble indiquer le fait qu'il soit prêt à se marier avec une autre, sitôt le divorce prononcé, si Lucy n'avait pas su le rappeler par ses jeux, son humour et son rire à la part d'enfance qui demeurait en lui, à l'instar de ce que saura faire pour David Huxley tout au long de *L'impossible Monsieur Bébé* celle qui pourrait être la sœur de Barbara Vance. Et l'on peut alors accepter de considérer avec Cavell que plutôt qu'un « non » comique de mascarade, les comédies du remariage nous proposent un « oui » comique, une attitude qui ne nous permettra d'apprécier la comédie du quotidien ou de l'ordinaire en quoi consiste la vie de couple que si nous savons élever ce « seigneur de la vie » qu'est l'enfant en nous, en anglais *bringing up baby*.

Les yeux heureusement fermés

L'importance de l'enfance est un thème récurrent dans la réflexion de Cavell, de son interprétation des 693 paragraphes des *Recherches philosophiques* de Wittgenstein comme un long commentaire de la citation d'Augustin d'ouverture, jusqu'aux exercices autobiographiques récents de *Si j'avais su*. Si chercher à

1. F. Nietzsche, *Ainsi parlait Zarathoustra* (1883), trad. fr. M de Gandillac, Paris, Gallimard, 1971, première partie, p. 35-37 ; cité par S. Cavell, *À la recherche du bonheur*, *op. cit.*, p. 362.

mesurer cette importance dépasse les ambitions de ce volume, on peut néanmoins en dire quelques mots qui permettront de revenir sur le problème des règles et de comprendre la mystérieuse citation de Cavell : « Vivre en face du doute, les yeux heureusement fermés (*eyes happily shut*) ».

Nous avons vu que la découverte difficile et terrifiante faite par Cavell est qu'il faut savoir vivre avec cette vérité du scepticisme qui est que nous ne pouvons jamais être certains de bien parler, agir ou aimer, ni même de suivre correctement la moindre règle, même celle d'aller tout droit, que « notre marche est sans fondement, ou fondée sur le seul sol de l'humain et du sol [1] ».

Cela signifie qu'il sera vain de chercher à réfuter le sceptique à l'aide d'arguments, mais ne signifie pas que la réfutation soit la seule façon de se défaire de nos doutes. En effet, plutôt que vouloir nier la légitimité de ces doutes, on peut adopter une attitude qui consiste à vivre avec eux, « les yeux heureusement fermés », au sens où Othello aurait dû rester aveugle aux mauvaises raisons de douter sur lesquelles Iago ne cessait d'attirer son regard et comme il aurait dû résister au besoin de lui justifier sa confiance dans la fidélité de Desdémone. C'est ainsi que l'on peut comprendre ce que Cavell écrit dans *Les Voix de la raison* :

> Vivre en face du doute, les yeux heureusement fermés (*eyes happily shut*), ce serait tomber amoureux du monde. Car, s'il existe une juste cécité, l'amour en a l'apanage. Et si vous découvriez que vous êtes tombé amoureux du monde, vous seriez bien mal avisé de proposer d'en démontrer la valeur [...]. Vous seriez certainement condamné à perdre votre amour dans cette démonstration, et vous risqueriez d'oublier, de surcroît, que le monde, tel qu'il est, est déjà un miracle [2].

De même qu'il n'est pas possible d'aimer quelqu'un en doutant constamment de la personne que l'on aime, de même n'est-il pas possible de parler ou d'agir en doutant constamment

1. S. Cavell, *Conditions nobles et ignobles*, *op. cit.*, p. 347.
2. S. Cavell, *Les Voix de la raison*, *op. cit.*, p. 618.

de la correction de ce qu'on tente de faire ainsi. On retrouve la sentence favorite de Jerry. Apprendre à suivre des règles est donc comme apprendre à aimer : il s'agit de s'aveugler volontairement à certaines possibilités, à des façons alternatives de penser et d'agir. De ce point de vue, il n'est pas toujours légitime de reprocher à quelqu'un de se laisser aveugler : « Mais quand tu as une *certitude*, n'est-ce pas simplement que tu fermes les yeux devant le doute ? — Ils sont fermés [1]. » En effet, cette forme de juste cécité (« *correct blindness* [2] ») au scepticisme n'exclut pas la lucidité, c'est-à-dire la clairvoyance. On peut essayer de saisir ce point en référence à une idée que Cavell a trouvée dans *La Projection du monde* en écrivant sur « la signification du fait nouveau de la série [en peinture], ou du fait qu'un nouveau moyen d'expression instaure, et est instauré par, une série [3] », à savoir que si la peine et le baume de l'adolescence sont en effet l'idée de l'infini des possibles,

> le seul profit du passage à l'âge adulte, la seule justice qu'il y a à renoncer à ce monde du possible, est la réception de la réalité (*actuality*) – la peine et le baume de la vérité du seul monde : qu'il existe, et moi dedans [4].

De nouveau, il ne s'agit pas ici de faire de la psychologie, mais d'identifier des attitudes qui ne sont pas nécessairement et strictement corrélées à des âges de la vie. Les âges que distingue Cavell correspondent davantage aux transformations de l'esprit qu'évoque Nietzsche dans le texte cité ci-dessus. Si l'enfance est l'âge privilégié pour faire l'expérience d'un aveuglement contraint, par l'ignorance, à toutes les possibilités qui pourraient faire douter de ses certitudes et l'adolescence l'âge de la prise de conscience de ces possibilités et donc, en un sens, l'âge où il peut être plus facile de faire l'expérience radicale du scepticisme qu'à d'autres, l'âge adulte est l'âge auquel l'individu peut être contraint par la vie même

1. *RP*, partie II, p. 314.
2. S. Cavell, *The Claim of Reason*, *op. cit.*, p. 431.
3. *PM*, p. 159. Pour un commentaire de ce chapitre, voir H. Clémot, *La Philosophie d'après le cinéma*, *op. cit.*, p. 163-176.
4. *PM*, p. 161 [trad. modifiée].

et la perte de certaines de ses possibilités, de mesurer l'importance de l'existence par rapport au possible. Cependant, cela implique aussi de conserver de l'enfance l'idée de cinéma découverte dans le *Conte d'hiver* de Rohmer, à savoir qu'il ne faut pas que « le travail pénible accompli par tout adulte pour apprendre à ne plus désirer l'impossible nous [fasse] oublier comment croire au possible [1] ».

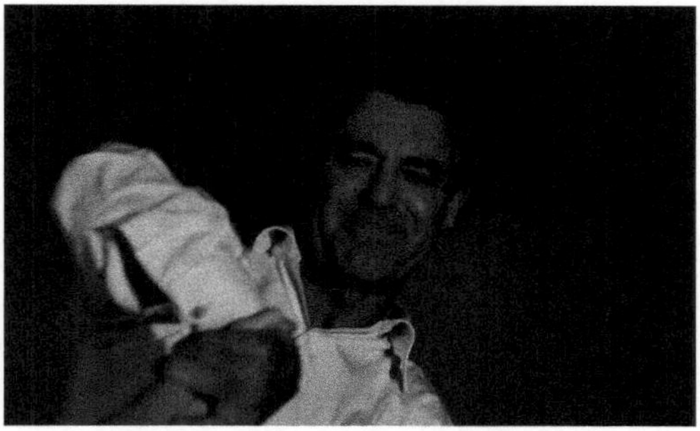

Fig. 17 : *La mort aux trousses* (Alfred Hitchcock, 1959).
Prod DB © MGM

Entre connaissance et évitement, le salut d'une vie avec le scepticisme vient de la reconnaissance de ce miracle que le monde existe et moi dedans, c'est-à-dire de la prise de conscience de mon amour du monde. S'il fallait décrire le seigneur de la vie dont nous devons préparer le règne sur nos esprits, on pourrait convoquer la Surprise, mais aussi « l'enfance retrouvée » dont parle Baudelaire, c'est-à-dire l'attitude qui consiste à avoir les yeux heureusement fermés aux ornières du scepticisme tant ils sont ouverts sur le monde :

> L'enfant voit tout en nouveauté ; il est toujours ivre. Rien ne ressemble plus à ce qu'on appelle l'inspiration, que la joie avec laquelle l'enfant absorbe la forme et la couleur. [...] le génie n'est que l'enfance retrouvée à volonté, l'enfance douée maintenant, pour

1. S. Cavell, « Shakespeare et Rohmer », *Philosophie des salles obscures*, *op. cit.*, p. 511.

> s'exprimer, d'organes virils et de l'esprit analytique qui lui permet d'ordonner la somme des matériaux involontairement amassée. C'est à cette curiosité profonde et joyeuse qu'il faut attribuer l'œil fixe et animalement extatique des enfants devant le nouveau, quel qu'il soit, visage ou paysage, lumière, dorure, couleurs, étoffes chatoyantes, enchantement de la beauté embellie par la toilette [1]...

Le cinéma peut nous aider à préparer le retour de ce seigneur de la vie, tant le monde projeté qu'il donne à notre regard, fait que nous sommes spontanément disposés à « fermer les yeux avec bonheur » sur nos doutes, le temps d'un film ou d'un épisode de série. Le geste par lequel David attire Susan à lui pour l'embrasser peut ainsi être conçu comme sa manière de reconnaître son amour pour le monde, malgré le scepticisme. Si l'on se souvient que Cary Grant fera le même geste à la fin d'un autre grand classique du cinéma, *La mort aux trousses* (1959), on pourra finalement se demander si ce ne serait pas aussi l'un des enjeux du cinéma d'Hitchcock [2], et peut-être également, si l'on se rappelle du dernier dialogue de Tom Cruise et de Nicole Kidman, celui du film de Stanley Kubrick, *Eyes Wide Shut* (1999) :

> TC : Que crois-tu qu'on devrait faire ?
> NC : Qu'on devrait faire ? [...] Ce que je crois ? Je ne sais pas. Je crois que peut-être nous devrions être reconnaissants d'avoir réussi à survivre à toutes nos aventures qu'elles aient été réelles ou seulement un rêve.
> – Tu en es sûre ?
> – Si j'en suis sûre ? Si tant est que je puisse être sûre que la réalité d'une simple nuit sans parler de celle de toute une vie soit toute la vérité.
> – Et qu'un rêve ne soit jamais qu'un rêve.
> – L'important, c'est que nous soyons réveillés, maintenant. Et espérons-le pour très longtemps.
> – Pour toujours. [...]

1. Baudelaire, « L'artiste, homme du monde, homme des foules et enfant », in *Le peintre de la vie moderne*, *op. cit.*, p. 794-795.
2. Voir W. Rothman, *Must We Kill The Thing We Love ?*, *op. cit.*

– Ne… n'utilisons pas ce mot. Il me fait peur. Mais je t'aime. Et tu sais nous avons quelque chose de très important à faire le plus vite possible.
Quoi ?
Baiser.

Fig. 18 : *Cette sacrée vérité* (Leo McCarey, 1937).
Prod DB © Columbia Pictures

CHAPITRE V

DETACHMENT, *BE HAPPY* ET « LE PROBLÈME DE LA VIE »

Depuis *La Projection du monde*, Stanley Cavell pratique des exercices philosophiques de lecture de films qui procèdent à rebours de la manière habituelle d'opérer : plutôt que de partir de l'œuvre pour expliquer ses effets sur le spectateur, il s'agit d'aller de l'expérience du spectateur vers l'œuvre, en postulant que le plaisir ressenti ne s'est pas produit par hasard, mais parce que quelque « pensée échappée » ou quelque « rai de lumière qui, venu de l'intérieur, fulgure en son esprit [1] », pour reprendre une expression d'Emerson citée par Cavell citant Dewey au début du premier chapitre de *Philosophie le jour d'après demain*, avait été déposée dans l'œuvre, qu'il s'agit pour le critique de retrouver par une étude plus ou moins exhaustive, mais en tout cas toujours attentive aux détails [2]. En retrouvant ces pensées échappées, en faisant « en sorte que cette émotion inconcevable dans sa différence, hors de toute comparaison possible, dont il aura subi le choc, ne reste pas isolée et ne s'éteigne pas, après une brève lueur, comme un astre énigmatique [3] », pour reprendre la citation du Nietzsche de *La Naissance de la tragédie* [4] qui est couplée à celle de Dewey citée plus haut, le spectateur redeviendra ainsi « maître de sa propre expérience [5] », ce qui constitue certainement une première étape avant d'atteindre le moi meilleur que l'on pourrait devenir si l'on parvenait à ne pas s'en empêcher.

1. R. W. Emerson, « Confiance en soi », *op. cit.* ; J. Dewey, *Construction and Criticism* (1929) ; cités par Cavell, *PJAD*, p. 14.
2. *PJAD*, p. 81-82
3. *Ibid.*, p. 14-15.
4. F. Nietzsche, *La Naissance de la tragédie*, Paris, Gallimard, 1977, § 22, p. 32.
5. *PJAD*, p. 93.

Le présent chapitre part, lui aussi, d'une expérience vécue en regardant un film, *Detachment* (Tony Kaye, 2011), à propos d'un professeur de lettres qui enseigne dans un lycée public où sont envoyés les élèves dont on ne veut pas ailleurs. Il vise à identifier les raisons qui rendent compte de l'importance de cette expérience en permettant que cette émotion « ne s'éteigne pas, après une brève lueur, comme un astre énigmatique », mais éclaire des dimensions de mon expérience vécue que je n'ai pas encore rendues intelligibles. Il s'agit donc de me lire moi-même à travers ma lecture du film, en espérant dire ainsi quelque chose d'assez précis pour que d'autres puissent s'en servir d'objet de comparaison, voire s'y reconnaître en partie. Puisque le titre du film mentionne cette notion et puisque le personnage principal semble trouver, dans le détachement, le moyen de supporter les conditions d'enseignement très difficiles qu'on lui réserve, j'espère trouver des ressources précieuses pour ma lecture non seulement chez Camus, dont une citation apparaît au début du film, mais aussi dans ces passages du *Tractatus Logico-Philosophicus* que Wittgenstein consacre à ce qu'il appelle « le problème de la vie », ainsi que dans un autre film à propos d'une enseignante et où l'on montre la couverture d'un ouvrage à l'effigie de l'auteur des *Recherches philosophiques* : *Be Happy* (*Happy-Go-Lucky*, Mike Leigh, 2008).

Le choix de ces films soulève un faux problème qui n'a pas encore été directement abordé. En effet, ancien publicitaire à succès, Tony Kaye est aussi l'auteur d'*American History X* (1998), un film toujours populaire auprès des adolescents, ce qui en fait souvent en France, pour la cinéphilie institutionnelle, un défaut. Qu'est-ce qui peut donc justifier que l'on propose de prendre au sérieux, dans un livre de philosophie, un long-métrage populaire d'un ancien publicitaire ? Je répondrais en prenant pour modèle les raisons qui motivent la démarche d'un Robert Warshow lorsqu'il remarquait, dans les années 1940-50, que les auteurs de bandes dessinées ou de films hollywoodiens disaient des choses vis-à-vis desquelles il lui fallait apprendre à se situer en apprenant ainsi à mieux comprendre la forme de sa vie, une idée qui n'est pas sans évoquer l'appel au romantisme de la vie moderne d'un Charles Baudelaire. Si les œuvres de la culture populaire méritent aussi notre intérêt, c'est en effet dans la mesure où nous ne risquons pas moins de passer à côté de l'expérience que nous en faisons que de celle de la haute culture, condamnés, comme nous le sommes, à avancer dans les ténèbres médiatiques et idéologiques de l'époque. Pour recouvrer notre expérience cinématographique et en même temps notre expérience du monde et des autres, il n'est donc nullement nécessaire de se constituer un canon des chefs-d'œuvre dont on prétendrait dériver une règle du goût de valeur universelle. Il serait déjà bon de pouvoir décrire et clarifier l'expérience de l'objet ou de l'œuvre la plus ordinaire, en ne se fermant pas à la possibilité d'y découvrir quelque chose d'extraordinaire. Si nous tenons à recouvrer notre expérience, il nous faut en tout cas rester éveillés, ouverts à ce qui se présente à nous, cherchant à déterminer ce qui compte.

Le « problème de la vie », le climat scolaire et la violence du déni

> La solution du problème de la vie, on la perçoit à la disparition de ce problème [1].

Le « problème de la vie »

Dans son premier chef-d'œuvre, le *Tractatus Logico-Philosophicus*, Wittgenstein prétendait avoir résolu tous les problèmes de la philosophie, mais on a vu qu'il soutenait en même temps que celui qui comprendrait son livre comprendrait aussi qu'il ne contient que des propositions dénuées de sens. Parmi ces propositions dénuées de sens, on trouve l'idée que « la solution du problème de la vie, on la perçoit à la disparition de ce problème. »

Cette phrase énigmatique soulève plusieurs questions : en quoi consiste le « problème de la vie », et que veut dire Wittgenstein quand il prétend que sa solution est perçue à sa disparition ? Quel rapport peut-il y avoir entre un film dont le personnage principal est

1. *TLP*, 6.521, p. 112.

un enseignant-remplaçant dans un lycée aujourd'hui, le « problème de la vie » et la solution suggérée par Wittgenstein, celle d'une « disparition » ?

Puisqu'il s'agit à la fois d'éclairer l'expérience du film et l'expérience ordinaire à laquelle il nous renvoie pour le comprendre, on peut commencer par la dernière question. Y a-t-il un sens à dire que le « problème de la vie » se pose pour les personnes qui enseignent en lycée, et notamment les enseignants-remplaçants, aujourd'hui ? Si l'on fait l'hypothèse que le problème de la vie est celui de savoir comment vivre, difficulté qui comporte aussi la question de savoir comment continuer à vivre, alors il y a certainement des raisons de penser qu'en effet, il peut être difficile, dans certains contextes, de savoir comment continuer à mener l'existence d'un enseignant en lycée aujourd'hui. Le début du film *Detachment* nous présente l'un de ces contextes difficiles.

La violence du lycée

Les premières scènes de *Detachment* montrent en effet la violence des relations ordinaires à l'intérieur d'un lycée du Bronx : violence du responsable du secteur contre la proviseure, qui la prie de donner sa démission à cause des mauvais résultats du lycée, alors qu'il est celui qui a décidé que l'établissement accueillerait désormais les élèves dont on ne veut pas ailleurs ; hostilité, agressivité générale des élèves entre eux et à l'encontre du professeur[1], le personnage principal, Henry Barthes, ce qu'illustre l'insulte homophobe d'un élève contre lui, dès le début du cours, puis contre sa camarade de classe qui prenait sa défense ; insulte, atteinte au bien du professeur (le cartable jeté violemment au sol) et menace proférée par un autre élève devant toute la classe.

1. On pense à la prise de contact entre l'enseignante d'*Esprits rebelles* (*Dangerous Minds*, John F. Smith, 1995) et sa classe, mais la même scène dans *Escalier interdit* (*Up the Down Staircase*, R. Mulligan, 1967), est plus révélatrice encore, dans la mesure où, lors du déjeuner au réfectoire, les enseignants évaluent chacun leur « performance » en comparant la durée, très courte, de cette première séance.

Du point de vue de l'expérience cinématographique, il n'y a là rien d'anormal : il est parfaitement conforme au genre du « film de profs » que le début présente l'établissement comme un milieu hostile où l'enseignant, la plupart du temps débutant, risque à tout moment de se faire agresser par le groupe-classe transformé en meute bruyante et hostile [1] et où les élèves, qui n'appartiennent à aucun clan [2] ou au mauvais [3], sont victimes d'humiliations quotidiennes. S'il devait y avoir une différence, elle serait peut-être liée à l'intensification de la violence et à son extension à tous les rapports humains, y compris entre adultes. Que l'on songe, par exemple, à la violence de la condescendance du mari de la proviseure à l'encontre de sa femme un peu plus tard et à celle du discours de l'entrepreneur, devant l'équipe pédagogique du lycée, à qui il reproche de faire baisser les prix de l'immobilier dans le quartier en faisant mal son travail.

Du point de vue de l'expérience de l'enseignant, cette violence n'est malheureusement pas impossible et l'on peut l'avoir observée, à défaut d'en avoir été victime directement, au cours d'une carrière, même relativement courte, à condition d'avoir enseigné dans des établissements analogues à l'établissement décrit. Si l'on entend par violence, un ensemble d'actes, d'attitudes qui manifestent l'hostilité, l'agressivité entre des individus, il faut en effet reconnaître qu'aller enseigner dans certains établissements aujourd'hui revient à s'exposer à la violence.

1. Voir *Graine de violence* (*Blackboard Jungle*, Richard Brooks, 1955), *Escalier interdit, Class 1984* (Mark Lester, 1982), *Esprits rebelles, Écrire pour exister* (*Freedom Writers*, Richard LaGravenese, 2007), *La fracture* (Alain Tasma, 2010), *La journée de la jupe* (Jean-Paul Lilienfeld, 2008), *Entre les murs* (Laurent Cantet, 2008), etc.

2. Voir *Fatal Games* (*Heathers*, Michael Lehmann, 1988) et la scène prémonitoire du massacre du lycée Columbine du 20 avril 1999, où Christian Slater, armé, vêtu d'un long manteau sombre et d'un sac bourré d'explosifs, entre dans le lycée pour le détruire.

3. La lutte des clans (*cliques*), qui est aussi une lutte des classes à l'intérieur de la classe, est le thème central de nombreux films et séries télévisées *a priori* destinés aux adolescents. Voir, en français, A. Boutang, C. Sauvage, *Les teen movies*, Paris, Vrin, 2011, p. 35-36.

La violence du déni

S'il y a une violence que l'on n'arrive pas à comprendre, en revanche, c'est celle des réactions de la critique cinématographique de certains journaux ou hebdomadaires. Entre autres reproches, on accuse le film d'être caricatural, incohérent et de mettre en scène des personnages inconsistants, sans s'apercevoir que ces caractéristiques [1] jouent un rôle essentiel dans l'expérience du film. On peut en effet les concevoir comme les « effets de distanciation » ou « effets-V » (*Verfremdungseffekt*) chers à Bertolt Brecht, qui visent à améliorer notre expérience de spectateur :

> … L'effet-V consiste en ce que la chose qu'il s'agit de faire comprendre, sur laquelle on veut attirer l'attention, est transformée, de chose habituelle, familière et immédiate qu'elle était, en une chose singulière, frappante (voire choquante), inattendue [2].

Cette description d'une expérience, qui a tous les traits de l'inquiétante étrangeté (*Unheimlichkeit*) de Freud, ne peut pas ne pas faire penser à notre expérience cinématographique du monde à l'écran dans la mesure où l'on peut se reconnaître dans la description proposée par Stanley Cavell : « Pour moi le cinéma, effectivement, a toujours été ce qui est d'une familiarité extrême et en même temps ce qui présente la distanciation extrême [3]. » Si l'on rapporte cette idée au projet que poursuit Brecht avec les « effets-V », alors on trouvera une nouvelle façon de présenter les vertus philosophiques du cinéma s'il est vrai que

> [p]our qu'une chose connue devienne une chose reconnue (remarquée), il faut qu'elle cesse de passer inaperçue ; il faut briser avec l'habitude qui fait que cette chose n'a pas besoin d'explication.

1. Il n'importe pas que ces caractéristiques aient été conçues pour cela : ce n'est pas ce qui intéresse celui qui essaie de se raconter en racontant le film, c'est-à-dire de rendre compte de ce qui est important dans le film.

2. B. Brecht, « Appendices à la Nouvelle technique de l'art du comédien », *Versuche*, n°11 ; cité dans *Europe*, n° 133-134, janvier-février 1957, p. 201-202.

3. S. Cavell, « L'ordinaire et l'inquiétant », *Rue Descartes*, vol. 1, n° 39, « Wittgenstein et l'art », 2003, p. 95.

> Il faut mettre sur l'événement le plus commun, insignifiant, mille fois répété, le sceau de l'inhabituel [1].

On peut trouver une confirmation de cette conscience moderniste du réalisateur dans la séquence suivante où une professeure est agressée verbalement par la mère de l'élève qui vient de lui cracher dessus après l'avoir menacée de la faire violer par certains de ses amis. Cette double agression traumatisante nous renvoie à la définition célèbre de Roland Barthes : « le trauma, c'est précisément ce qui suspend le langage et bloque la signification [2]. » Or, cette phrase, qui vient d'un article sur « le message photographique [3] », conduit Barthes à dire que les photographies authentiquement traumatiques sont rares puisque si

> des situations normalement traumatiques peuvent être saisies dans un processus de signification photographique ; [...] c'est qu'alors précisément elles sont signalées à travers un code rhétorique qui les distance, les sublime, les apaise [4].

Autrement dit, il est rare de trouver des photographies purement dénotatives, c'est-à-dire qui ne signifient pas de façon connotative, en référence à un code culturel acquis. On pourrait voir là, dès le début du film, une façon pour le réalisateur de se placer sous le patronage de Roland Barthes (après tout, l'une des premières scènes au lycée comportait un échange entre la proviseure et le personnage principal sur la façon correcte de prononcer son nom puisque c'est également le nom du personnage principal et qu'ils se prononcent tous deux de la même façon...). Cela voudrait dire que le défi que s'est lancé le réalisateur est le suivant : il s'agit de restituer le caractère traumatique de l'expérience pédagogique contemporaine en trouvant un langage cinématographique pour

1. B. Brecht, « Appendices à la Nouvelle technique de l'art du comédien », art. cit., p. 201.
2. R. Barthes, « Le message photographique », *Communications*, 1, 1961. p. 137.
3. *Ibid.*, p. 127-138.
4. *Ibid.*

la dire et lui donner une signification, sans que la distance ainsi créée ne dénature le trauma initial. La solution de ce problème cinématographique est, elle aussi, à trouver chez Roland Barthes, quand il conçoit l'image, dans *Roland Barthes par Roland Barthes*, comme « mince détachement, mince dévoilement qui forme tableau complet, colorié comme une décalcomanie[1] » : ce n'est pas en cherchant à produire des images traumatisantes que le réalisateur permettra au spectateur de comprendre le trauma, mais en l'incitant à prendre de la distance par rapport à ses habitudes et projections mentales, bref en l'incitant à s'en détacher. Il est remarquable que cette leçon soit cinématographiquement donnée dans une séquence ultérieure, où l'on revoit la jeune professeure, seule avec un élève dans une salle après le cours, alors qu'elle lui apprend à se servir de la géométrie pour produire une projection à l'échelle d'une figure, sur un papier calque. On peut lire cette scène comme une façon pour le réalisateur, d'inciter le spectateur à se servir de son pouvoir de prendre ses distances avec ses propres images et projections mentales, pour retrouver la réalité dont les images du film ne sont qu'une décalcomanie colorée, projetée à une autre échelle.

Autrement dit, en acceptant de tenir ses images cinématographiques comme détachées, coloriées « comme une décalcomanie », le réalisateur incite le spectateur à un semblable détachement, une même distanciation, seule capable de nous permettre de nous détacher des habitudes et des contraintes qui nous empêchent d'ordinaire de penser notre expérience, c'est-à-dire de la connaître en la comprenant, afin, au mieux, de prévenir ou, le cas échéant, de guérir. Il y a en ce sens un pouvoir thérapeutique du cinéma qui est l'une des façons dont on peut dire des films qu'ils ont une vertu philosophique, si l'on admet que le soin de l'âme est la fonction essentielle de la philosophie.

1. R. Barthes, *Roland Barthes par Roland Barthes*, Paris, Seuil, 1975, p. 94.

Le climat scolaire

Parmi les nombreux exemples donnés par Brecht pour illustrer ce pouvoir de certains procédés d'éloigner ce que nous croyons connaître en nous le rendant étrange, il est remarquable de trouver la mention suivante : « quand un élève voit son maître saisi par l'huissier, il se produit un effet-V : le maître est arraché à un contexte où il paraissait grand et respectable, il est entraîné dans un autre où il apparaît petit[1]. »

Brecht écrit cela à une époque où le professeur est souvent un personnage important, un notable respecté, ce qui fait qu'il y a encore un sens à tourner un film sur sa déchéance morale potentielle comme dans *L'Ange bleu* (Josef Von Sternberg, 1930). C'est un temps où la violence scolaire est présente, mais où elle est plutôt employée, lorsqu'elle s'exerce, par les professeurs contre les élèves[2], c'est le temps où Wittgenstein fut instituteur et, dit-on, accusé d'avoir violenté l'une de ses élèves.

La situation semble avoir changé dans les pays occidentaux, ce dont témoigne le cinéma : chaque « film de prof » américain mentionne, à un moment donné, le faible salaire des professeurs[3] ; le générique de *Detachment* montre bien que ce n'est presque jamais par vocation que l'on devient enseignant dans le public aujourd'hui dans ce pays ; la condescendance du mari de la proviseure et le discours du promoteur immobilier illustrent l'image sociale très dégradée qu'a désormais la fonction de professeur. Quant à la violence, au moins verbale, contre eux, elle est omniprésente dans ces films, ne serait-ce qu'à l'état latent.

1. B. Brecht, « Appendices à la Nouvelle technique de l'art du comédien », art. cit.

2. Ce qui se produit encore malheureusement et doit être condamné.

3. Par exemple, dans *Esprit rebelles*, l'un des élèves dit en substance à sa professeur « Nous savons bien qu'un prof n'a pas d'argent. » Dans *Écrire, c'est vivre*, qui est inspiré d'une histoire vraie, la professeure doit cumuler trois jobs pour s'en sortir et offrir à ses élèves de lire d'autres livres que ceux prescrits par le conseil local d'éducation (*school board*).

Dans une séquence souvent décriée, l'un des professeurs laisse, à ce propos, un message désespéré sur le répondeur du lycée. Le montage audiovisuel ironique employé vise à faire prendre conscience au spectateur qu'il ne saurait être question de se rapporter aux images du film comme à de simples illustrations d'un discours dogmatique aux accents fascistes. En effet, le début de la séquence nous montre essentiellement un répondeur et les réactions des professeurs, réunis dans les bureaux de l'administration, à l'écoute du message, laissé en direct, par l'un de leurs collègues qui n'arrive plus à supporter le « climat scolaire », un début qui sera suivi par des images animées qui semblent dessinées à la craie sur un tableau, puis par des images d'archive d'un discours d'Hitler. Les images semblent donc ici ne servir qu'à illustrer visuellement ce qu'on entend et l'on pourrait croire que nous sommes censés apprendre la vérité à travers elles, comme les élèves du professeur, qui diffuse en fait ces images d'Hitler dans l'univers diégétique, sont censés suivre et apprendre leur leçon. Mais en nous montrant une élève fermer les yeux pour s'assoupir volontairement, le film nous incite non seulement à remettre en cause un tel usage pédagogique du cinéma, mais surtout à ne pas penser que le film attende de nous que nous prenions le discours simpliste et dangereux du répondeur pour la solution du problème. Cette séquence est, à mes yeux, l'un de ces effets-V dont use le film pour interroger notre rapport ordinaire à la violence scolaire et aux images cinématographiques : elle attire notre attention sur le fait que la réaction du professeur et l'attitude passive du spectateur devant les images ne nous sont pas étrangères et il nous montre en même temps leur étrangeté.

En bref, quand on reproche à *Detachment* d'être caricatural, incohérent et de mettre en scène des personnages inconsistants, on ne s'aperçoit pas qu'il s'agit là d'effets-V, d'effets de détachement qui visent à nous permettre d'inverser notre regard, influencé malgré nous par la façon habituelle de voir les choses, sur la fonction de professeur : en le montrant notamment hors des cours prendre soin d'une jeune prostituée à la dérive et d'un grand-père sénile et pourtant bourreau de sa mère, « le maître est arraché à un contexte où il paraissait [petit et peu respectable], il est entraîné dans un autre où il apparaît [grand et respectable]. » Dans cette perspective, la violence des réactions critiques semble alors s'expliquer par la violence du déni d'individus qui font traditionnellement de l'école, et surtout de l'école publique, le moyen du progrès social et qui ne veulent pas voir ce qu'elle est, en certains endroits, réellement devenue. Si c'était vrai, alors cela montrerait qu'un film de fiction, malgré ses exagérations, ses clichés et ses incohérences, peut nous dévoiler nos dénis ordinaires, y compris quand nous lui résistons, c'est-à-dire que nous offrons une forte résistance à son action sur nous [1].

Le détachement comme solution du « problème de la vie » ?

L'un des passages obligés d'un film de profs est l'entretien initial du jeune professeur, le plus souvent une jeune femme, avec le chef d'établissement : je pense, par exemple, à *Esprits rebelles* (*Dangerous Minds*, John F. Smith, 1995), *Écrire pour exister* (*Freedom Writers*, Richard LaGravenese, 2007), *La fracture* (Alain Tasma, 2010), etc. Après avoir étudié son CV prestigieux, le proviseur cherche en général à la mettre en garde contre la difficulté d'enseigner dans les classes dont elle aura désormais la charge, ce que la jeune professeure débutante refuse d'entendre. Son innocence et son enthousiasme sont censés susciter la sympathie du spectateur, afin d'amplifier le choc de la prise de contact avec les élèves, pour la jeune enseignante, comme pour le public. Dans

1. Le mécontentement provoqué par les représentations cinématographiques de l'accompagnement de patients atteints de pathologies graves ou de handicaps lourds qui ont pu être données par des films comme *Les Invasions barbares* (2004) de Denys Arcand ou *Elle s'appelle Sabine* (2007) de Sandrine Bonnaire, par exemple, montre ainsi que le refus qui s'exprime chez les professionnels du corps médical ou chez les proches des malades sur un mode émotionnel fort est le signe que l'on pourrait apprendre quelque chose des sujets traités malgré ou plutôt grâce à l'infidélité de la représentation, mais aussi et peut-être surtout que ces mêmes personnes pourraient apprendre quelque chose d'elles-mêmes en analysant leurs émotions et leur étiologie.

Detachment, au contraire, la proviseure s'étonne d'abord de ce que Barthes ait enseigné aussi longtemps dans des établissements réputés très difficiles (« la zone »), ce à quoi Barthes répond, presque en s'excusant : « C'est là qu'il y a du travail. » La proviseure lui explique alors qu'elle a tenu à le voir, car il lui a été présenté comme le meilleur professeur-remplaçant du secteur, ce qui leur semble, à tous deux, un titre douteux, presque un oxymore. La question que se pose la proviseure est donc aussi celle que le spectateur est invité à se poser : quel est le secret de ce professeur-remplaçant qui tient devant les classes les plus difficiles ?

On est immédiatement introduit à un autre invariant des films de profs : proposer une typologie des différentes façons d'affronter l'hostilité des classes difficiles[1], de « tenir », non pas au sens où l'on tient sa classe, mais, au sens intransitif du terme, c'est-à-dire au sens de persévérer malgré tout. *Detachment* nous montre d'abord deux exemples d'une mauvaise façon de se rapporter à ses émotions, celle qui consiste à subir l'agression sans se défendre, en étant trop ému pour réagir. C'est le comportement de la collègue agressée au début de *Detachment*, mais aussi celui du professeur qui ne parvient pas à obtenir des élèves qu'ils s'assoient en début de cours et qui ne trouve rien d'autre à faire que de répéter qu'il va lancer le DVD.

En général, les films de profs plébiscitent et sont conçus pour faire l'éloge de ce qui nous est présenté comme la bonne façon de réagir : il faut innover sans cesse et trouver un moyen de susciter des émotions chez les élèves, de façon à communier. Dans *Esprits rebelles*, c'est l'idée d'organiser un concours de poésie doté d'un prix qui consistera à emmener les élèves dans un restaurant chic, puis dans un parc d'attractions où l'on pourra goûter aux émotions fortes des montagnes russes, etc. ; dans *Écrire, c'est exister*, il s'agit de s'appuyer sur les émotions liées au souvenir de la Shoah pour faire comprendre aux élèves des quartiers difficiles de *Los Angeles* ce qu'ils se font mutuellement subir, et de communier dans des séances d'expression collective, parodiées dans *Heathers* (Michael

1. Voir, par exemple, *La Journée de la jupe*, *La Fracture*, etc.

Lehmann, *Fatal Games*, 1988). Si l'un des rôles de la religion est de relier les hommes autour de la pratique de rituels qui contribuent à définir en commun les frontières du sacré et du profane, alors le rôle du professeur serait, dans ces films, celui du prêtre, qui doit trouver en lui les ressources pour revivifier la foi chancelante, voire inexistante, des membres de sa paroisse. Ce n'est pas le choix opéré par le personnage de Barthes, qui adopte au contraire un comportement détaché.

Le détachement

Si le détachement désigne d'abord l'action qui consiste à rompre ce qui nous liait, nous attachait, le terme fait aussi référence à l'attitude qui vise à se préserver de tout attachement, c'est-à-dire de tout ce qui pourrait nous lier émotionnellement à autrui. Plus spécifiquement, le détachement de Barthes consiste à se défaire de ce qui nous fait souffrir, non pas de la violence ou de la douleur qui ne dépendent pas de nous, mais du désir d'être respecté et récompensé pour ce que l'on fait.

Alors que l'élève vient de jeter violemment son cartable contre le mur de la salle et qu'il menace son professeur de lui casser la figure s'il ne se tait pas immédiatement, Barthes lui répond, en le regardant droit dans les yeux : « Ce cartable ne ressent rien. Il est vide. Tu ne m'atteindras pas non plus. » Barthes fait ainsi comprendre à son élève qu'il serait vain de chercher à le blesser, et que ce serait en outre contraire à son intérêt de s'en prendre à l'une des rares personnes qui veuillent l'aider.

On saisit alors que l'un des secrets de Barthes pour durer est bien son détachement, c'est-à-dire le pouvoir de se détacher de ses illusions quant à sa maîtrise et à sa capacité à échapper à la violence et à la douleur, ce que Wittgenstein appelle « renoncer à la pompe et aux vanités de ce monde malade[1]. » En effet, en n'ayant ni espoir d'échapper à la violence et à la douleur, ni regret de les avoir subies,

1. R. Rhees (ed.), *Ludwig Wittgenstein : Personal Recollections*, Oxford, Oxford University Press, 1984, p. 153.

on est en mesure d'atteindre une « sécurité absolue », celle de vivre dans un présent intemporel, d'être dans l'état de celui qui « vit dans l'éternité et non dans le temps [1] ».

Si l'on comprend bien les bénéfices attendus de l'exercice d'un tel pouvoir spirituel, la question se pose de savoir s'il est à notre portée et si oui, selon quelles modalités. Dans un article paru en 1999 dont la lecture m'a incité à tenter le rapprochement entre certains passages du *Tractatus* et *Detachment* [2], Emyr Vaughan Thomas donne plusieurs références littéraires qui décrivent cette expérience de vie dans le présent : de *L'Abrégé des Évangiles* (1890) de Tolstoï, que Wittgenstein a lu dans les tranchées alors qu'il rédigeait son premier chef-d'œuvre et où l'on peut trouver l'idée que « [l]a vraie vie est indépendante du temps ; elle est au présent », à Rainer Maria Rilke, à qui Wittgenstein a légué une partie de sa fortune, en passant par Hugo von Hofmannsthal dans sa *Lettre de Lord Chandos* [3], dont certains passages rappellent fortement l'essai d'Emerson intitulé *Le savant américain* [4], on trouve chez tous ces écrivains la description d'une expérience que l'homme peut faire et qui est susceptible de le rendre heureux, à condition de savoir se détacher de ce qui le rassure faussement quant à son impuissance : « Seule est heureuse la vie de qui peut renoncer aux agréments de ce monde. Pour lui les agréments de ce monde sont autant de grâces accordées par le Destin [5]. ».

Il se trouve que la citation de Camus qui apparaît au début du générique, « Et jamais je n'ai senti, si avant, à la fois mon détachement de moi-même et ma présence au monde [6] », renvoie

1. Wittgenstein, *Carnets 1914-1916*, 6.7. 16., trad. fr. G. Granger, Paris, Gallimard, 1971, p. 141.

2. E. Vaughan Thomas, « From detachment to immersion : Wittgenstein and the "problem of life" », *Ratio* (new series), XII, 2, juin 1999, p. 195-209.

3. Voir H. von Hoffmannsthal, *Lettre de Lord Chandos et autres textes sur la poésie*, trad. fr. J.-C. Schneider, Paris, Gallimard, 1992 (1902), p. 45 ; 49.

4. R. W. Emerson, « Le savant américain » [*The American Scholar*, 1837], trad. fr. Chr. Fournier, *Critique*, n° 491-492, juin-juillet 1992, p. 548-566.

5. Wittgenstein, *Carnets 1914-1916*, 13.8. 16, *op. cit.*, p. 151.

6. A. Camus, « Le vent à Djémila » (1936), dans *Noces* suivi de *L'été*, Paris, Folio-Gallimard, 2015 (1959), p. 26.

à une autre description d'une expérience analogue, dont j'aimerais montrer qu'elle n'est pas sans évoquer la fin du *Tractatus* de Wittgenstein et éclairer en effet le détachement de Barthes. Dans un texte intitulé « Le vent à Djémila », Camus décrit une expérience fusionnelle avec le monde (« je suis ce vent [...], ces colonnes et cet arc, ces dalles [...] et ces montagnes [1]... ») qui est une négation de sa subjectivité (« oublieux, oublié de moi-même ») et une expérience de « présence au monde » qui est un refus d'attendre [2], d'espérer, de s'inquiéter [3] pour ne pas « renoncer à [s]a richesse présente [4] ».

Ce qui frappe dans ce texte de jeunesse, c'est qu'outre la proximité entre ces idées et l'idée wittgensteinienne selon laquelle la sécurité absolue suppose l'indépendance du monde (*TLP* 6.54), on y trouve l'intuition que l'indépendance du monde suppose de pouvoir le voir selon un autre point de vue, selon

> une idée bien à soi – dont on puisse parler. [...] [L]'homme y gagne une certaine familiarité avec le beau visage du monde. Jusque-là, il le voyait face à face. Il lui faut alors faire un pas de côté pour regarder son profil.

Pour Wittgenstein, atteindre l'indépendance vis-à-vis du monde suppose de parvenir à voir le monde « *sub specie aeterni* » (*TLP* 6.45), autrement dit savoir renoncer au sujet psychologique, avec ses espoirs et ses craintes, au profit du sujet métaphysique, logique, conçu comme limite du monde, comme constitutif du monde, comme l'œil est la limite et la condition constitutive du

1. *Ibid.*

2. *Ibid.* : « ...pour un homme, prendre conscience de son présent, c'est ne plus rien attendre. »

3. *Ibid.*, p. 26-27 : « Entre les colonnes aux ombres maintenant obliques, les inquiétudes fondaient dans l'air comme des oiseaux blessés. Et à leur place, cette lucidité aride. L'inquiétude naît du cœur des vivants. Mais le calme recouvrira ce cœur vivant : voici toute ma clairvoyance. »

4. *Ibid.*, p. 27 : « Peu de gens comprennent qu'il y a un refus qui n'a rien de commun avec le renoncement. Que signifient ici les mots d'avenir, de mieux-être, de situation ? Que signifie le progrès du cœur ? Si je refuse obstinément tous les « plus tard » du monde, c'est qu'il s'agit aussi bien de ne pas renoncer à ma richesse présente. »

champ visuel (*TLP* 6.633), comme le spectateur est constitutif de la pièce ou du film. L'indépendance du monde supposerait donc d'adopter une position solipsiste, selon laquelle rien n'existe sinon ce qui est créé par mon esprit.

Ces idées difficiles de Wittgenstein s'éclairent peut-être si on les rapproche du paragraphe de Camus. En effet, faire un pas de côté pour regarder un visage de profil, c'est, d'ordinaire, adopter une attitude qui transforme l'individu qui nous regardait et nous parlait auparavant « face-à-face », en acteur de théâtre que l'on regarderait des coulisses, c'est-à-dire le transformer en un personnage de fiction dont nous refusons de partager le présent, que nous refusons de reconnaître en tant que personne humaine dont nous avons à nous soucier, en nous protégeant ainsi des blessures éventuelles que son sort ou son comportement pourraient nous infliger. On a vu que Cavell parle de « théâtralité [1] » pour décrire ce processus au cours duquel nous attribuons aux autres certains comportements et certaines intentions sans réagir, en restant dans l'ombre et en les transformant en personnages de fiction, c'est-à-dire en tant que projections de notre esprit :

> Alors [le personnage] est de fait une créature de fiction, une fabrication de mon imagination, comme toutes les autres personnes dans ma vie dont je m'aperçois que je ne suis pas arrivé à les connaître, ou que je les ai mal connues [2].

Mais le monde, lui aussi, peut n'être tenu que pour une projection, une représentation, un tableau ou encore une sculpture dont nous ne pouvons qu'admirer la beauté, sans rien en espérer d'autre. Voir le monde « *sub specie aeterni* » supposerait donc, dans cette hypothèse, de réussir à mettre à distance le monde et les autres, à s'en détacher au point que la vie ne puisse plus nous poser de

1. S. Cavell, « L'évitement de l'amour », dans *Dire et Vouloir Dire*, *op. cit.*, p. 494 et H. Clémot, *La philosophie d'après le cinéma*, *op. cit.*, p. 20-21, pour un commentaire.

2. S. Cavell, « L'évitement de l'amour », *op. cit.*, p. 499.

problèmes : « La solution du problème de la vie, on la perçoit à la disparition de ce problème [1]. »

Par l'absence de réaction aux insultes et menaces proférées par les élèves, le personnage de Barthes semble bien, au début du film en tout cas, avoir fait disparaître la difficulté inhérente à sa position de remplaçant dans des classes difficiles et, en un sens, avoir trouvé le moyen de mener une vie heureuse. Ce qui soulève une autre question : non plus comment ce professeur fait-il pour ne pas être touché par ce qui lui arrive, mais comment se fait-il qu'il semble être le seul à y parvenir ? Le contenu des *flashbacks* qui nous renseignent sur l'enfance malheureuse de Barthes nous offre peut-être une explication de type psychanalytique du caractère exceptionnel de sa capacité au détachement, en en faisant un symptôme pathologique. Dans une perspective héritée de la théorie psychanalytique, on peut en effet écrire l'histoire du détachement de Barthes de la façon suivante : le suicide de sa mère, rendue alcoolique par les relations incestueuses que son père lui imposait, constitue le traumatisme initial, subi durant l'enfance, qui a déterminé le reste de son existence. Ce souvenir a été plus ou moins refoulé, en même temps que les émotions d'amour et d'empathie, créant ce vide qui habite Barthes.

Cependant, les émotions et les souvenirs refoulés ne cessent de faire retour sous une forme d'autant plus violente pour Barthes, qu'il ne sait que s'en détacher. Loin d'être la solution du problème de la vie, il semblerait donc que le détachement de Barthes soit en réalité devenu pour lui un problème, comme tous ces comportements que nous avons adoptés parce qu'ils nous ont un temps protégés, servis de « béquille » pour continuer à tenir dans l'adversité, mais deviennent à terme des obstacles à notre marche et à notre épanouissement.

En l'occurrence, si le détachement permet de supporter l'hostilité des élèves, il suppose aussi de refuser de s'attacher aux élèves dont on a la charge, ce qui induit le risque de ne pas être suffisamment attentif à leurs conduites. Or, sans être la seule cause, ni la seule

1. *TLP*, 6.521, p. 112.

raison de l'échec des adultes à prévenir le drame, il est incontestable que le détachement de Barthes a contribué à l'empêcher d'être sensible aux signaux de détresse que va lui envoyer l'élève Meredith et qui auraient dû le faire réagir. Dans l'avant-dernière séquence, quand Barthes se retrouve seul, le soir du suicide de la jeune fille, dans une salle de classe et qu'il dit à sa collègue, Sarah, « tu me vois peut-être. Mais je suis creux », il reconnaît son échec, qu'il associe à ce sentiment de vide, à ce qu'il est, à savoir une « non-personne », « Un homme sans visage dans une salle vide », comme l'avait dessiné et deviné Meredith.

Fig. 19 : *Detachment* (T. Kaye, 2011).
Prod DB © Kingsgate Films – Paper Street Films – Appian Way

Détachement et « mélancolie silencieuse »

Le film parvient particulièrement bien à faire que le spectateur s'aperçoive que ce sentiment lui est étrangement familier. C'est ce sentiment que vise Emerson quand il soutient l'idée que nous souffrons d'une excessive timidité, d'un manque de confiance en nous-mêmes qui nous empêche de penser par nous-mêmes et d'exprimer nos propres sentiments pour éviter la honte, ce qui nous condamne à une mort psychique et à errer tels des fantômes[1]. Accompagner Barthes au lycée, c'est donc faire l'expérience de ce vide, de cette « mélancolie silencieuse » que nous pouvons ressentir d'ordinaire et que nous avons appris à cacher sous des apparences

1. Voir R. W. Emerson, « Confiance en soi », *op. cit.*, p. 47.

de normalité. À force d'étouffer nos sentiments, nous pouvons en venir à ne plus pouvoir éprouver d'empathie, ni de désir, à éprouver la mélancolie que Freud caractérise par

> une humeur dépressive profondément douloureuse, une suppression de l'intérêt pour le monde extérieur, par la perte de la capacité d'amour, par l'inhibition de toute activité et l'abaissement du sentiment de soi[1],

que Poe appelle, dans *La Chute de la Maison Usher* (1839), « cet entier affaissement de l'âme » et dont parle Henry Barthes, dans la dernière séquence du film, à ses élèves, avant de leur lire les premières lignes de la nouvelle de Poe, et que les images ne nous montrent progressivement plus que Barthes, seul, lisant dans une salle vide, dont les tables et les chaises ont été renversées et où les livres sont déchirés, abandonnés.

Fig. 20 : *Detachment* (T. Kaye, 2011).
Prod DB © Kingsgate Films – Paper Street Films – Appian Way

Que le film nous parle tout à la fois de l'échec du système scolaire américain et de l'échec de la société tout entière à intégrer les nouvelles générations se trouverait confirmé par la phrase de commentaire prononcée par Barthes à la lecture de Poe : « on voit que la maison Usher n'est pas qu'un vieux château décrépit. C'est aussi un état d'esprit. » Autrement dit, quand Poe décrit la maison Usher, il décrit un état d'âme commun, un mauvais « seigneur de

1. S. Freud, « Deuil et mélancolie », *op. cit.*, p. 262.

la vie » et la chute de cette maison est l'échec auquel il conduit, comme la description de la vie de cet enseignant de lycée est la description d'un état d'esprit qui signe l'échec d'une société tout entière. Cet état d'âme, qu'on l'appelle détachement, normopathie ou mélancolie, est un renoncement à l'espoir d'atteindre le monde, les autres et finalement nous-mêmes, une expérience analogue à celle du deuil en tant qu'elle est une réaction à la perte d'un idéal, appelons-le l'Amérique, suite à la prise de conscience de ce que la distance entre l'Amérique et les États-Unis ne cesse de croître au point de constituer un abîme désormais infranchissable. La chute de la maison Usher ou de l'Amérique serait ainsi le renoncement à l'idée que l'on puisse faire son deuil du rapport naïf, prémoderne ou présceptique au monde, ou encore du projet de vivre avec le scepticisme, ce que Cavell appelle parfois l'effort de domestiquer le scepticisme en habitant le monde, et que les œuvres de Poe illustrent en nous montrant la disparition violente des gens, Edgar Allan Poe dont Stanley Cavell a pu écrire qu'il tient que, pour cette tâche, « même l'Amérique est arrivée trop tard[1] ».

Pour paraphraser Barthes, on voit que l'Amérique dont il est ici question n'est pas qu'un pays dans lequel l'institution des lycées publics semble avoir perdu son sens, c'est un état d'âme, une promesse de parvenir à domestiquer ce scepticisme, pour retrouver le moyen d'habiter le monde et de supporter le poids des autres, y compris des nouvelles générations, promesse qui ne pourrait plus être tenue.

La morale du film serait donc que ceux qui prétendent atteindre le bonheur ne le feraient qu'en se faisant des illusions, qu'au prix d'un aveuglement à la vérité que seuls ceux qui sont assez courageux pour la supporter pourraient regarder en face. Si « le monde de l'homme heureux n'est pas le même que celui de l'homme malheureux[2] », selon Wittgenstein, ce serait donc parce que le monde de l'homme

1. S. Cavell, « Descartes, Emerson, Poe », dans *Éthique, littérature, vie humaine*, *op. cit.*, p. 243.
2. *TLP*, 6.43, p. 110.

heureux est soit illusoire, celui d'un simple d'esprit, soit détaché de lui, tandis que l'homme malheureux est un demi-habile qui n'arrive plus à s'illusionner, mais n'arrive pas non plus à mettre le monde à distance, à le « théâtraliser » suffisamment.

Si la solution du problème de la vie tient dans « mon détachement de moi-même et ma présence au monde [1] », alors il se pourrait que le cinéma soit en mesure de nous l'apprendre, non seulement en nous présentant des histoires de personnages qui pratiquent ce détachement, mais surtout en nous entraînant à adopter l'attitude qui consiste à s'absenter du monde pour le rendre plus présent, en quoi consiste l'expérience ordinaire de la photographie et du cinéma selon Cavell : « La photographie maintient l'être-présent du monde en acceptant que nous en soyons absents. La réalité dans une photographie m'est présente tandis que je ne lui suis pas présent [2]… »

Mais il ne suffit pas de regarder un film pour être heureux et si les films peuvent nous aider à l'être, ce n'est pas en les laissant nous dicter nos vies à notre insu, mais en nous aidant à les écrire, ou plutôt à les « redécrire », pour emprunter une expression de Richard Rorty [3], ce qui suppose un effort pour reconnaître notre expérience ordinaire à travers notre expérience de spectateur. Je pense que le film est parfaitement explicite sur ce point dans la séquence où Barthes met en garde ses élèves contre « l'holocauste commercial » dont nos esprits seraient victimes et contre lequel nous n'aurions d'autre moyen de défense que d'« apprendre à lire, à stimuler notre imagination, à cultiver notre propre conscience, nos propres systèmes de valeurs » et qui vaut d'être mis en regard du texte de Rorty :

> C'est un holocauste commercial. 24 heures sur 24, jusqu'à la fin de nos jours, les autorités en place s'efforcent de nous abrutir jusqu'à la mort. Alors, pour nous défendre et lutter contre l'assimilation de

1. A. Camus, « Le vent à Djémila », *op. cit.*, p. 26.
2. *PM*, p. 50-51.
3. Voir R. Rorty, *Contingence, Ironie & Solidarité*, trad. fr. P.-E. Dauzat, Paris, Armand Colin, 1993 (1989).

> cette fadeur par notre processus de pensée, nous devons apprendre à lire, à stimuler notre imagination, à cultiver notre propre conscience, nos propres systèmes de valeurs. On en a tous besoin pour défendre et préserver notre esprit.
>
> Échouer en tant que poète – et, donc, pour Nietzsche, en tant qu'être humain – c'est accepter la description qu'un autre donne de soi, exécuter un programme précédemment élaboré, écrire, dans le meilleur des cas, d'élégantes variations de poèmes déjà écrits. Ainsi n'y a-t-il qu'une seule manière de pister en nous les causes qui font de notre être un être unique : c'est de tenir un discours sur ces causes dans un nouveau langage [1].

Contenir le scepticisme [2] *et les émotions : un (be) happy end?*

Si, selon Cavell, deux des trois auteurs américains qui apparaissent sur le poster derrière Barthes, Poe et Hawthorne (le troisième étant Mark Twain), pensaient de la promesse de domestiquer notre scepticisme qu'elle ne pourrait pas être tenue, Thoreau et Emerson espéraient, en revanche, qu'elle soit réalisable, à condition de commencer par prendre confiance en soi et de s'ouvrir au monde et aux autres, au risque de passer pour un naïf ou un idiot, c'est-à-dire à condition de cesser de « théâtraliser ». Le discours de Barthes contre l'holocauste commercial n'est en effet pas sans rappeler la critique émersonienne du conformisme et de l'« égoïsme organique [3] », des fléaux dont les antidotes sont la confiance en soi et la culture conçue au sens large comme

> la suite et la variété des intérêts que donnent la connaissance du monde, des hommes de valeur, des classes sociales, les voyages,

1. R. Rorty, *Contingence, Ironie & Solidarité*, *op. cit.*, p. 54.
2. En employant le terme « contenir », je suis la bonne suggestion de Philippe Corcuff dans *Polars, philosophie et critique sociale*, Paris, textuel, 2013, p. 41.
3. R. W. Emerson, « La Culture » [*Culture*, 1860], dans *La Conduite de la vie*, *op. cit.*, p. 126.

les personnes éminentes, les hautes ressources de la philosophie, de l'art, de la religion : les livres, les voyages, la société et la solitude[1].

Fig. 21 : *Detachment* (T. Kaye, 2011).
Prod DB © Kingsgate Films – Paper Street Films – Appian Way

C'est ce risque de passer pour une naïve ou une idiote que court Poppy, le personnage principal féminin de *Be Happy* (*Happy-go-lucky*, Mike Leigh, 2008), un autre film qui met en scène une enseignante, et qui a été conçu comme une étude d'une conception « subjective » du bonheur selon laquelle le bonheur dépendrait moins de la satisfaction objective de désirs que d'une impression subjective, d'un sentiment sans rapport avec le monde[2]. Dans cette perspective, le personnage de Poppy serait le parangon de l'individu insupportable qui parvient à préserver son bonheur grâce à un aveuglement volontaire à la tristesse du monde dans lequel il vit.

Pourtant, comme l'indique clairement le réalisateur, Mike Leigh, dans les bonus du DVD, le film nous invite à nous méfier des premières impressions et à considérer que les gens heureux peuvent bien avoir une conscience du monde tel qu'il est aussi lucide que les autres, en adoptant pourtant une attitude contraire au

1. *Ibid.*, p. 126.

2. Voir Basileios Kroustallis, « Film as Thought Experiment : A happy-go-lucky case », *Film-Philosophy*, 2012, 16 : 1, p. 72-84, http://www.film-philosophy.com/index.php/f-p/article/view/244, consulté le 20 mars 2018.

détachement. Dans un texte récent[1], Christopher Grau montre bien comment Poppy est présentée dans le film comme très intelligente et parfaitement consciente de ce qui se passe autour d'elle. Cette lucidité ne la conduit cependant pas à se détacher du monde et des autres, au contraire de Scott, son affreux moniteur d'auto-école, sceptique et paranoïaque, mais à rester ouverte et enjouée, à faire preuve de ce qu'Iris Murdoch appelait une attention « juste et aimante » (*just and loving*[2]) ou de ce que les indiens Lakota appelaient « *wancantognaka* » selon MacIntyre, c'est-à-dire la vertu qui consiste à reconnaître ses responsabilités à l'égard du monde et des autres en exprimant sa reconnaissance par sa participation à des actes cérémoniels de don gratuit qui doivent être accomplis de façon attentive et affectueuse à l'égard d'autrui[3].

Il importe ici de remarquer que le film nous montre que, quand nous manquons d'agir d'après un tel motif affectif, c'est toujours le signe d'une insuffisance morale, d'un échec à agir comme nos devoirs l'exigent. Par exemple, comme l'avait noté Hume dans le cas du rapport d'un père à ses enfants, « [s]i l'affection naturelle n'était pas un devoir, le soin des enfants ne pourrait être un devoir et il ne serait pas possible que nous puissions considérer comme un devoir de donner notre attention à notre progéniture[4]. »

En effet, on atteint ici le cœur de la leçon cinématographique en même temps que de la leçon de Cavell sur les seigneurs de la vie émersoniens : s'il faut reconnaître que nous ne pourrons pas échapper à la violence du monde et à la souffrance, nous ne pourrons pas non plus atteindre le bonheur par le détachement, mais seulement par une attitude qui s'efforce de s'investir émotionnellement pour ce qui compte pour nous, ce qui a de l'importance. Plutôt que

1. Christopher Grau, « *Happy-Go-Lucky* revisited : A Response to Basileios Kroustallis », *Film-Philosophy*, 2015, 19, p. 1-15, http://www.film-philosophy. com/ index.php/f-p/article/view/1102, consulté le 20 mars 2018.

2. I. Murdoch, « The Idea of Perfection » (1964), *The Sovereignity of Good*, Londres, Routledge, 1970, p. 37 ; C. Pichevin, dans *La Souveraineté du bien*, Combas, Éditions de l'éclat, 1994, p. 31, traduit par « scrupuleuse et juste ».

3. Voir A. MacIntyre, *Dependant Rational Animals*, Chicago et Lasalle, Illinois, Open Court, 1999, p. 120.

4. D. Hume, *Traité de la Nature Humaine*, III, II, 1, *op. cit.*, p. 22.

de renoncer à nos émotions en tenant celui qui s'émeut pour un enfant, nous devons apprendre à nous émouvoir en adulte, en enfant « dou[é] maintenant, pour s'exprimer, d'organes virils et de l'esprit analytique qui lui permet d'ordonner la somme des matériaux involontairement amassée[1] », c'est-à-dire nous émouvoir avec discernement et une sensibilité aux multiples aspects d'un même ensemble de faits, car c'est seulement alors que nous pourrons voir le monde comme susceptible de nous rendre heureux. Autrement dit, plutôt que de renoncer au monde, il nous faut transformer notre rapport au quotidien en faisant preuve d'une réceptivité et d'une attention constante et patiente accrues, afin de nous défaire des liens qui nous rattachent encore aux objets, souvenirs et idées perdus et qui nous font souffrir, pour en être ainsi libérés et mieux à même de ressusciter notre intérêt, de nourrir de nouveaux désirs. En identifiant ainsi le travail du deuil [*mourning*] à l'aurore qui point [*morning*] et à un effort d'attention renouvelée pour l'ordinaire, Thoreau aurait redécouvert dans *Walden*, ce qui est, selon Freud, « le chemin qui nous (r)amène au monde, qui réinvestit d'intérêt sa découverte, quelque chose que Freud appelle sa beauté[2]. »

Finalement, on pourrait dire que le réalisateur de *Be Happy* vise à produire au départ un effet de distanciation, de détachement vis-à-vis de Poppy pour nous apprendre, au fur et à mesure que nous nous attachons davantage à elle, à nous détacher de notre tendance au détachement. En comprenant que Poppy vit dans le même monde que nous, mais n'en est pas moins heureuse, nous comprenons que notre malheur ne vient pas d'abord de lui, mais de notre incapacité à accepter notre séparation ontologique du monde et des autres, c'est-à-dire notre détachement originel, qu'aucune expérience émotionnelle ne suffira à dépasser, sans qu'il faille, pour cette raison, renoncer à nos émotions.

1. Ch. Baudelaire, « L'artiste, homme du monde, homme des foules et enfant », *op. cit.*, p. 195. Voir *supra*, chap. IV, p. 222.

2. Voir S. Cavell, *Qu'est-ce que la philosophie américaine ?*, *op. cit.*, p. 110-111 où il renvoie à l'essai de Freud « Passagèreté » (1915), *Œuvres complètes*, vol. XIII, 1914-1915, trad. fr. J. Altounian *et alii*, Paris, P.U.F., 2005, p. 321-324.

Plutôt qu'à se détacher des autres et des émotions, ces films nous apprendraient donc à leur prêter plus d'attention, étant entendu que l'enrichissement de nos expériences ne pourra passer que par eux. S'il y avait un sens, au moins, à prôner le détachement, ce serait vis-à-vis des certitudes et de l'exigence de fondement qui animent et biaisent trop souvent les recherches philosophiques en conduisant au scepticisme. Il ne s'agit bien sûr pas de nier le scepticisme, mais de fermer les yeux sur ses aspects paralysants avec bonheur, c'est-à-dire de parvenir à le contenir, afin de tenir dans l'existence sans l'appui d'aucune certitude absolue, ni de morale définitive, mais en prenant confiance en notre capacité de trouver quelque chose comme « une moralité non moralisante », « dans l'immanence même des situations et des pratiques [1] ». Dans ces films, comme chez Dostoïevski ou Chestov selon Piergiorgio Donatelli,

> il existe une dimension éthique qui correspond au mouvement par lequel nous conférons de nouveau un sens au monde en reconnaissant sa condition de fausseté et de non-sens et le reconquérons en notre nom [2].

Fig. 22 : *Be Happy* (Mike Leigh, 2008).
Prod DB © Ingenious Film Partners – Summit Entertainment – UK Film Council

1. S. Laugier, « Pourquoi des théories morales ? L'ordinaire contre la norme », *Cités*, n° 5, 2001, p. 105.
2. P. Donatelli, *Manières d'être humain*, *op. cit.*, p. 66.

Cela demande du courage, un courage dont Poppy fait preuve tout au long du film et dont elle s'explique lors de la dernière scène, celle qui la voit ramer en barque avec sa meilleure amie, Zoe [1]. Alors que celle-ci lui reproche d'être trop gentille et lui rappelle qu'elle ne peut pas rendre tous les gens heureux, Poppy lui fait comprendre qu'elle ne lui apprend rien en attirant son attention sur toutes les raisons de douter des autres et de sa capacité à les aider, mais qu'elle a délibérément choisi de garder les yeux heureusement clos sur elles, pour mieux pouvoir les garder ouverts sur toutes les raisons qu'elle peut avoir d'aimer le monde et la vie qu'elle a la chance de pouvoir y mener. Loin de s'être laissée persuader que le monde n'a pas grand-chose à lui offrir et qu'elle doit donc renoncer à désirer l'impossible, elle a décidé de ne pas renoncer à croire au possible.

Le dialogue se poursuit par l'évocation d'un voyage (*a trip*), d'un chemin (*a way*), très long, et même infernal (*a hell of a way to go*) qui rappelle d'abord au spectateur les premiers mots du film, prononcés par Poppy dans la librairie alors qu'elle lit à voix haute le titre d'un ouvrage de vulgarisation scientifique très connu : « *The Road to reality*[2] *? Don't wanna be going there.* » Ce voyage ou chemin est celui qui mène à l'âge adulte (« *It's hard work being a grown-up* »), celui de l'éducation des adultes. C'est un chemin où la chance sourit aux audacieux et à ceux qui « fabriquent leur propre chance » (*make your own luck in life*), c'est-à-dire qui choisissent leur propre voie, qui construisent leur propre bateau pour traverser le fleuve de la vie, tandis que ceux qui n'osent pas agir de leur propre chef et ne savent que réagir en étant mus par le ressentiment ratent ce bateau ou ne font pas l'effort de le fabriquer, comme dans un texte fameux de Nietzsche où il est question d'un fleuve de la vie, qu'il s'agit d'apprendre à traverser par ses propres moyens plutôt

1. Ce courage et cette scène ne sont pas sans rappeler la fin de *Céline et Julie vont en bateau* (Jacques Rivette, 1974), que l'on pourrait sûrement lire avec les mêmes références à Nietzsche et Emerson à l'esprit.

2. R Penrose, *The Road to Reality : A Complete Guide to the Laws of the Universe*, 2004 ; trad. fr. C. Laroche, *À la découverte des lois de l'univers : La prodigieuse histoire des mathématiques et de la physique*, Paris, Odile Jacob, 2007.

qu'en s'en remettant à d'autres et sur lequel il s'agit de s'élancer sans savoir exactement où ce chemin va nous mener, car, pour citer Nietzsche citant Emerson, « un homme ne s'élève jamais plus haut que lorsqu'il ne sait pas où son chemin peut le mener [1] ».

Il est remarquable que cette dernière phrase soit une citation d'un texte d'Emerson intitulés *Circles*, c'est-à-dire précisément la trajectoire géométrique que finit par suivre la barque de Poppy et de son amie sur le lac. Le cercle est, entre autres choses, chez Emerson la figure d'un élargissement des perspectives sur le monde qui permet la découverte de nouveaux horizons et renvoie directement à l'idée d'une transformation de soi par l'adoption d'une nouvelle attitude, d'un nouveau seigneur de la vie, l'image circulaire amenant avec elle l'idée de révolution, si nécessaire à toute culture authentique. Cela nous permet donc de revenir une dernière fois sur le détachement en pensant qu'en fin de compte, même si le chemin est long, même si l'on ne sait pas exactement où il va mener et même s'il y a un risque de tourner en rond, il faut néanmoins savoir « larguer les amarres », se détacher. C'est le sens de la question que Poppy s'adresse à elle-même comme elle l'adresse à Zoe, lorsque celle-ci reconnaît qu'elle devrait arrêter de fumer, une question qui suppose que nous rassemblions nos souvenirs personnels en vue de lui trouver une réponse : « Qu'est-ce que je pourrais arrêter (*give up* [2]) ? »

1. F. Nietzsche, « Schopenhauer éducateur », *Œuvres complètes*, t. I, trad. fr. H.A. Baatsch *et alii*, Paris, Gallimard, 2000, p. 579 ; R. W. Emerson, « Cercles », trad. fr. A. Wicke, *Essais*, I, Paris, Michel Oudiard, 1997, p. 67.

2. Pour un modèle de courte lecture perfectionniste d'un autre film dont le personnage principal est une institutrice, *La vie d'Adèle* (A. Kechiche, 2013), voir S. Laugier, « Le perfectionnisme d'Adèle », *Libération*, 9 novembre 2013, http://next.liberation.fr/cinema/2013/11/08/le-perfectionnisme-d-adele_945685, consulté le 20 mars 2018.

TABLE DES MATIÈRES

Achevé d'imprimer en septembre 2018 sur les presses de

ISI Print

15, rue Francis de Pressensé
93210 La Plaine Saint-Denis

N° imprimeur : 139706

Imprimé en France